Garantia de Indenidade no Brasil:

O livre exercício do direito fundamental de ação sem o temor de represália patronal

Augusto César Leite de Carvalho

Ministro do Tribunal Superior do Trabalho. Mestre em Direito Constitucional e Doutor em Direito das Relações Sociais.

Garantia de Indenidade no Brasil:

O livre exercício do direito fundamental de ação sem o temor de represália patronal

LTr®

EDITORA LTDA.

Rua Jaguaribe, 571
CEP 01224-001
São Paulo, SP — Brasil
Fone (11) 2167-1101
www.ltr.com.br

Produção Gráfica e Editoração Eletrônica: R. P. TIEZZI
Projeto de Capa: RAÚL CABRERA BRAVO
Impressão: COMETA GRÁFICA E EDITORA
LTr 4744.2
Março, 2013

Dados Internacionais de Catalogação na Publicação (CIP)
(Câmara Brasileira do Livro, SP, Brasil)

Carvalho, Augusto César Leite de

Garantia de indenidade no Brasil : o livre exercício do direito fundamental de ação sem o temor de represália patronal / Augusto César Leite de Carvalho. — São Paulo : LTr, 2013.

Bibliografia

ISBN 978-85-361-2476-6

1. Direito do trabalho 2. Direitos fundamentais 3. Direitos sociais 4. Garantias constitucionais 5. Justiça do trabalho 6. Justiça do trabalho — Brasil I. Título.

12-15684 CDU-347.998:331:342.7

Índice para catálogo sistemático:

1. Garantia de indenidade no Brasil : o livre exercício do direito fundamental de ação sem o temor de represália patronal : Direitos fundamentais : Direito 347.998:331:342.7

Dedicatória

Este livro é a minha manifestação de apreço aos direitos sociais e à Justiça do Trabalho em especial. Estava na Espanha a pesquisar o grau de indisponibilidade de direitos trabalhistas naquele país quando me deparei com a garantia de indenidade, a proteger o trabalhador europeu que propunha a ação judicial sem medo de sofrer represália. Encantei-me com a maturidade e civilidade do instituto. Desde então, dedico-me a analisar os fundamentos dessa garantia, fazendo dela o tema de minha tese de doutoramento.

Reconheço a importância que teve a Anamatra — Associação Nacional dos Magistrados da Justiça do Trabalho ao firmar convênio com a Universidad de Castilla la Mancha na promoção do curso de doutorado que me permitiu estar em terras manchegas, eu e mais vinte e quatro adoráveis e talentosos juízes do trabalho brasileiros selecionados para aquela inesquecível aventura acadêmica. Os professores Antonio Baylos Grau e Joaquín Perez Rey representam, a propósito, a melhor cepa da casta muito qualificada de docentes com os quais interagimos nos dois períodos letivos de intensos estudos na Espanha, bem como por ocasião de nosso retorno para a defesa da tesina, mais adiante para a leitura da tese final.

É este livro, também, uma homenagem a tantos que me cercam e se deixam contaminar pela mesma centelha dos direitos sociais, em especial a Regina Coeli e Carolina, mulher e filha, ambas advogadas, a Theobaldo Neto e a João Vítor, acadêmicos de direito e filhos queridos, igualmente. Algo me diz que Ana Clara, a minha linda ponta de rama, não resistirá à tentação de seguir a mesma senda, a de inebriar-se com as possibilidades da ordem jurídica e sua intervenção no mundo do trabalho. Acho que tudo começou quando o telegrafista Theobaldo resolveu estudar Direito e tornar-se advogado, surpreendendo a mulher Soninha e seus rebentos, eu dentre eles, com muitas e inesquecíveis emoções.

Nas instituições em que exerci ou exerço a judicatura e o magistério sempre tive apoio para pesquisar, estudar e aprender. Por isso o meu agradecimento ao TRT da 20ª Região, à Universidade Federal de Sergipe e, em Brasília, ao Tribunal

Superior do Trabalho e ao Instituto de Ensino Superior de Brasília. Em meio à vida atribulada, contei com o auxílio da acadêmica de direito Daniela Novaes Souza Lira, que traduziu trechos da tese para o nosso idioma e o fez com primor. Estendo-lhe sincero agradecimento.

A todos e a Deus, que insiste em conspirar a meu favor, dedico esta obra.

Sumário

II — Conceito, História e Conteúdo Jurídico da Garantia de Indenidade

IV — A Adoção da Garantia de Indenidade no Brasil

→ Lista de Abreviaturas

AGRRE	—	Agravo Regimental em Recurso Extraordinário (do Brasil)
ATC	—	Auto del Tribunal Constitucional (da España)
AIRR	—	Agravo de Instrumento em Recurso de Revista (do Brasil)
BGB	—	Bürgerliches Gesetzbuch (Código Civil da Alemanha)
CC	—	Código Civil
CE	—	Constitución de España
CE	—	Comunidad Europea
CEE	—	Comunidad Económica Europea
CIDH	—	Corte Interamericana de Derechos Humanos
CLT	—	Consolidação das Leis do Trabalho (do Brasil)
CP	—	Código Penal
CPC	—	Código de Processo Civil
CRFB	—	Constituição da República Federativa do Brasil
EC	—	Emnienda Constitucional
ED	—	Embargos Declaratórios (recurso processual do Brasil)
ET	—	Estatuto de los Trabajadores (da España)
HIV	—	Virus de Inmunodeficiencia Humana
LF	—	Ley Fundamental de la República Federal de Alemania
LOPJ	—	Ley Orgánica n. 6/1985, del Poder Judicial
LOTC	—	Ley Orgánica del Tribunal Constitucional (da España)
LPL	—	Ley de Procedimientos Laborales
Mercorsur	—	Mercado Común del Sur

OC	—	Opinión Consultiva (da CIDH)
OIT	—	Organización Internacional del Trabajo
RDL	—	Real Decreto Ley
RE	—	Recurso Extraordinário (do Brasil)
RR	—	Recurso de Revista (do Brasil)
SBDI	—	Subseção de Dissídios Individuais (Órgão do TST do Brasil)
SIDA	—	Síndrome de Inmunodeficiencia Adquirida
STC	—	Sentencia del Tribunal Constitucional (da España)
STF	—	Supremo Tribunal Federal (do Brasil)
STJCE	—	Sentencia del Tribunal de Justicia de las Comunidades Europeas
TC	—	Tribunal Constitucional (da España)
TCF	—	Tribunal Constitucional Federal (da Alemanha)
TJCE	—	Tribunal de Justicia de las Comunidades Europeas
TRT	—	Tribunal Regional do Trabalho (do Brasil)
TS	—	Tribunal Supremo (da España)
TST	—	Tribunal Superior do Trabalho (do Brasil)
UE	—	Unión Europea
UFS	—	Universidade Federal de Sergipe (do Brasil)
UCLM	—	Universidad de Castilla la Mancha

Apresentação

O Estado Democrático de Direito é um dos mais relevantes conceitos instituídos pelo conhecimento jurídico de após a Segunda Guerra Mundial. Em sua estrutura jurídica, ele incorpora três ideias-forças decisivas: a própria noção e prática da Democracia, a prevalência da pessoa humana e sua dignidade e o necessário processo de inclusão social, econômica, cultural e institucional dos indivíduos nesse Estado Democrático de Direito em construção e fortalecimento.

A amplitude do conceito jurídico novo apenas foi mais bem percebida ao longo das décadas subsequentes aos anos de 1940. Inicialmente lançada nas Constituições europeias do pós-guerra (França, Itália, Alemanha, especialmente) e claramente concretizada nos exemplos de *Estado de Bem-Estar Social* que se consolidaram desde então na Europa Ocidental — com mais força e profundidade nos países nórdicos e na Alemanha, França e Inglaterra, ilustrativamente, do que na Itália, Espanha e Portugal, como se sabe —, essa amplitude fez-se mais clara nos textos constitucionais subsequentes à primeira leva do novo constitucionalismo, ou seja, Portugal (1974), Espanha (1978) e, principalmente, Brasil (1988).

Um dos mais significativos instrumentos de realização do conceito de Estado Democrático de Direito, em sua mais larga e adequada abrangência, são os mecanismos de garantias individuais e sociais, incorporados seja pelas constituições mais modernas e atualizadas, seja pela legislação infraconstitucional mais bem construída.

A obra do ministro Augusto César Leite de Carvalho revela-se notável contribuição intelectual para o estudo sistemático daquilo que o autor denomina, de maneira geral, como *paradigma garantista*, que tem aplicação acentuada no campo dos direitos sociais e do Direito do Trabalho. Produzida como Tese de Doutorado na Espanha, sob orientação acadêmica do Professor Joaquin Pérez Rey, com Prefácio do Professor Mario E. Ackerman, a obra alia, singularmente, as virtudes da abrangência e da verticalidade, denotando elaboração sistemática e esmerada de argumentos e evidências no campo jurídico.

O autor é Ministro do Tribunal Superior do Trabalho desde dezembro de 2009, oriundo do TRT da 20ª Região, com sede em Aracaju, Sergipe. Magistrado do Trabalho desde 1990, foi Juiz de 1º grau na Bahia e em Sergipe, sendo promovido, em 2003, a Desembargador Federal do Trabalho do TRT de Sergipe, onde exerceu a Presidência no biênio 2004/2006 e a Direção da Escola da Magistratura da 20ª Região entre 2007/2009. Atuou na Corte Regional até fins de 2009, quando foi alçado ao TST.

Professor Universitário na área do Direito Material do Trabalho e Direito Processual do Trabalho, destacou-se na docência da Universidade Federal de Sergipe e, após sua posse no TST, também como Professor de graduação e pós-graduação em Direito do Centro Universitário IESB, em Brasília-DF.

Bacharel em Direito pela Universidade Federal de Sergipe, Mestre em Direito Constitucional pela Universidade Federal do Ceará, tornou-se Mestre e também Doutor em Direito das Relações Sociais pela Universidad de Castilla-La Mancha, da Espanha.

Autor de vários artigos publicados em revistas especializadas e em livros coletivos, também lançou a obra *Direito Individual do Trabalho,* em 2ª edição, pela Editora Forense do Rio de Janeiro, em 2007.

Este livro, *Garantia de indenidade no Brasil: o livre exercício do direito fundamental de ação sem o temor de represália patronal*, constitui contribuição de suma importância de seu autor à bibliografia brasileira concernente à melhor compreensão da amplitude e significado do Estado Democrático de Direito, pelo enfoque preciso, profundo e muito bem estruturado e fundamentado da dimensão do *paradigma garantista* nos contemporâneos Direito Constitucional e Direito do Trabalho.

Brasília, fevereiro de 2013.

Mauricio Godinho Delgado

Ministro do Tribunal Superior do Trabalho. Ex-Professor de Ciência Política e de Direito do Trabalho da UFMG (1978-2000). Ex-Professor do Mestrado e Doutorado em Direito da PUC Minas (2000-2012). Atual Professor da Pós-Graduação em Direito do Centro Universitário IESB.

→ Prefácio

Bien decía Sinzheimer — ya en 1927 — que

> La relación que liga al trabajador con su empleador no es sólo una pura relación obligacional. No pertenece al Derecho de las Obligaciones. Es, ante todo, una relación de poder. Pertenece al Derecho de las Personas. La dependencia del trabajador es por ello no sólo una dependencia económica, social o técnica, que sólo sea un hecho que no concierna al Derecho. La dependencia del trabajador es una relación jurídica de poder que tiene determinados efectos jurídicos, que se apartan, sin embargo, de los puros efectos jurídicos obligacionales. Pensemos en el poder de mando del empresario. Ningún acreedor puede dar órdenes al deudor.(1)

En rigor, si bien esta posición subordinada puede tener una primera explicación en la *necesidad* de *trabajar* para otro, es la *ajenidad en los frutos* que tipifica al vínculo laboral lo que da fundamento lógico y jurídico a la posición de supremacía del empleador(2).

---

(1) SINZHEIMER, Hugo. *La esencia del derecho del trabajo* (1927), em SINZHEIMER, Hugo, *Crisis económica y derecho del trabajo; cinco estudios sobre la problemática humana y conceptual del derecho del trabajo*. Madri: IELSS, 1984. p. 67 y ss. y, también, p. 75/76. Y agregó más adelante su discípulo, Otto Kahn-Freund, que *Los recursos del capital no pueden ser utilizados por nadie (ya se trate de una entidad privada o pública) sin ejercer un poder de mando sobre personas. Esto es una afirmación obvia o, al menos, debería serlo.... No puede haber relación de trabajo sin un poder de mandar y un deber de obedecer, es decir, sin este elemento de subordinación en el que los juristas correctamente ven la nota fundamental del 'contrato de trabajo'* (KAHN-FREUND, Otto. *Trabajo y derecho*. Madrid: MTSS, 1987. p. 52/53). En términos similares se expresa ya contemporáneamente Supiot cuando señala que *en todos los países industriales en que se ha desarrollado, la relación de trabajo se ha definido — y continúa siéndolo — como una relación en que uno puede mandar y otro ha de obedecer. Es decir: que la cuestión del poder se halla en el corazón mismo del derecho del trabajo. La subordinación del trabajador, que sirve para caracterizar al contrato de trabajo, es más que un simple criterio técnico de clasificación: es la piedra angular de un derecho que tiene como objeto esencial enmarcar el ejercicio del poder que confiere a una persona sobre otra* (SUPIOT, Alain. *Crítica del derecho del trabajo*. Madrid: MTSS, 1996. p. 133/134).

(2) *La ajenidad en los frutos que caracteriza el trabajo por cuenta ajena, que lo define realmente, trae como consecuencia la sujeción del trabajador a las órdenes del adquirente en cuanto a qué frutos*

De este modo, la anticipada apropiación de los frutos del trabajo, y el consecuente derecho a definir el contenido y la oportunidad de producción de éstos, lleva a que se reconozca al empleador sobre su trabajador dependiente una *tríada de poderes* que, al tiempo que *se legitiman recíprocamente*, también *se limitan en cascada.*

El trabajador queda así sometido al *poder* del empleador de *organizar* la actividad productiva en su empresa, de *dirigir* la actividad personal que cada uno de sus dependientes deberá desarrollar en el marco de aquélla y de *sancionar* los incumplimientos de éstos en la ejecución de esa labor.

Claro queda así que, aunque por vía legislativa o convencional o, aún, *contractual*, se contemple la existencia de *derechos* y *deberes* de cada una de las partes, el reconocimiento a sólo una de ellas — el empleador — de un poder personal sobre la otra — el trabajador — no sólo quiebra la lógica contractual sino, antes aún, evidencia la severa limitación que implica el vínculo laboral dependiente para la libertad del que trabaja.

Y esta limitación se torna más evidente a poco que se examina el modo de ejercicio de los dos poderes que suponen *sumisión personal directa* del trabajador: el de *dirección* y el *disciplinario.*

En orden al primero, no puede dejar de observarse que, así como el trabajador debe cumplir con sus obligaciones en los términos pactados — o establecidos por las normas legales y convencionales —, y no tiene ninguna posibilidad de alterar su débito, ya que ello podría configurar un *incumplimiento*, es en cambio al empleador a quien, por la vía del llamado *ius variandi,* se da la facultad de introducir unilateralmente modificaciones en esa conducta personal insustituible, *siempre que ello responda a las necesidades de la producción*.

La subordinación al *poder de dirección* del empleador, que éste podrá ejercer en función de las necesidades de la empresa — que, en realidad, son las *suyas* — implica así una gran indeterminación inicial en el contenido de la prestación del trabajador. Y, en todo caso, la sujeción de esa indeterminación a los límites — legales, convencionales o jurisprudenciales — del *ius variandi*, no hace sino confirmar la indefinición inicial. Pero tal limitación, de todos modos, y en cuanto deja siempre abierta, en favor del empleador, la posibilidad de precisar el contenido de la prestación laboral de acuerdo con las necesidades de la empresa, se traduce

---

deben ser producidos, y en cuanto a cómo, dónde y cuándo deben producirse los mismos. En el caso usual hoy de frutos complejos, resultado de trabajos en cooperación, aquella potestad se extiende a lo necesario para la coordinación de la producción de cada trabajador con la de los restantes. Es éste el sentido en el que la ajenidad de suyo implica una dependencia del trabajador, o en el que el trabajo por cuenta ajena es un trabajo dependiente (OLEA, Manuel Alonso. *Introducción al derecho del trabajo.* 4. ed. Madrid: Edersa, 1988. p. 39).

en una adicional limitación de la libertad del trabajador[3], de contornos igualmente inciertos, que no se agota en el marco de la relación de trabajo.

En efecto, la restricción de la libertad es *interna* y *externa*, porque así como al interior de la relación de trabajo se manifiesta en la sumisión directa a los poderes del empleador durante el *tiempo de trabajo*, esa misma sumisión y, aún, la posibilidad de que el contenido de la prestación sea modificada, condicionan la libertad de organizar los *otros tiempos* personales del trabajador, y que son los de la vida familiar, la cultura, el ocio, etc.

Y es a partir de la observación del marco *real* en el que se ejerce el *poder de dirección* como corresponde valorar la trascendencia que asume ese otro poder exclusivo del empleador, cuyo uso debería ser funcional a aquél, pero que, como todo poder, no está exento de la arbitrariedad, y que es el *poder disciplinario.*

Debe advertirse aquí que, normalmente, el control que se ejerce sobre el poder disciplinario no es previo sino posterior a su ejercicio por el empleador y, también generalmente, con efecto *devolutivo.*

Esto es, al modo de las obligaciones tributarias frente al Estado, y en contra de las reglas del derecho penal, el trabajador debe cumplir su *pena* aún cuando la *sentencia de condena* — dictada por el empleador — no esté *firme*. Tal suerte de *solve et repete* vale no sólo para las *suspensiones* sino aún para la *pena de muerte* del contrato, como lo es el *despido disciplinario*, cuya revisión judicial, salvo supuestos excepcionales — que, por vía legal o jurisprudencial, admiten la reincorporación del trabajador —, apenas dará derecho al dependiente injustamente segregado de la empresa a una tardía reparación económica, usualmente *tarifada.*

El *poder disciplinario* prevalece así sobre la regla de *continuidad* y sobre la protección de la estabilidad en el empleo.

Y es a esta situación a la que quiso dar respuesta el Derecho del Trabajo operando no sólo en el acotamiento de la libertad resignada sino, al mismo tiempo, compensando la reducción de libertades con *seguridades*.

Estas *seguridades* son parte de los *medios técnicos* de los que se vale el Derecho del Trabajo para lograr su finalidad *protectora* — que suele elevarse a la categoría de *principio* — , y entre los que es oportuno recordar aquí la *limitación de los poderes del empleador* y la *estabilidad en el empleo*, porque, finalmente,

---

(3) *El objeto del acuerdo del trabajador asalariado consiste en renunciar a su voluntad autónoma, en someterla a la de la otra parte, lo que implica una gran indeterminación de las obligaciones concretas que deberá cumplir durante la ejecución del contrato. El poder patronal es tanto más grande cuanto más grande es este margen de indeterminación de las obligaciones del trabajador* (SUPIOT, A. *Crítica....*, cit., p. 145).

de eso se trata el estupendo estudio de Augusto César Leite de Carvalho, sobre la *garantía de indemnidad*, que hoy tengo el privilegio de prologar.

En efecto, el autor, siguiendo inicialmente a Ferrajoli y a la más moderna doctrina constitucional, se asienta en la noción de *garantía*, para encontrar a partir de ella un nuevo mecanismo de protección de los trabajadores frente a la eventual prepotencia de sus empleadores que obstaculice el ejercicio de sus derechos por aquéllos.

En la primera parte la obra nos presenta un interesante e ilustrado repaso de la evolución de las garantías constitucionales y del control judicial de constitucionalidad — que confronta luego con el peculiar sistema brasileño.

Tal es el marco desde el que aborda el tratamiento de la *garantía de indemnidad*, categoría jurídica ésta que, siguiendo a Casas Bahamonde y a Rodríguez--Piñero y Bravo-Ferrer, define como una *técnica de protección de los derechos fundamentales* en cuanto supone la ineficacia de los actos empresariales lesivos de tales derechos.

Examina así la evolución de este concepto desde una perspectiva muy amplia que, en el terreno de las relaciones de trabajo, comprende tanto a las colectivas como a las individuales.

El estudio, sin embargo, pone el énfasis en la proyección de la garantía de indemnidad sobre los derechos individuales de los trabajadores — que da en calificar como *en sentido estricto* — y que, al amparo del derecho español, no sería sino una derivación del derecho fundamental a la tutela judicial efectiva.

De este modo, el autor hace un exhaustivo estudio de la construcción producida por el Tribunal Constitucional Español que, avanzando sobre los niveles de protección de las normas internacionales del trabajo — en particular el artículo 5.c del Convenio n. 158 de la OIT (*sobre la terminación de la relación de trabajo, 1982*) — y de las Directivas del derecho comunitario europeo, extendió la garantía a cualquier tipo de represalia producida por el empleador frente a las acciones ejercidas por el trabajador para la tutela de sus derechos, en particular las acciones judiciales.

Finalmente, y luego de comparar los sistemas de protección contra el despido en Brasil y en España, el estudio se centra en la presentación del estado de situación actual en el derecho y la jurisprudencia de Brasil, para concluir en que *el carácter novedoso del tema no es un escollo para su necesaria adopción* en este país.

El erudito e interesante estudio de Augusto César Leite de Carvalho, que es el producto de las investigaciones que llevó a cabo en España bajo la dirección del Profesor Joaquín Pérez Rey encaminadas a la producción de ésta, su tesis doctoral, y más allá de que — como reclama la primera de las exigencias de la convivencia democrática — se coincida o no con sus postulados, tiene, además de la riqueza de sus contenidos, el mérito adicional de la *provocación* que es, finalmente, lo mejor que puede esperarse de la honestidad del trabajo intelectual y que, por cierto, el mundo jurídico se congratula en agradecer.

Mario E. Ackerman
Catedrático de Derecho del Trabajo Universidad de Buenos Aires

→ Introdução

A Justiça do Trabalho, no Brasil, é uma divisão do Poder Judiciário que se dedica quase inteiramente à solução de conflitos que envolvem os desempregados, pois os que ainda possuem emprego têm medo de contrariar seus patrões.

Como ao direito de instaurar um processo trabalhista se oporia o suposto direito potestativo de despedir — apesar do princípio insculpido no art. 7º da Constituição brasileira — a solução que normalmente se propõe é a coletivização das ações judiciais, mediante a substituição processual exercida pelos sindicatos. Embora se trate de bom augúrio, decerto que se cuida, por assim dizer, de medicina que não combate a doença, dado que se transfere a titularidade da demanda sem imunizar-se o trabalhador que pretendia exercer o seu direito fundamental de ação.

Em direção contrária, a jurisprudência constitucional da Espanha decompôs o preceito que garante o direito constitucional de ação para encontrar em seu conteúdo a proibição de qualquer represália contra o empregado que exerce tal direito.

O que nos inquieta, a bem ver, é a aparente coincidência de premissas jurídicas entre os sistemas constitucionais espanhol e brasileiro, não obstante a dessemelhança entre as soluções atinadas para o problema dos trabalhadores ameaçados de dispensa em razão de terem experimentado o legítimo exercício do direito à demanda judicial. Assim, na Espanha e no Brasil, o direito de ação é direito fundamental e são auspiciosas as manifestações da jurisprudência brasileira acerca da efetividade e da horizontalidade dos direitos e garantias constitucionais.

Tratando da realidade espanhola, Alvarez Alonso bem poderia estar versando sobre as relações de trabalho situadas em território brasileiro ao enfatizar:

> [...] é justo reconhecer que a proteção da esfera individual da pessoa do trabalhador se há reforçado pelo reconhecimento da eficácia

horizontal dos direitos fundamentais no contrato de trabalho. Como é sabido, segundo uma doutrina constitucional consolidada e que pode ser extraída hoje de diversos preceitos da legislação laboral, os poderes do empresário não podem ser utilizados para punir ou reprimir o exercício de direitos fundamentais pelos trabalhadores, de sorte que aqueles atos ou decisões empresariais que constituem uma represália contra o exercício de um direito fundamental devem ser declarados nulos, repondo-se a situação ao momento anterior à materialização do comportamento lesivo.[4]

Contudo, a migração das normas e especialmente da compreensão dada às normas no âmbito do direito comparado nem sempre é uma experiência bem sucedida. Os ordenamentos jurídicos somente se comunicam quando baseados em um fundamento comum de norma e valor. Na situação aqui examinada, o que impulsiona a proposta de trasladar para o sistema brasileiro a garantia de indenidade é, inicialmente, o caráter universal dos direitos e garantias fundamentais.

A primeira parte do presente trabalho está dedicada, por isso, ao estudo das garantias sob a perspectiva da universalidade e com ênfase, sobretudo, na erudição de Ferrajoli. Serão desenvolvidas algumas análises conceituais sobre as garantias inerentes aos direitos fundamentais e se investigarão os avanços da doutrina acerca da eficácia horizontal — direta e imediata — dessa espécie de direito, ainda que estejam eles destinados, originalmente, à defesa dos cidadãos contra os abusos do poder público.

Em seguida, o centro da nossa atenção será o significado da expressão "garantia de indenidade" e, antes do mais, o modo como surgiu e evoluiu tal entidade jurídica na Espanha. Além de consultar o conceito e a história do novel instituto jurídico, este trabalho de investigação se voltará a sublinhar a relevância de se adequar a carga da prova à eficácia de citada garantia, pois atribuir ao trabalhador o ônus de provar a intenção do empresário equivaleria a não garantir rigorosamente nada.

A construção jurídico-processual que propõe a inversão da carga probatória quando há indícios de violação de algum direito fundamental comete a atividade de provar a quem tem maior aptidão para demonstrar que seria outra a razão de seu ato gravoso, não lhe movendo a intenção de inibir o exercício de um direito fundamental. Nota-se, portanto, que se cuida de compreensão atinente à

(4) Álvarez Alonso, D. *La Garantía de indemnidad del trabajador frente a represalias empresariales*. Albacete: Bomarzo, 2005. p. 14. Tradução livre. O autor se refere aos seguintes arestos do Tribunal Constitucional da Espanha: SSTC ns. 38/1981, 55/1983, 120/1983, 47/1985, 88/1985, 1/1998, 20/2002 e vários outros.

efetividade de todos os direitos fundamentais. Na hipótese de suposta represália contra o exercício do direito de ação, a aplicação dessa doutrina é, como bem se sinaliza, inevitável.

Em verdade, as reflexões até aqui adiantadas não podem dissociar-se, criticamente, do que se verá na sequência sobre a lógica e a experiência da garantia de indenidade no Brasil. Inicialmente, há um capítulo dedicado ao confronto entre o regime de dispensa na Espanha e aquele adotado no Brasil; adiante, serão apontadas as semelhanças acerca do contexto normativo, da realidade factual e da doutrina constitucional brasileira que permitiriam a adoção do mesmo instituto deste lado do Atlântico.

A bem dizer, a proposta de que se adote no Brasil a mesma imunização a favor dos atores de demandas judiciais poderia simplesmente fundar-se no art. 8º da CLT, que inclui o direito comparado entre as fontes subsidiárias do direito do trabalho. Sem embargo de tal fundamento parecer consistente, é certo que assim se daria efeito a um dispositivo que, embora atual, foi concebido na primeira metade do século XX, quando ainda não se cogitava a força normativa dos princípios constitucionais e direitos fundamentais. Portanto, a aplicação de uma garantia prevista em uma constituição estrangeira teria um claro ponto de inconsistência, se não fosse a circunstância de igual garantia ser percebida na Constituição brasileira.

Com vistas a concluir que é compatível a garantia de indenidade com o ordenamento jurídico brasileiro, esta pesquisa adotou o método indutivo ao indicar casos nos quais a ideia de indenidade ou imunização prevaleceu como fundamento de alguma jurisprudência constitucional, não obstante a matéria não pareça assim sistematizada no Brasil. Por outro lado, não se deve olvidar de que o nascimento da garantia de indenidade na Espanha derivou da aplicação de um preceito normativo preexistente, o que implica a utilização do método dedutivo na defesa de seu fundamento jurídico, o mesmo ocorrendo, ou podendo ocorrer, em território brasileiro.

I — O Paradigma Garantista

1. Conceito de garantia com foco na garantia de indenidade

O significado de garantia que nos interessa remete à eficácia de um direito fundamental, a saber, o direito à tutela judicial. Portanto, importa revelar o modo de exercê-lo sem sujeição a represálias, o que é diferente de conceituar o próprio direito de deflagrar a atuação da estrutura judicial e ao final obter uma decisão equânime ou justa.

Se abstraímos o dever imposto ao Estado de prover jurisdição e nos centramos em foco logicamente anteposto, que é pertinente à técnica de não permitir que o exercício do direito de ação seja desagravado pela pessoa contra quem foi movido, podemos assinalar três características da garantia sob exame:

a) Não se trata do direito mesmo, senão de uma garantia de que pode este ser plenamente exercido;

b) A existência de tal garantia pressupõe a eficácia horizontal dos direitos fundamentais, ou seja, a possibilidade de seu uso frente a particulares;

c) A compreensão da garantia como instituto jurídico implica sua normalização, sua inserção na categoria das normas; antes do mais, a proposta de segregar a garantia, em relação ao direito subjetivo de provocar a jurisdição, justifica-se pela singela razão de impor-se ao sujeito passivo uma sanção específica na hipótese de ele não observar a citada garantia, agregando-se, assim, conteúdo mais denso ou fecundo à sanção que seria inerente ao direito de ação em seu perfil tradicional.

As duas últimas características serão examinadas apartadamente, em capítulos específicos. No tocante à distinção entre direito e garantia, pode-se afirmar que dela não cuidam os dicionários comuns, pois confundem os significados de um e outro termo[5]. Mas a enaltecem os teóricos do direito, sobretudo aqueles dedicados ao direito constitucional, pois a importância das garantias no seio das cartas políticas tem evoluído desde o surgimento do estado liberal, quando a eficácia das declarações de direitos humanos foi posta à prova[6].

As primeiras tentativas de distinguir direitos e garantias não disfarçavam, por isso, o tom individualista dos direitos de liberdade e a verticalidade das garantias a eles inerentes, dado que previstas frente ao Estado[7]. No Brasil, o jurista Rui Barbosa, ao comentar a Constituição de 1891, alicerçava-se na definição de Littré, o dicionarista da Academia Francesa, para afirmar:

> Direito é a faculdade reconhecida, natural, ou legal, de praticar ou não praticar certos atos. Garantia [...] de um direito, é o requisito de legalidade, que o defende contra a ameaça de certas classes de atentados de ocorrência mais ou menos fácil.[8]

Jorge Miranda[9], seguido por Bonavides[10], refere como clássica, mas ao mesmo tempo atual, a contraposição entre direitos e garantias, pontuando que

> Os direitos representam só por si certos bens, as garantias destinam-se a assegurar a fruição desses bens; os direitos são principais, as

---

(5) Segundo Paulo Bonavides, assim se verifica no Diccionario de la Real Academia Española, que define as "garantías constitucionales" como "derechos que la Constitución de un Estado reconoce a todos los ciudadanos", o mesmo ocorrendo no *Novo dicionário Aurélio da língua portuguesa*. Cf. BONAVIDES, Paulo. *Curso de direito constitucional.* São Paulo: Malheiros, 1997. p. 482.

(6) *Vid.* LASSALLE, F. *¿Qué es una constitución?* Tradução de Wenceslao Roces. Barcelona: Ariel, 2002. p. 138 (*ver* o capítulo sobre "el ejemplo de Inglaterra") e Jiménez Asensio, R. *El Constitucionalismo: proceso de formación y fundamentos del derecho constitucional.* Madrid: Marcial Pons, 2005. p. 19: "El Derecho constitucional, por tanto, adquiere carta de naturaleza a partir de las revoluciones liberales que tuvieron lugar a finales del siglo XVII en Gran Bretaña y también a finales del siglo XVIII en Estados Unidos (declaración de Independencia) y en Francia (Revolución Francesa de 1789). Aunque de inmediato hay que añadir que es imposible entender el verdadero alcance de ese fenómeno constitucional sin remontarse, siquiera sea brevemente, a etapas anteriores".

(7) Os direitos citados são os de *liberdade negativa,* pois "la obligación de los no titulares de la libertad, incluso el Estado, consiste en no hacer, en no intervenir en ciertas esferas de actuación de los individuos (o de los grupos). El Estado sólo deberá intervenir, excepcionalmente, para reprimir comportamientos de otros miembros de la sociedad que vayan contra el ejercicio de tales libertades, y viene a cumplir así una doble función: *garantista* con respecto a los titulares de las libertades, y *represiva* en relación con aquellos que pudieran pretender impedir tal ejercicio. La libertad religiosa, la libertad de expresión, de reunión, de manifestación, etc., son ejemplos de libertades negativas". Cf. ATIENZA, M. *El sentido del derecho*. Barcelona: Ariel, 2003. p. 178.

(8) *Apud* BONAVIDES. *Op. cit.,* p. 483.

(9) MIRANDA, Jorge. *Manual de direito constitucional.* Coimbra: Coimbra, 1998. p. 89 t. IV: direitos fundamentais. O autor cita alguns exemplos ilustrativos: ao direito à vida correspondem as garantias que consistem na proibição de extradição por crimes puníveis com a pena de morte segundo o direito do Estado requerente; ao direito de liberdade e à segurança corresponde a irretroatividade da lei que incrimina.

(10) *Op. cit.,* p. 484.

garantias são acessórias, e, muitas delas, adjetivas (ainda que possam ser a realização das pessoas e inserem-se direta e imediatamente, por isso, nas respectivas esferas jurídicas, as garantias só nelas se projetam pelo nexo que possuem com os direitos; na acepção jusracionalista inicial, os direitos declaram-se, as garantias estabelecem-se.

O abalizado jurista da Universidade de Lisboa faz, porém, a distinção ainda mais persuasiva e meridiana, quando se socorre daquela categoria de direitos inseparável do Estado liberal: os direitos da liberdade. Escreve:

— As liberdades assentam na pessoa, independentemente do Estado; as garantias reportam-se ao Estado em atividade de relação com a pessoa;

— As liberdades são formas de a pessoa agir, as garantias modos de organização ou de atuação do Estado;

— As liberdades valem por aquilo que vale a pessoa, as garantias têm valor instrumental e derivado.

Por sua vez, Luigi Ferrajoli associa sua compreensão de garantia à defesa, que faz com ênfase, de uma mais ampla acepção do direito subjetivo. Contrariando (sem ser o primeiro a fazê-lo[11]) os teóricos que outrora sustentavam ser o direito subjetivo uma faculdade correspondente a um dever previsto em lei[12], o autor italiano introduz o conceito de *expectativa jurídica*:

---

(11) Manuel Atienza (*op. cit.*, p. 210) observa que "entendidos como derechos jurídicos, cabría decir que los derechos humanos pertenecen a la categoría de los derechos subjetivos. Pero este último concepto no es nada simple, y en el mismo parece que pueden distinguirse varias dimensiones. Por un lado, afirmar que X tiene un derecho subjetivo implica (frente a los derechos simplemente morales) que las normas de un determinado Derecho positivo le otorgan a X un tipo de protección — una protección jurídica — que, por lo demás, puede ser muy variada. Como vimos en un anterior capítulo, son muchas las técnicas a las que recurre un Derecho para lograr que sus normas sean eficaces. Por lo que respecta a lo que ahora nos interesa, hay derechos subjetivos que son exigibles ante un tribunal, otros que generan obligaciones por parte de los poderes públicos (por ejemplo, construir escuelas y hospitales) que, sin embargo, no pueden hacerse valer jurisdiccionalmente, otros que juegan sólo un papel en la interpretación de las normas jurídicas, etc. Por otro lado, 'tener un derecho' significa — digamos que desde el punto de vista estructural, no atendiendo a su grado de protección — ocupar una posición favorable en el marco de una relación jurídica. Sin embargo, como puso de manifiesto el jurista norteamericano Hohfeld en las primeras décadas del siglo XX, no existe un único tipo de relación jurídica, sino que cabría hablar al menos de cuatro tipos básicos, con lo cual tendríamos otras cuatro modalidades activas y sus correspondientes pasivas. La idea genérica de 'derecho subjetivo' se puede descomponer así en cuatro nociones distintas, para las cuales cabe usar también términos diferentes: 'derecho subjetivo en sentido estricto', 'libertad', 'poder' e 'inmunidad'; las dos primeras son posiciones que se tienen como consecuencia de la existencia de normas regulativas o deónticas y suponen que en el otro polo de la relación alguien tiene un deber o no tiene un derecho; las otras dos derivan de normas constitutivas, de reglas que confieren poder, y se caracterizan porque en el otro polo de la relación alguien está en una posición de sujeción o de no poder".

(12) *Vid.* KELSEN, H. *Teoria pura do direito.* Tradução de João Baptista Machado. São Paulo: Martins Fontes, 1996. p. 148/154.

> [...] é a expectativa que uma norma jurídica dispõe (como no caso, por exemplo, dos direitos fundamentais) ou predispõe como efeito de um ato por ela hipoteticamente previsto (como, por exemplo, no caso dos direitos patrimoniais)
>
> [...]
>
> A teor de minhas definições, "expectativa positiva" e "expectativa negativa" são simplesmente figuras deônticas a que correspondem, respectivamente, a obrigação e a proibição de uma mesma premissa, para outras pessoas.[13]

Com efeito, as relações jurídicas se estabelecem entre sujeitos que se põem em situações jurídicas passivas e outros que se apresentam como titulares de situações ativas. Eles têm expectativa positiva ou negativa, desde que ao outro se atribuam obrigações ou proibições, respectivamente. Os direitos sociais seriam o campo fértil das expectativas positivas (ou de prestações), enquanto os direitos de liberdade ambientariam, em princípio, as expectativas negativas (ou de lesões).

Sobre esta base, Ferrajoli ressalta que as garantias não são outra coisa que as técnicas previstas pelo ordenamento para reduzir a distância estrutural entre normatividade e efetividade, e, portanto, para possibilitar a máxima eficácia dos direitos fundamentais em coerência com sua estipulação constitucional[14]. Como as garantias refletem a distinta estrutura dos direitos fundamentais para cuja tutela são previstas, o autor, em seguida, assim as classifica:

> • garantias liberais: destinadas a assegurar a tutela dos direitos de liberdade, consistem essencialmente em técnicas de invalidação ou de anulação dos atos proibidos que as violam;

---

(13) FERRAJOLI, L. *Garantismo:* una discusión sobre derecho y democracia. Tradução para o espanhol de Andrea Greppi. Madrid: Trotta, 2006. p. 52. O caráter inovador do conceito de "expectativa" é notado por Cruz Parcero, que explica: "este concepto es una noción basilar para su teoría del derecho; este concepto se revelará esencial para obtener una definición satisfactoria de 'derecho subjetivo' y para salir del atolladero de los muchos equívocos de las muchas aporías que rodean esta noción [...]. Es básica también respecto a nociones como 'relación jurídica' y 'garantía'" (PARCERO, J. A. Cruz. Expectativas, derechos y garantías. La teoría de los derechos de Luigi Ferrajoli. In: *Garantismo*: estudios sobre el pensamiento jurídico de Luigi Ferrajoli. Edición de Miguel Carbonell y Pedro Salazar. Madrid: Trotta, 2005. p. 319). Em espanhol: "[....] es la expectativa que una norma jurídica dispone (como en el caso, por ejemplo, de los derechos fundamentales) o predispone como efecto de un acto por ella hipotéticamente previsto (como, por ejemplo, en el caso de los derechos patrimoniales). [....] A tenor de mis definiciones, 'expectativa positiva' y 'expectativa negativa' son simplemente dos figuras deónticas a las que corresponden, respectivamente, la obligación y la prohibición de un mismo argumento, para otros sujetos".

(14) FERRAJOLI, L. *Derechos y garantías:* la ley del más débil. Tradução para o espanhol de Perfecto Andrés Ibáñez e Andrea Greppi. Madrid: Trotta, 2006. p. 25.

- garantias sociais: orientadas para assegurar a tutela de direitos sociais, consistem, a seu turno, em técnicas de coerção e/ou de sanção contra a omissão que toca às prestações obrigatórias que os satisfazem.

Como se verá adiante, a doutrina constitucional admite hoje a eficácia horizontal dos direitos fundamentais e nos parece defensável a compreensão da garantia de indenidade como um instrumento de afirmação do direito à tutela judicial efetiva e de outros direitos fundamentais, daí resultando, *exempli gratia* e como sanção correspondente, a obrigação de reintegrar o trabalhador que seja despedido por revide contra a ação judicial.

A análise desses componentes do conceito de garantia, necessários para que se inclua a garantia de indenidade em tal categoria jurídica, será depois retomado. E será igualmente examinada, em capítulo posterior, a possibilidade e, sobretudo, a validade de uma garantia que não está expressa nos textos da Constituição e das normas infraconstitucionais.

Uma reflexão importante, por ora, é a concernente à possibilidade de existirem garantias sucessivas (garantias de outras garantias), todas convergindo para a efetividade de um dado direito fundamental. A relevância de tal debate reside nas possíveis dúvidas acerca de o direito à tutela judicial ser um direito fundamental ou uma garantia da efetividade de outros direitos.

Se concebermos a tutela judicial efetiva como uma garantia, podemos imaginá-la em uma perspectiva meramente subjetiva, como uma proteção ao cidadão ou, em uma primeira análise, como uma garantia da existência de uma instituição do Estado com induvidosa relevância e interferência social, ou seja, uma garantia institucional(15). Sequer pode ser descartado seu aspecto híbrido, como defende Canotilho:

> Além da sua natureza de direito análogo aos direitos, liberdade e garantias, a garantia de tutela jurisdicional configura-se também como garantia institucional. Isto aponta para exigência e garantia de uma organização judiciária possibilitadora de uma proteção jurídica eficaz e temporalmente adequada dos particulares.(16)

---

(15) Bonavides (*op. cit.*, p. 490) afirma que a ideia de *garantias institucionais*, as quais não se vinculam propriamente a direitos individuais, senão ao funcionamento de instituições ou órgãos do Estado, há evoluído a partir dos estudos de Carl Schmitt, embora as garantias institucionais ganhem corpo em sua obra literária quando o Estado liberal já fenecia, devido ao nascimento do Estado social. Assim ocorreu a partir da República de Weimar, segundo Bonavides, pois desde então a análise conceitual da segurança das instituições e dos direitos fundamentais já não pode prescindir do conceito de garantias institucionais, dado que daí por diante esse novo conceito se converte em uma das colunas do Estado social, forma que rege a organização dos poderes públicos sob uma nova inspiração política e filosófica, aquela que dissipou o eixo do poder na vida do Estado, trazendo às instituições a hegemonia da sociedade em substituição da antiga supremacia do indivíduo.

(16) CANOTILHO, J. J. Gomes. *Direito constitucional e teoria da constituição*. Coimbra: Almedina, 1998. p. 458.

Em verdade, não existe a limitação de uma só garantia por direito assegurado e mesmo a classificação como garantia ou como direito ganha complexidade em alguns casos fronteiriços, como acentua Jorge Miranda[17]. As garantias concorrentes ou sucessivas servem à máxima efetividade dos direitos e, por outro lado, como bem assinala Ferrajoli, o garantismo de um sistema jurídico "é uma questão de *grau*, que depende da precisão dos vínculos positivos ou negativos impostos aos poderes públicos pelas normas constitucionais e pelo sistema de garantias que assegura uma taxa mais ou menos elevada de eficácia a tais vínculos"[18].

Se é verdade que o sistema de direitos fundamentais é harmonioso[19] e que suas normas eventualmente antinômicas não se anulam mutuamente, exigindo-se um juízo de ponderação em cada caso de aparente antinomia[20], também o é que um sistema de garantias deve ser construído sempre progressivamente até alcançar a mais ampla efetividade dos direitos fundamentais, seja para assegurar a eficácia de um deles, seja mirando a totalidade. Das garantias não importa a quantidade, posto interesse sua idoneidade e aptidão, sua força persuasiva, no sentido da plenitude.

2. Garantias da constituição e garantias constitucionais

O objetivo de assegurar o cumprimento dos desígnios constitucionais não se esgota em garantias que têm em mira a observância dos direitos fundamentais, matéria de nossa especial atenção. É que se mostram igualmente imprescindíveis as garantias de existência ou preservação das próprias constituições.

Acerca do tema, pontua Canotilho que, globalmente consideradas, as garantias da constituição seriam duas, a saber: a vinculação de todos os poderes públicos à constituição e a existência de meios de controle, políticos e jurisdicionais, do cumprimento da constituição[21].

(17) *Op. cit.*, p. 90. O autor cita, referindo a Constituição portuguesa, a proibição de separar filhos dos respectivos pais, a objeção de consciência, o direito de queixa, a proibição de *lock-out*, etc.

(18) FERRAJOLI. *Derechos y garantias*, p. 25. Tradução livre para o português.

(19) Sobre o princípio da unidade da Constituição: CANOTILHO, Gomes. *Op. cit.*, p. 1096.

(20) O juízo de ponderação entre princípios, preconizado por ALEXY. é endossado por Prieto Sanchís (*Justicia constitucional y derechos fundamentales.* Madrid: Trotta, 2003. p. 175); Canotilho (*op. cit.*, p. 1109); Bonavides (*op. cit.*, p. 112); Ferrajoli (*Garantismo:* una discusión sobre derecho y democracia. Tradução de Andrea Greppi. Madrid: Trotta, 2006. p. 91).

(21) CANOTILHO, Gomes. *Op. cit.*, p. 782. O autor observa que as garantias da constituição não devem confundir-se com as garantias constitucionais. Estas têm um alcance substancialmente subjetivo, pois se referem ao direito de os cidadãos exigirem dos poderes públicos a proteção de seus direitos e o reconhecimento e consagração dos meios processuais adequados a essa finalidade. Por sua vez, Bonavides (*op. cit.*, p. 488) sustenta que há, em verdade, duas acepções para a expressão *garantia*

Bem entendido, as garantias constitucionais — aquelas que por ora nos interessam — são técnicas de eficácia dos direitos fundamentais, sem as quais eles integrariam uma mera carta de intenções. A história das garantias constitucionais volveria assim ao tempo em que nem sequer existiam constituições.

2.1. A história remota das garantias constitucionais

Antes de mencionar a inegável influência do movimento constitucionalista, que seguramente deu nova dignidade às garantias constitucionais, cabe recordar que a mais festejada delas, o *habeas corpus*, possui natureza processual e remonta a uma época em que o termo constituição, em sua denotação atual[22], era estranho às tertúlias políticas e jurídicas. Em rigor, três correntes históricas podem ser lembradas a propósito do surgimento do *habeas corpus*[23]:

- A primeira sustenta que o instituto nasceu no direito romano, sendo seu precursor o *interdicto de homine libero* que garantia ao cidadão o direito de locomoção, a liberdade enfim de ir, vir ou permanecer. Por sua vez, o *interdictum de homine libero exhibendo* era a expressão que designava a ação necessária a garantir aos cidadãos o direito de exigir a apresentação de um homem livre que fosse encarcerado ilegalmente.

---

constitucional, sendo a primeira de garantia da própria constituição (acepção lata), mais usada por constitucionalistas italianos do pós-guerra; e a segunda acepção mais empregada por juristas latino-americanos, com o sentido de garantias de direitos subjetivos expressos ou outorgados pela constituição (acepção restrita).

(22) Bobbio observa que a palavra constituição era usada com o significado de forma de governo em textos antigos (BOBBIO. *A teoria das formas de governo, passim*) e, a seu tempo, Lassalle (*op. cit.*, p. 99) adverte que "una Constitución *real y efectiva* la tienen y han tenido siempre todos los países, como, a poco que paren mentes en ello, ustedes por sí mismos comprenderán, y no hay nada más equivocado ni que conduzca a deducciones más descaminadas, que esa idea tan extendida de que las Constituciones son una característica peculiar de los tiempos modernos. No hay tal cosa. Del mismo modo y por la misma ley de necesidad que todo cuerpo tiene una constitución, su propia constitución, buena o mala, estructurada de un modo o de otro, todo país tiene, necesariamente, una Constitución real y efectiva, pues no se concibe país alguno en que no imperen determinados factores reales de poder, *cualesquiera* que ellos sean. [...] Aquello a que los nobles franceses llamaban Constitución, la norma según la cual el pueblo bajo tenía que soportar todos los tributos y prestaciones que se le quisieran imponer, no se hallaba recogido todavía, cierto es, en ningún documento especial, en un documento en que se resumiesen todos los derechos de la nación y los más importantes principios del gobierno; no era, por el momento, más que la expresión pura y simple de los *factores reales y efectivos de poder* que regían en la Francia medieval. [...] Así, pues, todo país tiene, y ha tenido siempre, en todos los momentos de su historia, una constitución *real y verdadera*. Lo específico de los tiempos modernos — hay que fijarse bien en esto, y no olvidarlo, pues tiene mucha importancia —, no son las Constituciones *reales y efectivas* sino las constituciones *escritas*, las *hojas de papel*".

(23) *Vid.* TRENTIN, B. *Direito processual penal. Habeas corpus.* Disponível em: <http://74.125.47.132/search?q=cache:Zdk5aK6Nz6AJ:intervox.nce.ufrj.br/~diniz/d/direito/pp-Processual_Penal_H.Corpus_Trentin.doc+direito+processual+penal+de+beatriz+trentin&cd=1&hl=pt-BR&ct=clnk&gl=br> *passim.*

• A segunda vertente histórica é talvez a mais aceita e propõe que o art. 48 da Carta Magna do Rei João Sem Terra seria o verdadeiro antecessor do habeas, pois em 19 de junho de 1215 inaugurou-se a tradição inglesa de outorgar o *writ* (instituído por Enrique II que governou ao início do século XII) somente aos nobres e barões, prescrevendo: "Ninguém será detido, encarcerado ou despojado de seus bens, costumes e liberdades, senão em virtude do juízo de seus pares, de acordo com as leis do país".

• A terceira corrente defende que o nascimento do habeas se deu em 1679, na Inglaterra governada por Carlos II, por meio do *habeas corpus act*, que exigia a presença do prisioneiro frente ao juiz no prazo máximo de vinte dias. Se o juiz lhe assegurasse a liberdade, punir-se-ia com multa a quem houvesse ordenado sua detenção.

Atualmente, as garantias se expandem também entre os ingleses, dado que a *High Court* emite decisões de *habeas corpus, mandamus, prohibitio, quo warranto* e *certoriari*(24). Portanto, as garantias de direitos fundamentais, ao menos aquelas que possuem natureza processual, têm funcionado mesmo em países onde se geraram e se fortaleceram sem base constitucional, ou seja, tais garantias se realizam mesmo quando se encontram no ambiente da *common law* e para fazer predominar, muita vez, o costume em detrimento de atos provenientes do Parlamento(25).

É curioso que o *writ* se tenha fortalecido como uma garantia contra leis inconstitucionais em caso de *writ mandamus* que, em realidade, não resultou

---

(24) *Vid.* PICANÇO, Melchiades. *Mandado de segurança*. Rio de Janeiro: Jacintho, 1937, havendo resumo de sua obra disponível em: <http://ec.europa.eu/civiljustice/org_justice/org_justice_cyp_pt.htm> o autor esclarece que o *habeas corpus* se destina a controlar a legalidade da detenção de uma pessoa, enquanto o *certiori* e a *prohibition* garantem os limites da competência dos tribunais inferiores e a observância das normas fundamentais de administração da justiça. O *mandamus* tem caráter obrigatório e permite que seja exarada uma decisão dirigida a um tribunal inferior ou a uma autoridade pública para que cumpram deveres impostos por lei. O *quo warranto* assegura poderes de controle dos fundamentos do exercício do poder público, de modo a impedir qualquer usurpação de poder.

(25) No famoso *case Bonham*, de 1607, o Real Colégio de Médicos (*College of Physicians*) possuía poderes, segundo o estatuto do Parlamento, de multar os membros que não cumprissem suas regras. O doutor Bonham foi multado em dez libras, não as pagou e foi encarcerado, em 1610. A multa seria dividida entre o Colégio e a Coroa. Bonham propôs uma ação por detenção injusta frente ao Tribunal do Rei, presidido pelo grande jurista Coke e composto também pelos juízes Warburton e Daniel. O tribunal acolheu o pedido, firmando um princípio fundamental: o estatuto que outorgava poderes de tal natureza era nulo, porque ninguém pode ser juiz e parte na mesma causa, o que era contrário ao direito comum e à razão natural. O Real Colégio não poderia ser juiz, preferir o juízo, fazer prender o acusado e apropriar-se de parte da multa. Esse caso foi comentado por POUND, Rocoe. *Desenvolvimento das garantias constitucionais da liberdade*. São Paulo: Ibrasa, 1965, havendo fragmento. Disponível em: <www.direitofranca.br/download/CasoMarburyxMadison.doc>.

em uma determinação judicial, mas sim em uma declaração de que tal determinação era inviável: o caso *Marbury vs Madison*[26].

Ao que parece, as constituições do século XIX introduzem as garantias, inclusive as de índole processual, que deveriam assegurar a efetividade de seus preceitos fundamentais. A constituição brasileira de 1891 já regulava o *habeas corpus* e a Carta de 1988 incluiu entre as garantias de natureza processual o *habeas data*[27], o mandado de segurança[28], inclusive coletivo, e os mandados de injunção[29].

Na Espanha, o *habeas corpus* foi introduzido na Constituição de 1869[30] e o art. 17.4 da atual constituição prescreve que "la ley regulará un procedimiento de *habeas corpus* para producir la inmediata puesta a disposición judicial de toda persona detenida ilegalmente".

2.2. O teor individualista das primeiras garantias constitucionais

Dando-se por certo que as garantias nasceram sob a atmosfera do estado liberal, conclui-se logo que elas se confundiram com as garantias que serviam à plena efetividade dos direitos de liberdade. Por isso foram denominadas "garantias individuais" e existem constituições de nosso tempo, como a brasileira, que ainda

---

(26) No *case Marbury vs Madison* (1803), a Suprema Corte dos Estados Unidos decidiu que o presidente recém-eleito, Thomas Jefferson, não podia negar-se a investir Marbury no cargo de juiz daquela corte, uma vez que ele teria sido nomeado por presidente anterior (John Adams, derrotado por Jefferson) antes de terminar seu mandato presidencial. Sem embargo, a Suprema Corte decidiu que ela própria não poderia impor ao novo presidente Jefferson a ordem de investir Marbury no mencionado cargo, pois tal poder estaria fundado em *judicial act* de 1789 que era, por sua vez, inconstitucional, dado que dilatava a competência da Suprema Corte e, de acordo com a Constituição de 1787, as competências desta eram restritas, somente podendo ser alargadas por reforma constitucional. A partir desse episódio se consolidou a doutrina do *judicial review*. Ver texto acerca desse *leading case*. Disponível em: <www.direitofranca.br/download/CasoMarburyxMadison.doc>.

(27) O *habeas data* serve para assegurar o conhecimento sobre informações relativas à pessoa do impetrante, constantes de registros ou banco de dados de entidades governamentais ou de caráter público. É concedido também para a retificação de dados, quando não se prefira fazê-lo por processo sigiloso, judicial ou administrativo (art. 5º, LXXII da Constituição da República Federativa do Brasil).

(28) Os mandados de segurança podem ser impetrados sempre que houver direito irrepreensível, não amparado por *habeas corpus*, seja violado por autoridade pública ou por quem realize funções públicas.

(29) O mandado de injunção será concedido sempre que a falta de norma regulamentadora torne inviável o exercícios dos direitos e liberdades constitucionais e das prerrogativas inerentes à nacionalidade, à soberania e à cidadania (art. 5º, LXXI da Constituição da República Federativa do Brasil).

(30) *Vid.* ASENSIO, Jiménez. *El constitucionalismo*, p. 191.

reservam o termo, ao menos sob o ponto de vista formal, para a proteção de direitos individuais[31].

Manorco e Sousa, citado por Bonavides[32], define as garantias como "as normas constitucionais que asseguram aos cidadãos o gozo deste ou daquele direito individual" e que "dão a esses direitos a sanção proveniente da força própria da lei constitucional, visto esta ser considerada superior à lei ordinária".

Às instituições (família, religião, raça etc.) se atribuía caráter meramente instrumental, ou seja, elas careciam de fins próprios ou de fundamentos autônomos. Adotando a perspectiva da doutrina liberal, anota Prieto Sanchís acerca das instituições:

> [...] sua legitimidade descansa, portanto, na proteção dos indivíduos, de seus direitos e interesses. Em outras palavras, as instituições não existem para perpetuar uma raça, preservar costumes, salvaguardar uma religião majoritária ou minoritária, ou promover um modelo de vida virtuosa, mas sim para que os homens e mulheres sejam mais livres e felizes e possam decidir se querem, ou com quem querem, perpetuar a espécie, que costumes desejam observar, que religião preferem abraçar ou qual é o seu ideal de virtude.[33]

Em uma fase seguinte, ter-se-á dito que "existe uma constelação de bens comunitários ou transcendentes aos quais devem somar-se os direitos individuais, e isso, entre outras coisas, porque a própria identidade das pessoas não depende de características universais e comuns a toda a família humana, senão da pertinência ao grupo"[34]. Nascem, em consequência, as garantias institucionais.

2.3. As garantias institucionais do novo modelo

A doutrina aponta o teórico Carl Schmitt como o primeiro constitucionalista a propor, a partir da república de Weimar, a existência de garantias que transcenderiam o âmbito da individualidade para assegurar a proteção das instituições: família, saúde pública, administração local etc.[35]. Escreveu Shmitt:

> A garantia institucional é, por essência, limitada. Existe só dentro do Estado e não se baseia na ideia de uma esfera de liberdade em princípio

(31) O art. 60, § 4º da Constituição brasileira enumera as normas constitucionais não susceptíveis de reforma, entre elas incluindo os "direitos e garantias individuais".

(32) *Op. cit.*, p. 487.

(33) SANCHÍS, L. Prieto. *Justicia constitucional y derechos fundamentales*. Tradução livre. Madrid: Trotta, 2003. p. 11.

(34) Cf. SANCHÍS, L. Prieto. *Op. cit.*, p. 14.

(35) *Vid.* Bonavides (*op. cit.*, p. 490), Gomes Canotilho (*op. cit.*, p. 433).

ilimitada, antes diz respeito a uma instituição juridicamente reconhecida que, como tal, é sempre coisa circunscrita e delimitada ao serviço de certas tarefas e de certo fim ainda quando as tarefas não estejam especializadas em particular e seja admissível alguma universalidade do círculo de atuação.(36)

Contudo, os teóricos não indicam em uníssono qual é o exato significado do termo *instituição*. Jorge Miranda esclarece que são usualmente conhecidas duas noções de garantia institucional: a) um conceito lato e impreciso de disposição constitucional por meio da qual se garante qualquer instituição, inclusive os direitos; e b) um conceito restrito de disposição constitucional por meio da qual se garante qualquer instituição que respeite a uma forma ou princípio de orga-nização social. O autor explica que na primeira acepção se enquadraria a garantia de liberdade de religião ou de liberdade de imprensa e na segunda, a proteção estará assegurada, estritamente, à religião ou crença religiosa, ou ainda à imprensa(37).

Quando sai do âmbito formal, a dificuldade de categorizar uma norma como uma garantia institucional às vezes inquieta o intérprete do direito, pois haverá um direito fundamental, ainda em conformidade com a doutrina de Jorge Miranda(38), quando a norma estabelecer uma faculdade de agir ou exigir a favor de pessoas ou de grupos, ou seja, quando a norma contempla, em sua respectiva esfera jurídica, uma situação ativa que uma pessoa ou um grupo possa exercer por si e invocá-la frente a outras entidades. Haverá, entretanto, uma garantia institucional quando a norma afete a um sentido objetivo de organização, independentemente de uma atribuição ou atividade pessoal.

A propósito da tutela judicial efetiva, ou especificamente acerca do direito de acesso aos tribunais previsto no art. 20 da Constituição portuguesa, Canotilho observa que se trata, em verdade, de uma garantia institucional da via judicial e remata: "O texto fundamental não fixa, de modo esgotante, os tipos de tribunais, nem contém uma disciplina densa do chamado 'direito constitucional judicial'. Por isso, o direito de acesso aos tribunais é um *direito fundamental formal* que carece de densificação através de outros direitos fundamentais materiais"(39).

Não importa se, no Brasil, a garantia de indenidade não está prevista, ao menos textualmente, em norma escrita. É ela a proteção em favor da pessoa que exerce um direito fundamental, inclusive o direito ou garantia à tutela judicial efetiva, e, por tal razão, revela-se uma técnica normativa que assegura, por

(36) *Apud* MIRANDA, Jorge. *Op. cit.*, p. 69, nota 1.

(37) *Op. cit.*, p. 68.

(38) *Op. cit.*, p. 69.

(39) *Op. cit.*, p. 452.

exemplo, a imunização do trabalhador que recorre ao poder judiciário. Ele não poderá ser transferido ou despedido por essa exclusiva razão — o que significa, na visão de Canotilho, uma garantia que serve a outra garantia institucional.

3. Constitucionalismo e garantias constitucionais

Quando nos referimos ao constitucionalismo estamos tratando do movimento que remonta ao século XVIII e inaugura uma ideologia e uma teoria normativa que levam a sério as premissas do governo limitado e das garantias individuais. Segundo Canotilho[40], o constitucionalismo moderno consagra uma *técnica específica de limitação do poder com fins garantistas*, o que encerra uma *teoria normativa da política*.

Adiante, o autor lusitano compara o constitucionalismo moderno com o constitucionalismo antigo[41], situado entre o final da Idade Média e o século XVIII, e defende esse último como um "conjunto de princípios escritos ou consuetudinários alicerçadores da existência de direitos estamentais perante o monarca e simultaneamente limitadores do seu poder". Pode parecer estranho que se imagine uma constituição no período medievo ou sob a vigência do *Ancien Régime*, mas é necessário que se dê atenção à mudança de sentido do vocábulo *constituição*.

Os antigos compreendiam a palavra *constituição* como o significado de forma de governo[42] e, por igual, Dietmar Willoweit[43] esclarece que o conceito histórico de constituição corresponde ao "conjunto de regras (escritas ou consuetudinárias) e de estruturas institucionais que dão conformidade a uma certa ordem jurídico-política em um determinado sistema político-social". Contudo, o significado de *constituição* que agora nos interessa é outro e está de acordo, como antes já se disse, ao chamado constitucionalismo moderno.

3.1. A supremacia da norma constitucional como premissa do garantismo

A propósito da transformação geral nos sistemas jurídicos, produzida com o passo do "Estado legislativo" para o "Estado constitucional", Atienza esclarece:

(40) *Op. cit.*, p. 46.

(41) As referências ao antigo e ao moderno não guardam correspondência com a Antiguidade e com a era moderna, na doutrina de Canotilho.

(42) *Vid.* BOBBIO, N. *Teoria das formas de governo, passim.* Por exemplo, quando Platão, no Livro Oitavo de *A República*, explica a Glaucón de que maneira pode ter lugar a passagem da aristocracia para a timocracia (forma de governo corrompida), adverte: "É difícil que a constituição de um estado como o vosso se altere; mas como tudo que nasce está destinado a perecer, vosso sistema de governo não subsistirá eternamente [...]".

(43) *Apud* CANOTILHO. *Op. cit.*, p. 47.

> Por Estado constitucional, como é óbvio, não se entende simplesmente o Estado em que está vigente uma Constituição, mas sim o Estado no qual a Constituição (que pode não o ser em sentido formal: pode não existir um texto constitucional) contém: a) um princípio dinâmico de sistema jurídico-político, ou seja, a distribuição formal do poder entre os diversos órgãos estatais [...]; b) certos direitos fundamentais que limitam ou condicionam (também quanto ao conteúdo) a produção, a interpretação e a aplicação do Direito; c) mecanismos de controle da constitucionalidade das leis.(44)

O que é importante, antes do mais, é a percepção de que a verticalidade do controle das leis não nasceu na era moderna ou contemporânea. Em verdade, foram a religião e antes dela os costumes, concorrendo *a latere* com a evolução da racionalidade fundada inicialmente nas leis da natureza e mais adiante nas leis do contrato social, que deram lugar, em sequência, à constituição, outorgando-lhe finalmente a tarefa suprema de limitar a atividade estatal e o conteúdo das normas produzidas pelo legislador ordinário.

O debate antológico(45) entre as ideias de Benjamin Constant e Fuestel de Coulanges, expressas no século XIX a propósito da liberdade dos antigos e dos modernos(46), revela um pouco sobre as reminiscências do controle de legitimidade das leis e a mudança de paradigma que veio a reboque do movimento constitucionalista. Tentemos reviver esse diálogo.

Em célebre conferência, Benjamin Constant havia procurado demonstrar que os antigos, quando atuavam como cidadãos, decidiam a guerra e a paz em assembleias populares. Contudo, em sua vida privada, os mesmos antigos eram observados, coagidos, reprimidos. Ao contrário deles, o homem moderno se torna independente em sua vida privada, mas perde a liberdade dos antigos no tocante à participação ativa e constante no exercício do poder coletivo. Constant concluiu, então, que o perigo da liberdade moderna é que, absorvidos todos pela fruição da independência no âmbito privado e pela busca incessante de interesses particulares, renuncia-se ao direito de participar do poder político: "Os depositários da autoridade não deixam nunca de nos exortar a tomar essa

---

(44) ATIENZA, Manuel. *El derecho como argumentación*, p. 17.

(45) A argumentação de Benjamin Constant, em conferência proferida em 1819 no Ateneu Real, em Paris, e a crítica de Fuestel de Coulanges, revelada no libro *La cité antique*, são extraídas das obras de Fabio Konder Comparato (*Ética*. São Paulo: Companhia das Letras, 2006. p. 50), Jorge Miranda (*op. cit.*, p. 15 e ss.), Antoni Domènech (*El eclipse de la fraternidad*. Barcelona: Crítica, 2004. p. 52 e *passim*), Jürgen Habermas (*A constelação pós-nacional:* ensaios políticos. Tradução de Márcio Seligmann-Silva. São Paulo: Littera-Mundi, 2001. p. 146) e Jiménez Asensio (*El constitucionalismo:* proceso de formación y fundamentos del derecho constitucional. Madrid: Marcial Pons, 2005. p. 70).

(46) Os adjetivos "antigo" e "moderno" correspondem, nessa passagem, à Antiguidade e à era moderna, respectivamente.

decisão. Eles são tão dispostos a nos poupar toda espécie de incômodo, exceto o de obedecer e o de pagar"[47].

Fuestel de Coulanges não estava de acordo com Benjamin Constant e o criticava afirmando ser "um erro singular entre todos os erros humanos acreditar que nas cidades antigas o homem gozava de liberdade. O homem não tinha sequer a mais leve ideia do que esta fosse"[48]. Explicava que a compreensão do mundo antigo passaria, necessariamente, pelo reconhecimento de que a religião comandava inteiramente a vida das pessoas, desde o nascimento até a morte. A religião dominava a vida familiar e, fora do ambiente doméstico, a vida da cidade.

O vínculo familiar dos povos antigos que deram origem à civilização greco-latina não se fundamenta na natureza, mas sim na religião. Era a comunhão no culto doméstico que unia os membros da mesma família, mais que os laços de sangue[49]. O caráter fundamentalmente religioso existia inclusive na família aristocrática alargada, como milhares de membros, a que os romanos davam o nome de *gens* e os gregos de *genos*. Sinala Fuestel de Coulanges:

> Não havia um só ato da vida pública em que não se fizesse intervirem os deuses. Como se vivia com a ideia de que os deuses tanto eram protetores excelentes como inimigos cruéis, o homem não ousava proceder sem estar seguro de que eles eram favoráveis à sua ação.

Mesmo Platão, apesar de seu racionalismo, dizia, em *A República*, que as matérias legislativas "mais importantes, as mais fundamentais" concerniam à "edificação dos templos, aos sacrifícios, a todo o culto em geral, tanto dos Deuses como dos Demônios, o dos Heróis, também ao culto dos defuntos e a todas as obrigações de serviços que nos incumbem frente a eles, a fim de que nos sejam propícios"[50]. Por sua vez, a condenação contra Sócrates se deu porque a assembleia do povo ateniense o havia culpado de introduzir deuses novos na *polis*[51].

Não somente as leis dos gregos se submetiam ao controle da religião, pois também os romanos entendiam que o conjunto de regras ancestrais da vida era

(47) *Apud* COMPARATO. *Op. cit.*, p. 60.

(48) *Apud* COMPARATO. *Op. cit.*, p. 61.

(49) Segundo Fustel de Coulanges, por meio da cerimônia religiosa do matrimônio a mulher deixava sua família de origem e se convertia em um membro da família do marido. Em contrapartida, o filho emancipado já não se considerava membro da família, enquanto o afilhado o era, pois o primeiro era liberado do culto doméstico e o outro, o afilhado, participava do culto em igualdade de condições com os filhos de sangue. A religião era a explicação do caráter patriarcal da família antiga: como o chefe era o único sacerdote e o sacerdócio era uma atribuição exclusivamente masculina, as mulheres ostentavam sempre um *status* inferior ao dos homens. E todos, inclusive filhos e netos, clientes e escravos, todos se submetiam ao poder absoluto do *pater,* poder que compreendia o direito à vida e à morte. *Vid.* COMPARATO. *Op. cit.*, p. 50.

(50) *La República IV*, p. 427b.

(51) Eutyphron (6a-6c).

parte da ordem cósmica, criado pela divindade e, por isso, irrevogável pela legislação humana(52).

Com a mudança de referencial — antes os deuses ou a ordem natural das coisas e agora o poder constituinte — não ocorreu, portanto, o desapreço à lógica da verticalidade a partir de uma fonte normativa à qual é franqueada alguma atuação discricionária, como nota Prieto Sanchís:

> Um dos tópicos mais divulgados do jusnaturalismo equivale basicamente ao núcleo mesmo do constitucionalismo, pois a ideia de que por sobre o Direito dos homens estaria o Direito dos deuses, a verdade revelada ou as leis inexoráveis da natureza, pode-se transformar facilmente nessa outra ideia segundo a qual o legislador e, em geral, todos os órgãos estatais vêm submetidos a um Direito superior, de natureza positiva, assegurado pela Constituição. Como o jusnaturalismo, também o constitucionalismo parte da ficção de que existem duas fontes de normatividade: se antes foi Deus ou a natureza, agora será o poder constituinte do povo.(53)

Com efeito, caminhamos no sentido de demonstrar a força incontrastável das garantias em uma atmosfera de constituição rígida — como a brasileira — a ponto de admitirmos que elas modulam todo o sistema e prevalecem inclusive sobre as normas de grau inferior. Porém, o constitucionalismo, entendido sobretudo como uma combinação de poder limitado e garantias individuais, não é uma singularidade dos países com constituições rígidas, não obstante seja neles mais pronunciado.

3.1.1. A supremacia constitucional em três modelos de constitucionalismo

Canotilho diferencia os modelos historicista, individualista e estadualista de constitucionalismo, dos quais seriam expressão, respectivamente, o constitucionalismo inglês, o francês e o estadunidense. E observa que ao *englishman* pareceria estranho falar de constituição com o sentido que se usa no continente europeu, vale dizer, uma "ordenação sistemática e racional da comunidade através de um documento escrito"(54).

Do ponto de vista dos ingleses, a constituição seria "a sedimentação histórica dos direitos adquiridos pelos 'ingleses' e o alicerçamento, também histórico, de

---

(52) Cf. COMPARATO. *Op. cit.*, p. 53.

(53) *Op. cit.*, p. 33.

(54) *Op. cit.*, p. 46 e ss.

um governo balanceado e moderado". Repara Jiménez Asensio que uma das peculiaridades desse sistema constitucional é a de que se trata de uma constituição *evolutiva*, caracterizada por sua *flexibilidade*. E explica:

> A nota de flexibilidade se atribui a esse sistema porque a "Constituição britânica" pode ser modificada mediante uma decisão legislativa do Parlamento britânico sem que se requeira uma maioria qualificada para adotar essa decisão. Esse sistema supõe que o próprio Parlamento britânico possa aprovar determinadas *leis* (*acts*) que têm conteúdo constitucional.[(55)]

Sobre as dimensões histórico-constitucionais que estariam a caracterizar o modelo histórico do constitucionalismo inglês, Canotilho[(56)] as sintetiza em três tópicos: 1) a garantia de direitos adquiridos fundamentalmente traduzida na garantia do "binômio subjetivo" *liberty and property*; 2) estruturação corporativa dos direitos, pois eles pertenciam (pelo menos em uma primeira fase) aos indivíduos enquanto membros de um estamento; e 3) regulação destes direitos e desta estruturação através de *contratos de domínio* do tipo *Magna Charta*. A cristalização desses momentos históricos ocorreu, sobretudo, por meio da *Magna Charta* de 1215, da *Petition of Rights* de 1628, do *Habeas Corpus Act de 1679* e do *Bill of Rights* de 1689.

Os movimentos constitucionalistas que emergiram nos Estados Unidos e na França tinham base, com pequenas variações[(57)], nas ideias contratualistas, embora fossem diferentes as perspectivas: apesar da influência comum do jusnaturalismo, na América se pretendia proclamar que os habitantes das colônias teriam os direitos derivados das leis imutáveis da natureza, dos princípios da constituição inglesa e de suas diferentes cartas ou pactos — o direito à vida, à liberdade e à propriedade, bem assim os direitos, liberdades e imunidades das pessoas naturais da Inglaterra e o direito ao *Common Law*[(58)] — enquanto na França não havia necessidade de conjugar-se a nova ordem com a fidelidade aos *velhos direitos*. Explica Prieto Sanchís o contratualismo francês, em contraste com o norte-americano:

---

(55) ASENSIO, R. Jiménez, *El constitucionalismo*, p. 28.

(56) *Op. cit.*, p. 49. Aproximando, aparentemente, o autor português, Jiménez Asensio (*op. cit.*, p. 29) considera que, além da *flexibilidade*, outras características do sistema constitucional britânico seriam a *supremacia* ou *soberania do Parlamento* (embora recentemente relativizado pelos dados europeus), a configuração de uma *monarquia parlamentarista* (como fase final de um longo processo), a responsabilidade parlamentarista do Governo, a independência judicial, o *rule of law* e, finalmente, a falta (também com nuances) de um sistema de direito administrativo.

(57) Prieto Sanchís (*op. cit.*, p. 39 y 47) anota que nos Estados Unidos as ideas predominantes não eram de Rousseau, senão de Locke.

(58) Cf. SANCHÍS, Prieto. *Op. cit.*, p. 44. O autor transcreve o texto do primeiro Congresso Continental.

Bem ao contrário, o espírito de criação *ex novo*, de ruptura com o Antigo Regime e com o modelo de legitimidade absolutista, haveria de encontrar nos tópicos do direito natural sua justificação ideológica mais oportuna e adequada. Em particular, o Preâmbulo e os [...] primeiros artigos da *Declaração* representam um compêndio da concepção jusnaturalista [...]. Trata-se, em primeiro lugar, de um direito natural racional, assentado em "princípios simples e incontrastáveis", que não se impõem de forma voluntarista, senão que tão somente se "expõem" como as verdades evidentes das ciências; racional, portanto, não apenas no sentido de laico, secular ou não revelado, senão também no sentido anti-histórico de que não requer nenhuma confirmação ou acordo do passado.(59)

Apesar da esperada influência de Montesquieu(60) e de sua doutrina da separação dos poderes, com juízes independentes e funcionando como depositários das leis fundamentais(61), a constituição girondina absorve, ao fim e ao cabo, as propostas de Condorcet e prefere atribuir ao legislador, com exclusividade e soberania, a tarefa de revelar a vontade geral. Anota Prieto Sanchís que ninguém avocou a defesa dessa Constituição que viria a ser a encarnação do mandato da nação: "proibiu-se expressamente aos juízes qualquer forma de controle sobre o legislador"(62). E observa ainda que nenhuma proposta tendente à criação de

---

(59) *Op. cit.*, p. 53. Os primeiros artigos da Declaração Francesa referidos pelo autor: "Os homens nascem e são livres e iguais em direitos. As destinações sociais só podem fundamentar-se na utilidade comum" (art. 1º). "A finalidade de toda associação política é a conservação dos direitos naturais e imprescritíveis do homem. Esses direitos são a liberdade, a propriedade, a segurança e a resistência à opressão" (art. 2º).

(60) Acerca da influência de Montesquieu também sobre o ideário defendido pelos revolucionários norte-americanos, pode-se ler ASENSIO, Jiménez. *Op. cit.*, p. 55. E acerca da influência (menor) de Montesquieu sobre os revolucionários franceses, Jiménez Asensio (*op. cit.*, p. 70) sinala que eles "bebieron más de la doctrina (aunque también adulterada) de Rousseau, principalmente a través de 'la lectura' que hará Sieyès, que del capital de ideas de Montesquieu [...]. Es cierto, en cualquier caso, que las fuentes remotas en las que se apoya Rousseau pertenecen, en palabras de Constant, al *mundo de los antiguos*, puesto que, a juicio de este autor, 'transportan a nuestros tiempos modernos una extensión de poder social y de soberanía colectiva que pertenece a otros siglos'. [...] Esta influencia condicionará enormemente la particular inteligencia que los revolucionarios franceses extrajeron de la (aparente) supremacía del Poder Legislativo, fenómeno que a la postre escondía el mantenimiento de un *status quo*: la fortaleza real del Poder Ejecutivo y de su brazo burocrático como elemento omnipresente tanto en el Antiguo Régimen como en el constitucionalismo emergente".

(61) Ainda sobre a importância de Montesquieu na formação dos novos estados constitucionais, especialmente no que toca à independência dos juízes, nota Jiménez Asensio (*op. cit.*, p. 69): "la idea de articular un Poder Judicial distinto y distante del Legislativo y del Ejecutivo la pretende extraer el autor francés de la experiencia constitucional británica, pero, tal vez, no se detiene en el dato de la trascendencia que el *common law* ofrecía allí a jueces y tribunales como instrumento de poder efectivo y, sobre todo, de control del poder".

(62) Cf. SANCHÍS, Prieto. *Op. cit.*, p. 55/61. Tradução livre.

algo parecido a uma justiça constitucional prosperou na França revolucionária e menos ainda ao largo do século XIX e boa parte do século XX[(63)].

As diferenças entre o constitucionalismo individualista (francês) e o estadualista (estadunidense) se verificaram mais acentuadamente quando Saint-Just propôs o seguinte artigo para a Constituição francesa: "o poder do homem é injusto e tirânico; o poder legítimo está dentro da lei"[(64)]. E Diderot resgata a vontade geral de Rousseau — cuja interpretação cabia, segundo Seyés, somente à Assembleia Geral — para torná-la ilimitada:

> A vontade geral é sempre boa; nunca há enganado, nunca enganará. [...] É à vontade geral a que deve dirigir-se o indivíduo para saber até onde deve ser homem, cidadão, súdito, pai, filho, e quando lhe convém viver ou morrer.[(65)]

Coerentemente, criou-se na França, em 1790, o Tribunal de Cassação, adstrito ao Poder Legislativo e com a finalidade de impedir qualquer tipo de ativismo judicial com relação à interpretação da lei: "se existia um problema de interpretação da lei, devido a seus termos obscuros, o juiz devia abster-se de levar a cabo qualquer interpretação e submetia a questão à Assembleia autora do texto para que ela determinasse *a interpretação autêntica*"[(66)]. Desconfiava-se do Poder Judicial a ponto de converter-se o juiz francês em um mero executor da lei.

A *judicial review*, é dizer, a revisão dos atos de autoridade e das leis por juízes estadunidenses se consolidou somente a partir do caso *Marbury vs Madison*, como fora dito em capítulo precedente. Nos Estados Unidos, esse fortalecimento do Poder Judicial igualmente se explica, a bem dizer, sob a perspectiva histórica, pois é ali resultado, às avessas, da gradual desconfiança no Poder Legislativo. Como observa Jiménez Asensio, pesou a experiência constitucional das colônias frente às imposições do legislador da metrópole, assim como a atitude adotada pelas diferentes legislaturas dos estados após o processo de independência: "A desconfiança no legislador se centrará no receio ante a maioria parlamentar que atua despoticamente"[(67)].

---

(63) *Op. cit.*, p. 63.

(64) *Apud* SANCHÍS. *Op. cit.*, p. 71. Tradução livre.

(65) *Apud* SANCHÍS. *Op. cit.*, p. 72. Tradução livre.

(66) ASENSIO. *Op. cit.*, p. 83.

(67) ASENSIO. *Op. cit.*, p. 60. Tradução livre. O autor complementa: "Essa desconfiança no legislador encontra uma chave explicativa [...] na atitude dos legislativos dos estados durante o período 1780-1790, que foi qualificado como período crítico da história norte-americana. Durante essa fase, as pressões da classe devedora sobre as instituições, tanto sobre os legislativos como sobre o Poder Judicial, foram uma constante. Esse grupo de devedores pressionou de tal modo que, em muitos casos, obtiveram uma atitude favorável dos legislativos locais, a qual se concretizou na emissão de papel moeda, satisfazendo assim suas pretensões [...]".

O precedente *Marbury vs Madison* data de 1803 e reflete uma doutrina jurisprudencial que é tributária, em verdade, de uma tendência perceptível nas constituições dos estados editadas após a independência: a supremacia da constituição frente à lei. As primeiras constituições das antigas colônias semeavam os insumos da jurisdição difusa, ou seja, do controle de constitucionalidade das leis pelos juízes(68).

Assim, os dois sistemas que pressupunham a constituição como um texto escrito se polarizavam no que afetava: a) à supremacia material da constituição(69); b) ao condicionamento imposto pelo conteúdo constitucional à atividade legislativa; e c) ao controle de constitucionalidade das leis pelo Poder Judicial.

Por outro lado, e diferente do que havia ocorrido na Espanha(70), também o Poder Executivo se encontrava, ao que parecia ser, protegido da soberania do Parlamento e da Justiça formal, pois "detrás de tudo se escondia o reconhecimento de uma máquina administrativa amplamente centralizada e com elevado grau de especialização, isto é, um sistema burocrático-administrativo que servia de escudo ao Monarca e que, frente a sua dependência do Legislativo, protegia-se do Poder Judiciário declarando-se não fiscalizável"(71).

3.2. A influência do modelo francês de constituição durante o século XIX

Ao menos até o período entreguerras, os países da Europa continental seguiram o modelo constitucional deflagrado com a experiência revolucionária francesa(72). E é interessante perceber que a adoção na França do princípio da separação dos poderes estava baseado em três eixos: a) a soberania parlamentar

(68) Cf. ASENSIO. *Op. cit.*, p. 91 e ss.

(69) Não se olvida aqui o fato de a Constituição estadunidense, em sua origem, não apresentar um conteúdo mais denso, sobrevindo, porém, a inclusão de direitos mediante emendas constitucionais; ademais, põe-se de relevo a força vinculante das declarações de direito americanas, especialmente a Declaração da Independência e a Declaração de Virgínia, juridicamente consideradas como parte do regime constitucional. Aragón Reyes assinala que por isso as dez primeiras emendas constitucionais completam, de imediato, e com um catálogo de direitos, a Constituição federal norte-americana de 1787, constituição essa "que se entendeu inacabada, por seus próprios elaboradores, até dita incorporação" (*Estudios de derecho constitucional.* Madrid: Centro de Estudios Políticos y Constitucionales, 1998. p. 148; *vid.* também ASENSIO. *Op. cit.*, p. 76. Tradução livre).

(70) *Vid.* ASENSIO. *Op. cit.*, p. 119.

(71) Cf. ASENSIO. *Op. cit.*, p. 81. O autor remete a Hayek, que assim descreveu o fenômeno: "Todo esto lleva a aquella que ha sido definida como *una draconiana interpretación del principio de separación de poderes* que sirve para reforzar los poderes de la Administración y fue ampliamente usada para proteger a la autoridad administrativa de las interferencias del Poder Judicial, y, por tanto, reforzar, más que limitar, el poder del Estado".

(72) Cf. ASENSIO. *Op. cit.*, p. 65. Tradução livre.

que implicava a supremacia da lei (a constituição era apenas um documento circunscrito à organização política do Estado); b) a manutenção de um poder executivo forte e isento de controle jurisdicional; e c) um poder judicial submetido ao império da lei e que não podia intervir nos âmbitos reservados aos outros poderes[(73)].

Pelo fato de que os países do continente europeu enfrentavam rupturas político-constitucionais quase permanentemente, a ponto de a criação de alguns países como Alemanha e Itália tornar-se efetiva quando já bem avançado o século XIX, a instabilidade de suas instituições permitiu que ainda mais influísse a experiência francesa e seu modelo de constitucionalismo. É o que retrata Jiménez Asensio:

> Certamente, a França dos anos revolucionários conheceu um transitar desordenado de fórmulas constitucionais. A Constituição de 1791 [...] terá uma influência inegável em diferentes constituições europeias e, em particular, no documento mais emblemático do constitucionalismo decimonônico espanhol: a Constituição de 1812, que por sua vez influiu em outras constituições europeias e americanas.[(74)]

Novos textos constitucionais surgiram na França em 1793, em 1795 e mesmo a Constituição do ano VIII, proposta por Sieyés e recortada por Bonaparte para que resultasse, como queria este último, breve e obscura, "dando pé à formação de um Estado despótico que utilizou o plebiscito como meio de legitimação"[(75)].

A Restauração monárquica ocorrida na França, em 1814, após a retirada de Napoleão e o retorno da monarquia dos Bourbon, provocou, inclusive, alguma fricção entre dois princípios antinômicos: o monismo parlamentar e o princípio monárquico. A Constituição de 1814 era uma carta outorgada, que preservava a organização social procedente da Revolução e a organização administrativa muito centralizada gestada durante o Império. Nota Díez del Corral que o princípio monárquico se expandiria a partir da França por toda a Europa com o vigor proselitista das coisas galas, seria introduzido nas constituições da Alemanha meridional e a ata final da Conferência de Viena, de 1820, o proclamaria como princípio fundamental do Direito Constitucional da Alemanha[(76)].

Como antes se disse, o estudo das garantias constitucionais somente tem a ver com as cartas políticas que contêm a positivação de direitos fundamentais e

---

(73) Cf. ASENSIO. *Op. cit.*, p. 82. O autor faz referência, como fundamento do que sustenta, ao conteúdo da Declaração de Direitos do Homem e do Cidadão de 1789, à Lei de 1790 sobre Organização Judicial e à Constituição francesa de 1791.

(74) Cf. ASENSIO. *Op. cit.*, p. 105.

(75) ASENSIO. *Op. cit.*, p. 106.

(76) *Apud* ASENSIO. *Op. cit.*, p. 111.

autorizam o controle, pelo Poder Judiciário, de leis e atos do Poder Executivo, bem assim de atos de particulares, com base na supremacia material da constituição.

Por isso, o surgimento de cartas constitucionais que reconheciam expressamente os direitos de natureza social significou um passo importante no sentido da consolidação do projeto garantista. Sobre esse propósito, e não obstante as constituições de Weimar, da Alemanha, e de Querétaro, do México, sempre referidas como as pioneiras nessa direção, é possível apontar os arts. 9º e 13 da Constituição francesa de 1848 como dispositivos que reconheciam a liberdade de ensino e revelavam um amplo catálogo de direitos relacionados com o trabalho, a proteção do menor, a enfermidade e os anciãos[(77)].

Contudo, o reconhecimento de direitos não vinha acompanhado de garantias constitucionais que não fossem a *reserva legal*, além de as constituições do século XIX estabelecerem restrições aos sufrágios ativo e passivo, incompatíveis com o princípio democrático. Tudo justificava, em pertinente observação de Jiménez Asensio, a opção desses textos constitucionais pelas fórmulas flexíveis de reforma constitucional, não se optando por constituições rígidas[(78)].

Mesmo quando se adotava a fórmula rígida de reforma constitucional, não se articulava qualquer mecanismo de controle de constitucionalidade. Sem embargo, já havia vozes, como a de Harriou, que defendia tal controle "porque a contínua mudança legislativa, estimulada por paixões eleitorais, chegam a ser uma ameaça e um perigo para a liberdade"[(79)].

Esse modelo de constituição que se apresentava como um documento de organização política com eventual alusão a direitos não aparelhados da devida garantia, e também as incessantes mudanças políticas durante o século XIX[(80)], predominaram até a aparição do conceito de *garantia institucional* e da noção de *conteúdo essencial dos direitos fundamentais*, quando nascem os primeiros ingredientes do movimento constitucionalista no qual se basearia o garantismo[(81)].

---

(77) Cf. ASENSIO. *Op. cit.*, p. 114. O autor observa que se seguiu, porém, a proclamação do Império por Napoleão III, após o golpe de estado de 1852.

(78) Em outra passagem (p. 114), o autor põe a salvo a Constituição francesa de 1848 e outras constituições progressistas do período que adotaram a rigidez extrema quando à sua reforma.

(79) *Apud* ASENSIO. *Op. cit.*, p. 117. No original: "el continuo cambio legislativo, estimulado por pasiones electorales, ha llegado a ser una amenaza y un peligro para la libertad".

(80) Após as transformações vindas com a Constituição de 1848, a Constituição francesa de 1873-1875 volta a ser, por exemplo, um bom exemplo de carta política que se limita à organização política do Estado.

(81) Cf. ASENSIO. *Op. cit.*, p. 120.

3.3. Um escorço histórico acerca das primeiras constituições da Espanha[82], berço da garantia de indenidade

Na Espanha, o pêndulo entre as constituições liberal-progressistas e liberal-conservadoras refletia-se especialmente no que afetava ao caráter rígido ou flexível de cada texto constitucional, como sinala Jiménez Asensio[83], que remata:

> Em verdade, os liberais espanhóis desconfiavam dos governos precedentes (fossem esses absolutistas ou conservadores) e pretenderam blindar seus textos frente às possíveis mudanças de governo que poderiam suceder. O fato certo é que lograram exatamente o contrário: *nenhuma das constituições liberal-progressistas do século XIX espanhol se reformou, pois simplesmente se trocava de constituição.* [...] Distinto era o caso do constitucionalismo de raiz conservadora, assim como na Constituição de 1837. Esses textos constitucionais simplesmente ignoravam a possibilidade de reforma, ou seja, não contemplavam qualquer procedimento específico de reforma constitucional, o que até certo ponto os assemelhava às leis e, portanto, podiam ser reformados pelos procedimentos legislativos habituais.

Seguindo os passos de outras experiências europeias que tiveram vez até princípios do século XX, a primeira constituição, na Espanha, a ter caráter normativo foi a de 1931. Em rigor, as constituições espanholas do século XIX não tiveram conteúdo substancial, mas a introdução do sistema constitucional era uma exigência para que enfim se derrubasse o Antigo Regime e, em consequência, resultasse facilitado trânsito ao Estado liberal, processo que, na terra de Cervantes, há sofrido várias interrupções.

A primeira tentativa se deu por meio da Constituição de 1812, que reconhecia direitos de natureza pessoal (proibição da tortura, liberdade de imprensa etc.). Contudo, a ascensão de Fernando VII ao poder e a volta das fórmulas absolutistas em 1823, além de fatos políticos relevantes — a invasão francesa e a perda da maior parte do império colonial na América — impediram que emergisse um Estado liberal na Espanha. Seguiu-se, a tudo agravando, a primeira guerra carlista, na qual se digladiavam o *liberalismo isabelino* e o *absolutismo carlista*, após a morte de Fernando VII, conflito que somente se encerrou mediante o

(82) Os apontamentos históricos deste capítulo foram extraídos da obra citada de Jiménez Asensio, p. 177 e *passim*.

(83) *Op. cit.*, p. 192.

"abrazo de Vergara", em 1839. As cartas políticas desse período[84] não disfarçavam o espírito conservador, não obstante já se descolasse o monarca de determinados poderes que transferia, enfim, a outros órgãos, a ponto de a Carta de 1837 conter, pela vez primeira, uma declaração de direitos.

Sobreveio a revolução moderada de 1843 e, em consequência, a Constituição de 1845 como um paradigma de liberalismo doutrinário, ainda que em seu catálogo de direitos se suprimissem aqueles que, previstos na Constituição de 1837, teriam um caráter mais progressista[85]. A Constituição de 1869 se seguiu como uma aposta por configurar a Espanha na categoria de um estado liberal democrático, revelando-se assim como um avanço no constitucionalismo espanhol, pois continha nada menos que trinta e um artigos dedicados a direitos e liberdades públicas.

À semelhança da Constituição francesa de 1791, a carta espanhola poderia enquadrar-se entre as constituições rígidas[86]. Entretanto, e para não negar a tendência pendular da política espanhola daquela época, fracassa a proposta de uma monarquia constitucional com atribuições moderadas e se proclama a Primeira República, com um projeto de federalismo que igualmente fracassaria depois de uma errática existência.

A restauração da monarquia dos Bourbon se leva a efeito com a construção de um sistema baseado no *turno político*, ou seja, na alternância no poder entre o Partido Conservador e o Partido Liberal. Sob a regência de um novo texto de natureza liberal-conservadora, a Constituição de 1876, deu-se, em verdade, o incremento de um sistema autoritário, com a *fabricação* de maiorias parlamentares artificiais, a que se somam a perda dos restos do império colonial espanhol, o surgimento dos primeiros movimentos nacionalistas na Catalunha e no País Vasco, a aparição do socialismo, a irrupção do anarco-sindicalismo e, ao fim, o retorno do Exército à cena política a partir da Guerra do Marrocos. Implantou-se, então, a ditadura de Primo de Rivera.

Mas Primo de Rivera se demite surpreendentemente e sobrevém a proclamação da II República em 14 de abril de 1931. Não obstante seja esse um período de grandes convulsões, com problemas econômicos, militares, religiosos, sociais, regionais e internacionais, "a Constituição republicana de 1931, aprovada em 9 de dezembro, foi o texto constitucional sem dúvida mais avançado de nossa história constitucional, que influiu [...] em algumas passagens da Constituição

(84) Nos referimos ao Estatuto Real de 1834 e, com nuances moderadamente progressistas, à Constituição de 1837.

(85) Por exemplo: a liberdade de imprensa.

(86) ASENSIO. *Op. cit.*, p. 193.

de 1978", segundo anota Jiménes Asensio[87]. Tratava-se, ademais, de uma constituição dotada de inegável rigidez quanto à possibilidade de sua reforma[88].

Após a sublevação militar contra o governo republicano, dando início à Guerra Civil (1936-1939), e à derrota deste em 1939, a Espanha se submete ao sistema ditatorial franquista, de inspiração fascista e gradual inclinação para o autoritarismo. Até a morte do ditador, em novembro de 1975, o franquismo "negará os direitos fundamentais e a separação de poderes, pressupostos básicos de todo sistema constitucional"[89], sequer dispondo de uma constituição em sentido estrito[90].

Portanto, antes de ser restaurada a democracia e promulgar-se enfim a Constituição de 1978, a Espanha conheceu formas autocráticas de governo[91], sistemas políticos de natureza liberal conservadora[92] e outros de caráter liberal progressista[93], tudo a revelar um lastro difuso de incerteza ideoló-gica que decerto dificultou, como uma referência histórica inconveniente, a afirmação, hoje em dia inegável, de um sistema constitucional e garantista. Ademais, "esses direitos contemplados nas constituições decimonônicas não passavam de meras *diretivas* para o legislador. Os juízes, que estavam submetidos à obra legislativa (ou seja, à lei), careciam de algum instrumento para não aplicar as leis que consideravam inconstitucionais"[94].

3.4. O SURGIMENTO DA JURISDIÇÃO CONSTITUCIONAL NO CONTINENTE EUROPEU

Existe uma visão otimista que destaca a opção a favor da *democracia* e das *autonomias territoriais* como os verdadeiros motivos do nascimento da justiça constitucional, explicando-se assim a sua origem em países nos quais se havia adotado um estado composto. Como assinala Aragón Reyes, não em vão a justiça constitucional surgiu em um Estado Federal, os Estados Unidos da América, e se estendeu, já na Europa, a outros estados (Áustria, Espanha, Itália e Alemanha)

---

(87) *Op. cit.*, p. 181.

(88) ASENSIO. *Op. cit.*, p. 193.

(89) ASENSIO. *Op. cit.*, p. 182.

(90) ASENSIO. *Op. cit.*, p. 182 e ss. O autor acresce que "o regime se dotou de determinadas Leis Fundamentais, que não representaram senão um sucedâneo do que seria um texto constitucional" (p. 209, tradução livre).

(91) O retorno de Fernando VII ao poder em 1814, a ditadura de Primo de Rivera em 1923 e a de Franco no período de 1939-1975.

(92) Estatuto Real de 1834 e constituições de 1845 e de 1876.

(93) Constituições de 1812, 1837 e 1869.

(94) ASENSIO. *Op. cit.*, p. 192.

igualmente compostos. Era inevitável que, sendo "adotado um Estado composto [...], se contasse com um Tribunal capaz de dirimir os conflitos derivados da distribuição territorial de competências"(95).

No ponto, faz-se irresistível a remissão a Hans Kelsen, sob cuja intercessão se elaborou a Constituição Austríaca de 1920, sendo ele "um defensor *a ultranza* do legislador democrático frente ao ativismo judicial e frente à autonomia do Governo"(96). Diversamente do que sucedia no modelo estadunidense, Kelsen propôs um modelo de jurisdição constitucional no qual o controle de constitucionalidade era exercido, de modo concentrado, por um tribunal específico, que não fazia parte do Poder Judicial, subtraindo assim tal controle do raio de atuação dos juízes ordinários. O transcurso de um determinado prazo sem impugnação de certa lei a fazia protegida, definitivamente, pela presunção absoluta de constitucionalidade. A legitimidade para impugnar as leis e outras espécies normativas estava adstrita a determinados órgãos políticos e a decisão do tribunal constitucional tinha eficácia *erga omnes.*

Como nota Prieto Sanchís, a opção kelseniana pode ser explicada por duas razões: a) o fracasso da justiça constitucional da República de Weimar, entendida como forma de resolução de conflitos estatais (não o era de controle abstrato da constitucionalidade das leis), um fracasso que obedeceu mais a motivos políticos que de técnica jurídica; b) o crescente ativismo dos juízes ordinários no controle da lei, estimulado ademais por uma filosofia jurídica abertamente antiformalista como foi a representada pela Escola do Direito Livre(97).

Em verdade, a primeira experiência espanhola de jurisdição constitucional se deu sob a regência da Carta de 1931, traduzindo-se na criação do Tribunal de Garantias Constitucionais da II República, talvez o único precedente autêntico

---

(95) REYES, Aragon. *Estudios de derecho constitucional*, p. 110. Em igual direção, ASENSIO. *Op. cit.*, p. 138.

(96) SANCHÍS, Prieto. *Op. cit.*, p. 80.

(97) Prieto Sanchís (*op. cit.*, p. 82) acrescenta algumas observações interessantes: "El Congreso de constitucionalistas celebrado en Münster en 1926 encontrará la justificación ideal para el desarrollo de ese control difuso: el principio de igualdad consagrado en el artículo 109 de la Constitución, antes y ahora tal vez el parámetro de enjuiciamiento menos concluyente o más abierto a las consideraciones subjetivas del intérprete, de manera que será curiosamente la doctrina jurídica conservadora la que comience a exigir la igualdad de la ley y no sólo ante la ley. Como observa Volpe, se habían sentado las bases para que, en el marco de una Constitución democrática, pudiera desarrollarse una instancia de control 'aristocrática', que por lo demás tampoco se sentía necesariamente vinculada a la Constitución, al fin y al cabo ella también obra artificial del legislador. La literatura alemana de la época pone de relieve que el control jurisdiccional que se proponía habría de ser realizado como un examen de la 'justicia' o justificación de la ley a partir de criterios extraconstitucionales, como la 'naturaleza de la cosa', la 'conciencia jurídica de la comunidad' u otras nociones no menos evanescentes o metafísicas, imposibles de cristalización normativa, aunque finalmente dependientes de una voluntad judicial y en último término política".

da *judicial review* na Espanha. Contudo, "a jurisdição ordinária sempre se negou [...], salvo na curiosa sentença do Tribunal Supremo de 1º de abril de 1977 sobre a legalização do Partido Comunista, a recusar aplicação a leis em razão de sua inconstitucionalidade"(98).

O período entreguerras foi marcado pela exitosa introdução da jurisdição de conflitos nos estados compostos e pela má sorte de algumas formas incipientes de controle de constitucionalidade. Após a derrota dos sistemas totalitários nazifascistas, restaura-se o Tribunal Constitucional austríaco em 1945, criando-se órgão semelhante pela Constituição italiana de 1947 e pela Lei Fundamental de Bonn de 1949. E as funções do tribunal constitucional se ampliaram, pois

> "não somente era evidente que as leis podiam ser injustas e, portanto, o controle de constitucionalidade aparecia como uma garantia essencial da democracia, como também a nova fase histórica do Estado democrático e social [...] exigia um reforçamento da Constituição, entendida agora, sobretudo, como garantia mútua de respeito às regras do jogo democrático e aos direitos e liberdades reconhecidos na Constituição"(99).

Desde então, opta-se nos países nórdicos pelo controle de constitucionalidade segundo o modelo estadunidense, adotando-se em Dinamarca, Suécia, Noruega e em parte da Irlanda o controle difuso. Já na Grécia e em Portugal, após a derrocada de regimes ditatoriais, em Chipre e em Malta, optou-se por sistema misto, que combina os controles concentrado e difuso, à semelhança do que viria a ser adotado no Brasil, do outro lado do Atlântico, como adiante se verá(100).

As transformações sofridas pelo modelo de jurisdição concentrada ocorreram igualmente na Espanha, quando se restaurou naquele país a justiça constitucional. Segundo Prieto Sanchís, o elemento decisivo se acha no conteúdo mesmo da carta constitucional, que "deixou de ser uma norma somente organizacional ou procedimental para converter-se em uma norma principal ou rematerializada". *A latere* e até mesmo como corolário, deu-se "a abertura da justiça constitucional ao discurso de que o Tribunal Constitucional deixa de ser exclusivamente um juiz *abstrato*, como igualmente os tribunais ordinários deixam de encarnar uma justiça de mera legalidade para converter-se em uma justiça de constitucionalidade"(101).

Quando se refere ao abstracionismo das tarefas inerentes à jurisdição constitucional primitiva, o autor provavelmente menciona, em síntese, a primeira

---

(98) Cf. REYES, Aragón. *Op. cit.*, p. 114.

(99) Cf. AJA, Eliseo *apud* ASENSIO. *Op. cit.*, p. 148. Ver também REYES, Aragón. *Op. cit.*, p. 137.

(100) Os dados são extraídos da obra referida de Jiménez Asensio, p. 148. Na Irlanda, especificamente, o controle de constitucionalidade foi confiado apenas aos tribunais superiores.

(101) *Op. cit.*, p. 92.

atribuição de apenas dirimir o conflito entre as normas constitucional e legal, sem adentrar no exame de questões concretas. Atualmente, "o Tribunal Constitucional encontra à sua disposição, como parâmetro de constitucionalidade, um conceito aberto a múltiplas concreções, uma noção susceptível de ser definida em cada caso atendendo aos mais heterogêneos princípios jurídicos e sociais"[(102)].

Quando se menciona o controle de constitucionalidade pelos tribunais e juízes ordinários, faz falta dizer, segundo Aragón Reyes, que a Constituição espanhola de 1978 "não é somente fonte do Direito como também fonte de direitos, norma que se impõe a todos os poderes públicos, que serve de medida a todas as suas produções, que se aplica e se interpreta por todos os 'operadores jurídicos' (ainda que em diferente medida); definitivamente, a fonte de direito que é plenamente normativa [...]"[(103)]. O art. 53.1 da Constituição espanhola prediz que os direitos e liberdades reconhecidos como direitos fundamentais vinculam a todos os poderes públicos[(104)].

O Tribunal Constitucional espanhol possui ainda o *monopolio de rechazo*, ou seja, a exclusividade da declaração de inconstitucionalidade da lei *em abstracto* e com efeitos gerais (*erga omnes*), mas não monopoliza mais a aplicação e a interpretação da ordem constitucional. Igual ao que ocorre nos sistemas italiano ou alemão, o Tribunal não é somente um legislador negativo (que recusa a validade da lei inconstitucional), senão que realiza uma função de legislador positivo "enquanto, como intérprete supremo da Constituição [...], impõe, com efeitos vinculantes para os aplicadores do Direito (art. 164, CE, art. 40.2, LOTC, art. 5º, LOPJ), sua doutrina acerca do sentido das normas que aplica ou julga"[(105)].

Em contrapartida, a possibilidade de impugnar resoluções judiciais ante o Tribunal Constitucional espanhol, aquele que inovou o conceito e o conteúdo da garantia de indenidade, está limitada somente ao âmbito dos direitos fundamentais, pois a ampliação de tal competência material a toda classe de matérias não seria compatível com a existência mesma de um Tribunal Supremo[(106)].

Por outro lado, o parâmetro da constitucionalidade se amplia, *exempli gratia*, quando se trata de definir o conteúdo essencial dos direitos fundamentais. Como sinala Aragón Reyes sobre o tribunal constitucional espanhol, "a norma constitucional não é o único parâmetro que serve ao Tribunal para exercer o

---

(102) *Ibidem*, p. 234.

(103) *Op. cit.*, p. 123.

(104) Art. 53.1, CE. "Los derechos y libertades reconocidos en el Capítulo segundo del presente Título vinculan a todos los poderes públicos. Sólo por ley, que en todo caso deberá respetar su contenido esencial, podrá regularse el ejercicio de tales derechos y libertades, que se tutelarán de acuerdo con lo previsto en el artículo 161, 1, a".

(105) REYES, Aragón. *Op. cit.*, p. 138.

(106) *Vid.* REYES, Aragón. *Op. cit.*, p. 131.

papel que lhe fora cometido. Há outras normas que, 'constitucionalmente interpretadas', [...] hão de empregar-se pelo Tribunal para julgar a constitucionalidade das coisas submetidas a seu controle", sobretudo porque "a ampliação do parâmetro vem imposta pela remissão constitucional à Declaração Universal de Direitos Humanos e aos tratados e acordos internacionais sobre as mesmas matérias ratificadas por Espanha (art. 10-2), a propósito da interpretação dos direitos fundamentais reconhecidos pela Constituição e desenvolvidos pela lei"[(107)].

Em parêntese, dir-se-ia que no Brasil esse mesmo enriquecimento da norma fundamental ocorre por obra do art. 5º, § 2º, da Constituição brasileira, sob cuja regência os direitos e garantias expressas em tal carta política "não excluem outros decorrentes do regime e dos princípios por ela adotados, ou dos tratados internacionais em que a República Federativa do Brasil seja parte".

Volvendo a atenção à realidade jurídica da Espanha, cabe dizer ainda que, além de se ter ampliado a competência do Tribunal Constitucional[(108)], desenvolveu-se com maior intensidade a interação com a justiça ordinária, não somente em razão de o Tribunal Supremo fazer-se receptivo à correção de sua jurisprudência pelo Tribunal Constitucional[(109)], senão porque este último funciona, em verdade, como instância derradeira de tutela jurisdicional dos direitos fundamentais por meio do *recurso de amparo* e, quando o órgão judicial ordinário decide instaurar a *questão de inconstitucionalidade*, em vez de não aplicar simplesmente a lei que entende inconstitucional, ele desempenha o papel de "colaborador imprescindível do único juiz constitucional que possui capacidade para anular as leis: o Tribunal Constitucional"[(110)].

Ainda que a norma regente de um direito fundamental seja interpretada pelo Tribunal Constitucional, dando-se a ela compreensão objetiva que repercutirá em outros casos semelhantes, é certo que a conexão com a jurisprudência ordinária ocorre em duplo sentido: por um lado, a doutrina do Tribunal Consti-tucional vincula todos os órgãos judiciais e, de outro, aponta Aragón Reyes que "a instauração da questão de inconstitucionalidade pelo juiz ordinário permite ao Tribunal Constitucional retificar sua própria doutrina, já que aquele não pode apartar-se dela senão instaurando a questão de inconstitucionalidade, quando a creia incorreta (possibilidade que não deveria ser negada aos órgãos judiciais ordinários)"[(111)].

---

(107) *Op. cit.*, p. 125 e 143.

(108) Segundo Aragon Reyes (*op. cit.*, p. 127), as atribuições do Tribunal podem classificar-se em quatro grupos: controle de leis e normas e atos com força de lei, proteção dos direitos fundamentais, resolução de conflitos e controle de disposições sem força de lei e resolução das Comunidades Autônomas.

(109) *Vid.* REYES, Aragón. *Op. cit.*, p. 131.

(110) REYES, Aragón. *Op. cit.*, p. 128/129.

(111) *Op. cit.*, p. 129.

3.5. O SISTEMA DIFUSO DE CONTROLE DE CONSTITUCIONALIDADE — A EXPERIÊNCIA BRASILEIRA

O sistema de controle de constitucionalidade, como já mencionado, se consolidou a partir do caso *Marbury vs Madison*, por meio do qual o juiz Marshall afirmou a supralegalidade da Constituição estadunidense, sua indiscutível supremacia frente à lei. A possibilidade de a jurisdição ordinária negar aplicação a um dispositivo legal, ou simplesmente aplicá-lo em conformidade com os princípios constitucionais, semeava as primeiras sementes do controle difuso de constitucionalidade. A colheita desafiaria, claro está os limites espaciais do território norte-americano, irradiando-se por todo o mundo ocidental.

Embora o controle difuso seja historicamente mais antigo, não se olvida que o surgimento do controle abstrato e concentrado, a início do século XX, "supõe um ato de desconfiança frente aos juízes ordinários e [...] a supremacia do Parlamento ante a atividade livre dos juízes", como aponta Prieto Sanchís(112).

Em verdade, a distinção entre os sistemas de controle de constitucionalidade espanhol e brasileiro tem a ver com razões históricas que não podem ser desprezadas. No Brasil, a Constituição Imperial de 1824, sem disfarçar a influência dos intelectuais franceses, afirmava, coerentemente, que era atribuição da Assembleia Geral "velar na guarda da Constituição, e promover o bem geral da Nação" (art. 15, IX). Importava-se um modelo baseado na desconfiança ante a atuação livre do Poder Judiciário, provavelmente quando de ninguém propriamente se desconfiasse.

Essa coerência não estava fundada, a bem dizer, em necessidade alguma de pôr freio à ação dos juízes. Se o quisesse, o imperador Pedro I poderia justificar o rechaço à recém-nascida *judicial review* com o pretexto de que a jurisdição ordinária, não obstante fosse composta por juízes que não raro se somavam aos partidários da monarquia(113), não era definitivamente confiável. Basta ver que, mesmo depois de superada a concentração imposta pelas Ordenações Filipinas(114) e adotado o localismo inglês(115) por meio do Estatuto de 1832, a primeira instância

---

(112) SANCHÍS, Prieto. L. *Justicia constitucional y derechos fundamentales*. Madrid: Trotta, 2003. p. 91.

(113) Cf. ARMITAGE *apud* FAORO, Raymundo. *Os donos do poder*, v. 1, p. 322.

(114) As Ordenações Filipinas foram uma codificação que resultou da reforma de código anterior, o Código Manuelino, como consequência do domínio castellhano (1580-1630) sobre Portugal, sendo sancionada por Filipe I em 1995 e validada por Dom João IV (1604-1656) após a restauração da independência de Portugal.

(115) O localismo foi um tipo de política pública que buscava fortalecer os governos locais entregando--lhes mais atribuições e recursos. Quando Raymundo Faoro (*op. cit.*, p. 346) se refere à influência do localismo inglês, está ele mencionando as mudanças ocorridas no Poder Judiciário brasileiro que se iniciaram com a reabilitação dos juízes de paz (juízes eleitos pela população local) mediante o Código Processual Penal de 1831 e também pela introdução dos jurados populares.

judiciária se dividiu em três circunscrições que denunciavam sua real precariedade: os juízes de direito que eram nomeados livremente pelo Imperador, os juízes municipais e fiscais que eram escolhidos pelo presidente da província a partir de uma lista tríplice e os juízes de paz que eram eleitos pela população local. Raymundo Faoro explica que "o centro do sistema estava no juiz de paz, armado com a truculência de seus servidores, inspetores de quarteirão[(116)], de triste memória nos anais do crime e da opressão", pois "era talvez a 3ª autoridade depois da regência e dos ministros"[(117)].

A verdadeira causa da supremacia da lei não era, por certo, a desconfiança nessa jurisdição volúvel e às vezes demasiadamente precária, senão a adesão incondicional à filosofia dos revolucionários franceses de 1789, já agora conturbada pela superveniência da restauração monárquica de 1814. À falta de sua própria revolução política ou ideológica[(118)], os brasileiros tomaram como sua a revolução francesa[(119)]. E em lugar de seguir a doutrina democrática da soberania

---

(116) Inspetores de quarteirão são os servidores públicos que eram nomeados para guardar ou vigiar as ruas de um espaço urbano mais ou menos quadrangular.

(117) *Op. cit.*, p. 346.

(118) Conforme Oliveira Lima, em *Formação Histórica da Nacionalidade Brasileira* (p. 169 e ss.), a independência política do Brasil não representou uma ruptura com o reino português, não somente porque se preservaram os direitos hereditários da dinastia dos Bragança, mas igualmente porque a emancipação do Brasil era uma consequência necessária e inevitável da revolução de Portugal. Os laços que uniam esses dois reinos estavam já de tal modo enfraquecidos, que a união não se mantinha mais senão pela força do poder real. A coroa despojada, pelos facciosos, de todos os direitos, de toda a dignidade, de todo o brilho, passava a ser um fantasma aos olhos dos brasileiros. Desde então a pretensão das Cortes de Lisboa, de governar um país afastado e cinquenta vezes maior que Portugal, deve ter parecido aos habitantes do mesmo, absurda e monstruosa. Quando voltou a Portugal, deixando seu filho Pedro no Brasil, Don Juan VI lhe aconselhou que se apoderasse da virtual coroa brasileira antes que algum aventureiro a obtenha. Os indícios dos interesses de Juan VI na emancipação brasileira (contra os interesses de Portugal, a Metrópole onde era rei) puderam notar-se no fato que o Imperador Pedro I de Brasil, quando firmou o acordo em que Portugal reconhecia definitivamente a independência do Brasil, mediante uma recompensa de dois milhões de libras esterlinas, concordou que seu pai Juan VI, rei de Portugal, também pudesse usar, enquanto vivia, o título de Imperador do Brasil, partilhando assim, ainda que apenas nominalmente, a soberania brasileira enfim reconhecida. Segundo Oliveira Lima (*op. cit.*, p. 176), "o velho monarca era tão merecedor da homenagem, que esta cláusula do tratado não provocou nunca nenhuma reclamação". Além disso, seu filho Pedro, depois de renunciar ao trono brasileiro, foi coroado como rei (Don Pedro IV) em Portugal.

(119) A tarefa de escrever a constituição imperial não foi fácil, porque a independência do Brasil deixou aos organizadores da nova pátria, segundo Euclides da Cunha (*apud* LIMA. *Op. cit.*, p. 169), "um problema formidável, tal o de educar, unido, até o regime constitucional, novo mesmo na Europa, um povo disperso, que não houvera atravessado um único dos períodos sociais preparatórios. Um salto desmedido e perigoso. A execução temerária da mais grave das revoluções, a paradoxal revolução do alto, que o gênio de Turgot havia concebido poucos anos antes como um meio extremo de salvar Luís XVI dos turbilhões profundos de 1789". Sobre a adoção dos ideiais franceses, aponta Caio Prado Junior, em *Formação do Brasil contemporâneo*, p. 384, que "é de considerar que nenhum pensamento, nenhuma ideia, e sobretudo nenhum conjunto teórico deu aos fatos universais do séc. XVIII — 'universal' aqui é o da civilização occidental a que nos filiamos — , uma interpretação mais ajustada, tão harmoniosa, tão estéticamente perfeita, um corpo de doutrina tão completa e geral como aquela filosofia (francesa)".

popular, baseada nas lições de Rousseau, ou a teoria da separação de poderes preconizada por Montesquieu, ignora-se a eles e a Sieyés para preferir-se a criação, inspirada no liberalismo mitigado de Benjamin Constant, de um poder moderador do qual estaria investido o imperador. Fez-se de Sua Majestade o árbitro na relação entre os outros poderes e a ele se reservou a prerrogativa de nomear ou exonerar livremente os ministros, além de intervir em assuntos políticos e administrativos[(120)].

Um bom indício do real significado do art. 15, IX, da Constituição brasileira de 1824 poderia ser o preâmbulo da Constituição francesa de 1814, que lhe serviu de modelo e afirmava que a autoridade residia na pessoa do rei, porém, em atenção ao progresso das *luzes*, consentia-se a participação popular nos negócios jurídicos. E uma evidência incontrastável desse aspecto seria decerto o fato de a própria norma constitucional, apesar de atribuir à Assembleia Geral sua guarda e defesa, ter sido em verdade uma constituição outorgada, após a dissolução da Assembleia Constituinte de 1823. O projeto de constituição malogrado previa o controle social, até mesmo o domínio pelo povo, de maneira que a lei injusta poderia ser descumprida com respaldo no direito de resistência, tudo a impossibilitar o sonho imperial de um governo forte[(121)].

A ideia de que apenas a lei poderia desvelar a vontade geral, ainda que adaptada convenientemente à influência do princípio monárquico tanto na França como no Brasil, prevaleceu durante o Império e deu lugar ao fortalecimento do Poder Judiciário brasileiro somente ao fim do século XIX, a reboque da proclamação da República em 15 de novembro de 1889. O sistema de controle difuso foi instituído no Brasil pela primeira constituição republicana, editada em 1891, já agora sob os influxos do modelo estadunidense (*judicial review*), que emergiu em 1803 com o mencionado caso *Marbury vs Madison*.

As constituições de 1934 e de 1946 mantiveram a tutela jurisdicional constitucional franqueada a todos os órgãos do Poder Judiciário, adicionando-se somente a cláusula de reserva de plenário, a qual exigia dos tribunais a manifestação, em tais casos, da maioria absoluta de seus membros. À exceção do período em que vigorou a Constituição outorgada em 1937, sob o governo ditatorial de Getúlio Vargas, competia ao Senado Federal suspender a vigência de ato ou lei declarado inconstitucional pelo Supremo Tribunal Federal[(122)].

Adiante, o historiador brasileiro remata: "Comparável a ela, só se encontrará, para a situação do século seguinte, o socialismo".

(120) Cf. FAORO, Raymundo. *Op. cit.*, p. 316 ss.

(121) Cf. FAORO, Raymundo. *Op. cit.*, p. 323, 329 e *passim*.

(122) À diferença do que predizia, por exemplo, o art. 91, VI, da Constituição de 1934, facultando ao Senado deliberar acerca da suspensão da vigência de lei declarada inconstitucional (sem que a deliberação em outro sentido contaminasse a eficácia da sentença judicial), o art. 96, parágrafo único,

Durante o interregno entre 1891 e 1965, os juízes brasileiros se habituaram a um sistema único de controle de constitucionalidade, o controle difuso. Talvez por isso, na visão do juiz brasileiro se apresentaria, hoje em dia, um claro *déficit de efetividade* no sistema apenas concentrado, que agoniza inclusive no continente europeu, pois, como pareceu também a Canotilho, "as normas — constitucionais, internacionais e legais — garantidoras da *abertura* da via judiciária devem assegurar também a *eficácia* da proteção jurisdicional. [...] Como conteúdo constitucional e internacional mínimo, exige-se que a *proteção jurisdicional* não fique aniquilada em virtude da inexistência de uma *determinação legal* da via judicial adequada"(123).

A partir de 1965, após a promulgação da Emenda Constitucional n. 16, de resto inspirada na Constituição austríaca de 1920, o Supremo Tribunal Federal passou a ter competência também para o controle concentrado(124), que hoje em dia convive harmoniosamente com o controle difuso. A Constituição de 1967 preserva os dois métodos — o de controle difuso e o concentrado — e se acrescenta, por meio da Emenda Constitucional n. 7/1977, a faculdade de o STF deferir medidas liminares nos processos respeitantes à declaração de inconstitucionalidade.

A Constituição de 1988, conhecida como Constituição Cidadã, ampliou a legitimidade para a proposição da ação direta de inconstitucionalidade de lei ou ato frente ao STF (art. 103), sendo novidadeira quanto à introdução, a propósito da jurisdição concentrada, da declaração de inconstitucionalidade por omissão (art. 103, § 2º) e da possibilidade de arguir-se o descumprimento de preceito fundamental (art. 102, parágrafo único, regulamentado pela Lei n. 9.882/1999). A Emenda Constitucional n. 3/1993 acrescentou a ação declaratória de constitucionalidade (art. 102, I e § 2º), inovando no sistema brasileiro a faculdade de pronunciar-se a constitucionalidade *in abstracto* e *erga omnes*.

As várias ações constitucionais foram enfim regulamentadas pela Lei n. 9.868, de 1999, que estendeu o efeito vinculante à ação direta de inconstitucionalidade (art. 28, parágrafo único, com a ratificação pela Emenda Constitucional

---

da Constituição de 1937 previa que na hipótese de ser declarada a inconstitucionalidade de uma lei que, a juízo do Presidente da República, fosse necessária ao bem-estar do povo, à promoção ou à defesa do interesse nacional de alta monta, poderia, o Presidente da República, submetê-la novamente ao exame do Parlamento: se este a confirmasse com um terço dos votos em cada uma das casas do Parlamento, quedaria sem efeito a decisão do Tribunal.

(123) CANOTILHO, Gomes. *Op. cit.*, p. 453.

(124) Cf. Machado, C. A. A. *Direito constitucional.* São Paulo: Revista dos Tribunais, 2005. v. 5, p. 290. As remissões a dispositivos das sucessivas constituições brasileiras são igualmente extraídas de esquemas apresentados pelo Prof. Carlos Augusto Alcântara Machado, em meio a aula proferida durante curso de pós-graduação promovido pela Universidade Federal de Sergipe em convênio com o Tribunal Regional do Trabalho da 20ª Região.

n. 45/2004), além de permitir ao STF que module os efeitos de suas decisões no tocante ao tempo (*ex tunc* ou *ex nunc*) e que ordene a suspensão de processos em trâmite na justiça ordinária acerca de questões idênticas (art. 21). Certo é que a adoção inicial do modelo estadunidense de controle difuso e a posterior mescla com o modelo europeu de juízo concentrado permitem ao magistrado brasileiro de todas as instâncias exercer a tutela jurisdicional constitucional, salvo no que afeta à declaração de constitucionalidade ou inconstitucionalidade em abstrato, com efeito *erga omnes*, que se comete exclusivamente ao Supremo Tribunal Federal.

A bem dizer, o STF é o órgão máximo do Poder Judiciário e desde 1965 funciona à semelhança das cortes constitucionais espanhola, alemã ou italiana no tocante ao controle concentrado, ao tempo em que também conhece, como sói acontecer desde 1891, os recursos extraordinários (que versam sobre matéria constitucional de qualquer natureza, não somente acerca de direitos fundamentais), atuando por fim em outras causas que lhe são constitucionalmente atribuídas.

O que se constata é que o controle de constitucionalidade se acha avançado no Brasil, revelando-se madura a prática de jurisdição constitucional na experiência jurídica brasileira. Enquanto os juízes ordinários do continente europeu evoluem na direção de adotarem o controle difuso, a justiça ordinária no Brasil já se acostumou, sem dúvida, com a competência funcional de rechaçar, sem mais, a validade de normas ou atos de poder público que afrontam balizas constitucionais.

As premissas assim dispostas são imprescindíveis com vistas a se concluir que não há obstáculo formal a impedir o pleno asseguramento, por juiz brasileiro de qualquer grau de jurisdição, dos direitos fundamentais previstos na Constituição de 1988. Aí se inclui, como se verá, a garantia de indenidade, é dizer, a imunização contra a represália patronal dos trabalhadores que, no exercício impostergável de sua cidadania, reclamam a efetividade de direitos fundamentais como o direito à tutela judicial, à greve, às licenças-maternidade, à liberdade sindical etc.

4. A jurisdição constitucional no projeto garantista[125]

Afirmou Ferrajoli, com ênfase e de modo persuasivo, que o constitucionalismo atual segue o modelo garantista, no qual "todos os direitos fundamentais

(125) Segundo Marina Gascón Abellán (La teoría general del garantismo: rasgos principales. In: *Garantismo*: estudios sobre el pensamiento jurídico de Luigi Ferrajoli. Edição de Miguel Carbonell e Pedro Salazar. Madrid: Trotta, 2005. p. 21), "en la teoría jurídica actual hablar del garantismo remite necesariamente a la obra de L. Ferrajoli *Derecho y razón* (DyR), que, aunque lleva por subtítulo *Teoría del Garantismo Penal,* se sustenta en una teoría general del garantismo de la que — como indica

[...] equivalem a vínculos de *substância* e não de forma, que condicionam a validade substancial das normas produzidas e expressam, ao mesmo tempo, os *fins* a que está orientado este moderno artifício que é o Estado constitucional de direito"[(126)].

Segundo o que preconiza o teórico italiano, o garantismo consagra a supremacia do conteúdo material relativo a direitos fundamentais das constituições rígidas, instigando os debates relativos à positividade do direito e à normatividade dos princípios e regras constitucionais, além de incitar a discussão acerca das lacunas das constituições, ou seja, acerca da eficácia dos direitos que não estão assegurados por garantias constitucionais explícitas.

Ao sustentar que a ausência de garantias de realização de um direito fundamental não significa a inexistência do direito, senão uma lacuna que os poderes públicos internos e internacionais têm a obrigação de colmatar[(127)], e rematar que, mesmo no que concerne aos direitos sociais, "a tese da não susceptibilidade da tutela judicial a esses direitos resulta desmentida pela experiência jurídica mais recente, que por distintas vias (medidas urgentes, ações reparatórias e similares) viu ampliarem-se suas formas de proteção jurisdicional"[(128)], Ferrajoli dimensiona o garantismo com uma latitude que impressiona e, ainda mais em sociedades destituídas de uma proteção eficiente dos direitos humanos, propõe uma aproximação definitiva entre as categorias da normatividade e da efetividade.

Essa ideia é central em nosso estudo, pois o que se propõe é a garantia de imunização do trabalhador que exerce um direito fundamental, inclusive daquele que recorre ao Poder Judiciário em países como o Brasil, onde não há uma garantia constitucional ou legal explícita que o proteja da retaliação patronal. Por isso, devemos pôr a prova o garantismo, analisando as críticas mais desafiadoras que se esgrimem contra a construção de Ferrajoli, a saber: a) a irrelevância, conforme os críticos, do caráter rígido da Constituição como uma premissa à normatividade de seu conteúdo; b) a defesa, que estaria dissimulada na proposta do garantismo, de um constitucionalismo ético; c) o alcance da normatividade dos direitos fundamentais destituídos de garantia explícita, especialmente no que tange a antinomias e lacunas do sistema constitucional.

Mario Jori — podrá disentirse en todo o en parte, pero de la que de ahora en adelante ya no se podrá prescindir".

(126) FERRAJOLI, L. *Derechos y garantías:* la ley del más débil. Tradução de Perfecto Andrés Ilbánez e Andrea Greppi. Madrid: Trotta, 2006. p. 22. Em *Derecho y Razón* (cap. XIII. p. 851 e ss., *apud* ABELLÁN, Gascón. *Op. cit.*, p. 22), o autor havia antecipado que o termo *garantismo* seria empregado em três acepções: como um modelo normativo de direito (o modelo do Estado de direito); como uma teoria jurídica (a do juspositivismo crítico como oposição ao juspositivismo dogmático); e como filosofia política (a que funda o Estado no reconhcimento e proteção dos direitos).

(127) FERRAJOLI. *Derechos y garantias*, p. 43, 63.

(128) FERRAJOLI. *Derechos y garantias*, p. 64.

4.1. O NECESSÁRIO CARÁTER RÍGIDO DA CONSTITUIÇÃO GARANTISTA

Sustenta Ferrajoli que se teria superado definitivamente a dimensão nomodinâmica, defendida por Kelsen, e ter-se-ia dado a superação, por igual, de seu oposto, que seria o sistema regido pelo princípio estático. Recordemos Kelsen:

> Segundo a natureza do fundamento de validade, podemos distinguir dois tipos diferentes de sistemas: um tipo estático e um tipo dinâmico. As normas de um ordenamento do primeiro tipo, quer dizer, a conduta dos indivíduos por elas determinadas, é considerada como devida (devendo ser) por força do seu conteúdo: porque a sua validade pode ser reconduzida a uma norma a cujo conteúdo pode ser subsumido o conteúdo das normas que formam o ordenamento, como o particular ao geral. Assim, por exemplo, as normas: não devemos mentir, não devemos fraudar, devemos respeitar os compromissos tomados, não devemos prestar falsos testemunhos, podem ser deduzidas de uma norma que prescreve a veracidade. Da norma segundo a qual devemos amar o nosso próximo podemos deduzir as normas: não devemos fazer mal ao próximo, não devemos, especialmente, causar-lhe a morte, não devemos prejudicá-lo moral ou fisicamente, devemos ajudá-lo quando precise de ajuda. Talvez se pense que a norma da veracidade e a norma do amor do próximo se podem reconduzir a uma norma ainda mais geral e mais alta, porventura a norma: estar em harmonia com o universo. [...] Esta norma pressuposta como norma fundamental, fornece não só o fundamento de validade como o conteúdo de validade das normas dela deduzidas através de uma operação lógica. Um sistema de normas cujo fundamento de validade e conteúdo de validade são deduzidos de uma norma pressuposta como norma fundamental é um sistema estático de normas.
>
> [...]
>
> O tipo dinâmico é caracterizado pelo fato de a norma fundamental pressuposta não ter por conteúdo senão a instituição de um fato produtor de normas, a atribuição de poder a uma autoridade legisladora ou — o que significa mesmo — uma regra que determina como devem ser criadas as normas gerais e individuais do ordenamento fundado sobe esta norma fundamental. Um exemplo aclarará este ponto. Um pai ordena ao filho que vá à escola. À pergunta do filho: por que devo eu ir à escola, a resposta pode ser: porque o pai assim o ordenou e o filho deve obedecer às ordens do pai. Se o filho continua a perguntar: por que devo eu obedecer às ordens do pai, a resposta pode ser: porque Deus ordenou a obediência aos pais e nós devemos

obedecer às ordens de Deus. Se o filho pergunta por que devemos obedecer às ordens de Deus, quer dizer, se ele põe em questão a validade desta norma, a resposta é que não podemos sequer pôr em questão tal norma, quer dizer, que não podemos procurar o fundamento da sua validade, que apenas podemos pressupor. O conteúdo da norma que constitui o ponto de partida: o filho deve ir à escola, não pode ser deduzido desta norma fundamental. Com efeito, a norma fundamental limita-se a delegar numa autoridade legisladora, quer dizer, a fixar uma regra em conformidade com a qual devem ser criadas as normas deste sistema. A norma que constitui o ponto de partida da questão não vale por força do seu conteúdo, ela não pode ser deduzida da norma pressuposta através de uma operação lógica.(129)

Se optamos por extrair da doutrina de Hart, talvez o mais prestigiado teórico positivista entre os autores que escrevem a partir dos fenômenos jurídicos ambientados no *common law*(130), seu ponto de vista sobre a relação hierárquica entre as normas, percebemos que a estratégia de recorrer a estruturas formais se repete no dualismo entre normas primárias e normas secundárias, ou seja, entre aquelas normas que asseguram direito ou impõem obrigações e aquelas que estipulam como e por obra de quem se podem formar, reconhecer, modificar ou extinguir as normas primárias. À exceção da regra de reconhecimento, que é a norma secundária fundamental e por isso sua força vinculante depende apenas de sua aceitação, a demonstração de que uma norma é válida exige "que se remonte uma complicada cadeia de validade, a partir de essa norma em particular, até chegar em última instância à norma fundamental"(131). Hart reconhece a ampla prática consuetudinária e a relação de uma norma com decisões judiciais como fontes de direito, além da lei. E porque as normas, em especial os princípios(132), são de textura aberta, os juízes, nos casos difíceis, têm e exercem a discricionariedade de criar norma nova ou ampliar a existente(133).

Por outro lado, está dito que a supremacia da lei *stricto sensu* é reflexo da soberania do Parlamento nos países que adotam o sistema *civil law*, como a

(129) KELSEN, H. *Teoria pura do direito.* Tradução de João Baptista Machado. São Paulo: Martins Fontes, 1996. p. 218/219.

(130) Sobre a escassa influência de Kelsen na cultura norte-americana, ver ATIENZA, Manuel. *El derecho como argumentación,* p. 23, 27 e ss.

(131) DWORKIN. *Los derechos en serio*, p. 68/70.

(132) Em Postcriptum *a el concepto de derecho*, Hart se posiciona em relação à concepção dworkiana e reconhece que os princípios podem formar parte do Direito, defendendo inclusive que a regra de reconhecimento pode incorporar como critério último de validade jurídica princípios de justiça ou valores morais substantivos — *apud* ATIENZA, Manuel. *El derecho como argumentación,* p. 31.

(133) *Vid.* FERRAJOLI. *Garantismo,* p. 91 e ss., e DWORKIN. *Op. cit.*, p. 65 (cotejando com a doutrina igualmente positivista e antecedente de Austin) e p. 71.

Espanha e o Brasil. Sustenta Ferrajoli que o novo constitucionalismo corresponderia a uma segunda revolução na natureza do Direito, pois enfim se superaria o modelo da onipotência do legislador, inerente ao paradigma positivista clássico, avançando–se assim desde o princípio da mera legalidade (ou de legalidade formal) até o princípio de estrita legalidade (ou de legalidade substancial), ou seja, com "a submissão também da lei a vínculos já não somente formais senão substanciais impostos pelos princípios e direitos fundamentais contidos nas constituições". Em seguida, Ferrajoli indica:

> [...] em um ordenamento dotado de Constituição rígida, para que uma norma seja válida, ademais de vigente, não basta que haja sido emanada com as formas predispostas para a sua produção, sendo também necessário que seus conteúdos substanciais respeitem os princípios e os direitos fundamentais estabelecidos na Constituição.(134)

Opondo-se à necessidade de o garantismo pressupor uma constituição rígida, Riccardo Guastini defende que "o fenômeno da invalidade não é uma peculiaridade de fontes do direito estruturadas hierarquicamente" e cita um exemplo que percebe no art. 4º, § 1º, das Disposições Preliminares do Código Civil Italiano — "Os regulamentos não podem conter normas contrárias às disposições contidas nas leis" — adotado em 1942, quando na Itália existia um regime de constituição flexível(135).

A crítica de Guastini não permaneceu sem resposta, como se pode observar na seguinte passagem da obra de Ferrajoli:

> É inegável que em qualquer ordenamento nomodinâmico, ainda que conte com uma constituição flexível, existem, como escreve Guastini, regulamentos e "atos de aplicação" substancialmente inválidos por estarem "em contraste com a lei" [...]. Mas esse é um fenômeno até certo ponto análogo, ainda que em parte também distinto daquele que se revela na invalidade substancial das leis. Análogo porque ditos atos de aplicação, sejam jurisdicionais, negociais ou administrativos, estão igualmente destinados a ser anulados no caso de que se alegue sua invalidade pela atuação dos órgãos jurisdicionais que têm a obrigação de anulá-los; e distinto porque as leis inválidas em razão de contrastarem com a constituição não são de modo algum "atos de aplicação", como Guastini acertadamente designa os atos do

---

(134) FERRAJOLI. *Derechos y garantías*, p. 66.

(135) GUASTINI, R. Rigidez Constitucional y normatividad de la ciencia jurídica. In: *Garantismo*: estudios sobre el pensamiento jurídico de Luigi Ferrajoli. Edição de Miguel Carbonell e Pedro Salazar. Madrid: Trotta, 2005. p. 246.

primeiro tipo, e produzem consequências não equiparáveis à invalidade substancial das sentenças, dos negócios e dos atos administrativos.[136]

Acerca dessas diferenças entre a invalidade substancial de leis e a que concerne aos atos de aplicação, Ferrajoli recorda, em seguida, quatro mudanças estruturais promovidas pelo paradigma garantista:

a) a mudança que afeta o *direito*, tendo em vista a dissociação entre vigência e validade das leis e em vista da virtual aparição de antinomias e de lacunas não imediatamente resolúveis pelo intérprete;

b) a mudança que afeta à *democracia*, em vista dos limites e dos vínculos ao poder político legislativo sobre os quais descansa o edifício da democracia constitucional;

c) a mudança que afeta à jurisdição, em vista do controle de constitucionalidade das leis inválidas exigido dos juízes que têm competência para aplicá-las;

d) a mudança que afeta à ciência jurídica, em vista da função crítica que tem relação com as antinomias e as lacunas.

Observa Ferrajoli que nenhuma dessas quatro implicações resulta da invalidade de outros atos jurídicos preceptivos[137]. Ao que parece, Guastini não aceita o garantismo em sua real dimensão porque não consente o argumento de que, antes de tudo, o chamado *neoconstitucionalismo* importa a ruptura de um modelo de cartas políticas meramente programáticas e o surgimento, com significado que transcende a visão estrutural, de constituições com forte e extenso conteúdo substancial. A vigorosa crítica que esgrime contra o garantismo parece dissociada da percepção de um programa teórico que contempla o Estado Constitucional de Direito como um "sistema artificial de garantias constitucionalmente preordenado à tutela dos direitos fundamentais"[138], além de apresentar-se como uma certa provocação à ciência do direito — a qual não mudaria, sem mais, apenas para comprazer a algum prestigioso jurista italiano ou seu modo de enfrentar a não efetividade das cartas constitucionais.

---

(136) FERRAJOLI. *Garantismo*, p. 76.

(137) FERRAJOLI. *Garantismo*, p. 77. À continuação, o autor explica sua conclusão ressaltando que "à exceção dos regulamentos, (os demais atos jurídicos preceptivos) consistem em atos singulares — negócios privados, declarações judiciais, disposições administrativas — que: a) não geram antinomias, pois as antinomias consistem em um conflito entre normas e não em qualquer classe de vício, formal ou substancial, de um ato de aplicação de normas; b) são plenamente compatíveis, enquanto sujeitos à leis, com a onipotência do legislador; c) não estão destinados a ser 'aplicados' através de novos atos preceptivos, senão a ser executados ou cumpridos; d) não se destinam a formar parte do universo normativo que compõe o objeto empírico da ciência jurídica".

(138) FERRAJOLI. *Derechos y garantias*, p. 19.

As constituições flexíveis o são porque podem ser modificadas como se fossem leis ordinárias, sem outras formalidades(139). Assim, logo se compreende que a flexibilidade da constituição é uma realidade aparentemente incompatível com a proposta de um conteúdo constitucional mínimo que vincule o legislador e autorize diretamente a atividade jurisdicional, dando-lhe fundamento válido, ainda quando a norma consultada, que se traduza porventura em um princípio ou em uma expectativa jurídica, esteja em grau elevado de abstração.

Contudo, a doutrina constitucional adverte acerca da necessidade de moderar o argumento da rigidez constitucional. Em verdade, nem sempre é indiscutível o caráter puramente rígido de algumas constituições. Cita-se a Constituição dos Estados Unidos, vista como uma constituição rígida, pois seu art. V exige quórum qualificado para a iniciativa e votação de emendas constitucionais, embora essa caracterização não seja pacífica(140). O que importa mesmo é perceber a preeminência da constituição quando cotejada com outros atos ou normas de grau inferior e principalmente o poder de os juízes fazerem valer o direito à garantia constitucional "enquanto o povo não haja anulado ou modificado a forma estabelecida, por meio de um ato solene e legalmente autorizado", como afirmou Hamilton no capítulo 78 de *O Federalista*(141). As coisas ocorrem, atualmente, como nota Dworkin:

> A Constituição estadunidense prevê um conjunto de direitos *jurídicos* individuais na Primeira Emenda e nas cláusulas de devido processo, igual proteção e outras similares. Sob a prática jurídica vigente, faculta-se à Suprema Corte declarar nula uma lei do Congresso ou de uma legislatura estadual, se a Corte entende que dita lei vulnera essas estipulações. Essa prática há sido a razão de alguns comentaristas suporem que os direitos morais individuais estão plenamente protegidos por nosso sistema, mas não é assim, nem poderia sê-lo.

---

(139) Bryce, seguido por Jiménez Asensio (*op. cit.*, p. 192), explica: "uma constituição se define como 'rígida' quando contempla procedimentos ou mecanismos que fazem muito difícil sua reforma; enquanto as constituições 'flexíveis' se caracterizam pelo contrario: sua reforma pode ser levada a cabo através de procedimentos que não requerem dificuldades especiais (por exemplo, como sucede com as leis ordinárias; isto é, pela maioria do Parlamento)".

(140) O caráter aparentemente lacunoso da Constituição estadunidense tem provocado observações como a Carl J. Friedrich, seguido por Bonavides (*op. cit.*, p. 67): "Algumas das principais normas constitucionais dos Estados Unidos, que definem as peculiaridades de sua organização política, não estão escritas na Constituição de 1787 ou nas emendas aprovadas posteriormente — por exemplo, a doutrina de revisão judicial, que permite aos tribunais decidir acerca da constitucionalidade dos atos realizados pelos outros poderes — e os distintos aspectos do funcionamento dos partidos políticos. Também as normas escritas devem ser sumamente flexíveis, porque é impossível regulamentar com absoluta precisão as eventualidades do futuro". Ver também pesquisa informal de opinião jurídica, que aponta o entendimento majoritário de que a Constituição dos Estados Unidos seria flexível, no sítio virtual: <http://espanol.answers.yahoo.com/question/index?qid=20070928230835AAg4nNb>.

(141) *Apud* SANCHÍS, Prieto. *Op. cit.*, p. 51.

> A Constituição funde problemas jurídicos e morais, enquanto faz com que a validade de uma lei dependa da resposta a complexos problemas morais, como o problema de uma determinada lei respeitar a igualdade inerente de todos os homens.(142)

Assim, é possível deixar a um lado o debate sobre a rigidez de uma constituição se lhe reconhecemos o matiz dominante e garantista de seu conteúdo normativo. Como esclarece Prieto Sanchís, "mais que a rigidez, é a solenidade ou caráter expresso da reforma que faz da Constituição uma norma superior, o que impõe a nulidade de toda disposição legislativa que não represente uma modificação formal e solene da mesma"(143).

4.2. O DEBATE SOBRE O GARANTISMO DISFARÇAR UM CONSTITUCIONALISMO ÉTICO

A atribuição, pelo garantismo, de caráter normativo ao plexo de direitos fundamentais previsto nas constituições revela não somente seu vínculo *gemelar* com o *neoconstitucionalismo*, mas igualmente oferece pretexto para uma discussão sem tréguas no tocante ao fundamento jusnaturalista que estaria dissimulado ou quiçá desvelado no novo paradigma.

Embora Ferrajoli assegure que a teoria por ele sustentada é uma teoria formal "que se limita à análise dos conceitos técnico-jurídicos e de suas relações sintáticas, sem dizer nada acerca da realidade, a não ser em virtude de uma interpretação semântica"(144), Valentina Pazé se mostra bastante provocativa:

> [...] me parece que Ferrajoli, entre oscilações e ambiguidades, não adota uma posição de anticognitivismo ético radical. Não é casual que remeta aos clássicos do contratualismo jusnaturalista — não somente a Hobbes, senão também a Locke e a Kant —, todos eles pensadores que intentaram argumentar racionalmente a favor da tese que nos diz que ao menos alguns direitos de que havia gozado o homem no estado de natureza devem ser mantidos e protegidos no passo ao estado civil.(145)

---

(142) DWORKIN. R. *Los derechos en serio*. Tradução de Marta Guastavino. Barcelona: Ariel, 2002. p. 277. Tradução livre para o português.

(143) *Op. cit.*, p. 51.

(144) FERRAJOLI. *Garantismo*, p. 20.

(145) PAZÉ, V. Luigi Ferrajoli: filósofo político. In: CARBONELL; Miguel; SALAZAR, Pedro (eds.). *Garantismo*: estudios sobre el pensamiento jurídico de Luigi Ferrajoli. Madrid: Trotta, 2005. p. 152. A saber, *cognotivismo* e *anticognotivismo* são termos usados por Ferrajoli e pela autora para confrontar *jusnaturalismo* e *relativismo ético*, o que seria o mesmo que expressar, respectivamente, "dois modos distintos

Em seguida, Valentina Pazé estabelece a exata identificação da tese jusnaturalista adotada por Ferrajoli, dizendo que não lhe parece difícil vislumbrar "em suas argumentações uma inspiração puramente kantiana, feita explícita em muitas ocasiões, em particular através da referência ao imperativo de considerar as pessoas como fim e não como meio. Direitos fundamentais seriam, sobre a base de referida máxima, os direitos cuja finalidade é a promoção da dignidade das pessoas".

Ainda mais incisiva é a crítica de Alfonso Ruiz Miguel à posição firme de Ferrajoli sobre o caráter positivista do modelo garantista:

> Agora bem, independentemente do reconhecimento da possível distância entre o modelo moral ideal e sua positivação nos sistemas constitucionais de que falamos, o que em minha opinião tem verdadeira substância é que a positivação dos direitos do modelo garantista em uma constituição incorpora em suas normas esse ponto de vista externo dos conteúdos ou significados de caráter moral. Isso não significa negar que a positivação jurídica agregue algo, pouco ou muito, ao conteúdo moral em questão: ao contrário, como mínimo, comporta sua proclamação oficial pela organização política do grupo, e, ademais, se a norma constitucional não se limita a enunciar os mais abstratos valores, senão que reconhece direitos mais específicos, pode (então) conferir maior precisão sobre seu alcance, acrescer segurança porque a fixa por escrito, asseguramento esse mediante garantias e sanções etc. Mas se *agrega* significa que o significado moral do valor ou o direito se hão incorporado à constituição, de modo que a positivação não transmuta por arte de magia o que era moral em algo que passa a ser exclusivamente jurídico.(146)

Em resposta, Ferrajoli afirma que a tese da separação entre direito e moral rechaça, em verdade, não a "ideia óbvia da positivação de determinados conteúdos morais, senão a ideia, de nenhuma maneira inócua e tampouco inocente, de que a convenção jurídica positive a moral enquanto tal, isto é, 'o que era moral' não mais segundo os constituintes, senão intrínseca e objetivamente"(147).

Ferrajoli não se escusa de enfrentar o fundamento ético do modelo que garante os direitos fundamentais *postos*, mas o faz — dizendo-o com ênfase —

---

de justificar um sistema moral, que remetem no primeiro caso a um fundamental 'natural' e 'objetivo' (mas em última instância à razão, como faculdade capaz de alcançar tal fundamento), e no segundo caso à mutabilidade da subjetividade humana" (*idem*, p. 150).

(146) MIGUEL, A. Ruiz. Validez y vigencia: un cruce de caminos en el modelo garantista. In: *Garantismo*: estudios sobre el pensamiento jurídico de Luigi Ferrajoli. Edição de Miguel Carbonell e Pedro Salazar. Madrid: Trotta, 2005. p. 225.

(147) FERRAJOLI. *Garantismo*, p. 43.

no plano distinto da filosofia política e, então, defende as constituições democráticas, acrescentando uma observação com a qual pretende preservar a coerência de seu discurso: o caráter democrático, isto é, "a circunstância de que incorporem direitos fundamentais que consideramos e reivindicamos como 'justos' e pelos quais lutamos, é um fato, considerado desde o plano da teoria do direito, absolutamente contingente e que, portanto, não afeta ao conceito de direito"[(148)].

4.2.1. O caráter democrático da constituição como premissa de validade do direito — alguma crítica à doutrina de Ferrajoli

Na mesma linha de Marisa Iglesias Vila[(149)], pode-se argumentar que quando Ferrajoli admite, sugerindo quiçá, o abandono da *tese da neutralidade* que caracterizava o *paleo-positivismo*, sustentando que seriam inevitáveis, tanto na argumentação jurídica quanto na hermenêutica do direito, juízos de valor do tipo ético-político que "desmentem esse suposto caráter descritivo ou ideologicamente neutral"[(150)], mostrar-se-ia ele receptivo à consideração de um ponto de vista externo. Tal abertura poderia significar a exigência do princípio da democracia como um componente indissociável do conceito de constituição e a susceptibilidade aos avanços da teoria da argumentação jurídica como um antecedente lógico na própria concepção do que seria um direito fundamental — vale dizer, um direito constitucional.

A Ferrajoli não escapou essa objeção, entretanto, prefere não se afastar da tese de que o ponto de vista externo ao direito "se identifica melhor com o ponto de vista externo — histórico e cambiante, diferenciado e pluralista, crítico e programático — das pessoas de carne e osso, que durante gerações se hão esforçado, em momentos e lugares distintos, pela transformação do direito existente, bem assim à extensão do paradigma constitucional a novos direitos paulatinamente reivindicados e positivamente conquistados"[(151)].

Quando dá por certo que no âmbito da teoria do direito, no qual se situa para defender o caráter formal do paradigma garantista, não seriam possíveis as conjecturas jusnaturalistas acerca das fontes transcendentes dos direitos fundamentais, Ferrajoli renega não somente a influência da razão prática na atribuição

---

(148) *Op. cit.*, p. 31. Segundo ATIENZA, Manuel. *Op. cit.*, p. 42, "hoy no se necesitaría [...] apelar al Derecho natural, pues los criterios constitucionales de validez incluyen la adecuación a contenidos de justicia plasmados en los derechos fundamentales".

(149) VILA, M. Iglesias. *El* positivismo en el estado constitucional. In: *Garantismo*: estudios sobre el pensamiento jurídico de Luigi Ferrajoli. Edição de Miguel Carbonell e Pedro Salazar. Madrid: Trotta, 2005. p. 77 e ss.

(150) FERRAJOLI. *Garantismo*, p. 25 e ss.

(151) FERRAJOLI. *Garantismo*, p. 30/31.

de normatividade a esses direitos, como igualmente proscreve o pressuposto da razão discursiva como uma exigência da constitucionalidade e, por extensão, da *fundamentalidade* das liberdades civis e políticas, dos direitos sociais, ambientais etc.

De modo semelhante a Kelsen[152], Ferrajoli obviamente admite que o direito pode ser compreendido ou criticado sob outras perspectivas estranhas ao discurso essencialmente teórico-jurídico. Por exemplo: no plano da filosofia política, o teórico italiano defende a constituição democrática[153]; com apoio na história do direito, põe-se ainda a enunciar que as constituições modernas têm positivado os direitos que a tradição jusnaturalista havia qualificado como "inatos" ou "naturais"; no âmbito da sociologia do direito, afirma que "a constitucionalização dos direitos fundamentais é o fruto de lutas sociais e de acordos políticos".

A pureza formal da concepção ferrajoliana não se distancia, à primeira vista, da concepção que Kelsen também tinha de ser possível vislumbrar algum conteúdo material na norma superior. Pode-se ponderar que o autor da teoria pura admitiu, também, que as constituições tinham eventualmente, além da função de autorizar a produção das leis, a de delimitar o seu conteúdo[154]. Kelsen afirmou, a propósito, que as normas de grau inferior e mesmo os atos de execução poderiam ser interpretados com uma amplitude maior, pois "a norma do escalão superior não pode vincular em todas as direções (sob todos os aspectos) o ato através do qual é aplicada. Tem sempre de ficar uma margem, ora maior, ora menor, de livre apreciação, de tal forma que a norma do escalão superior tem sempre, em relação ao ato de produção normativa ou de execução que a aplica, o caráter de um quadro ou moldura a preencher por este ato"[155]. A diferença reside, em verdade, na intensidade com que se dá a interferência do poder constituinte na definição dos direitos fundamentais, sem dúvida imensamente maior na quadra das constituições garantistas.

De todo modo, a observação de Kelsen — no que toca aos conteúdos constitucionais vinculantes — não repercutiu na experiência jurisdicional, pois, segundo Ferrajoli, a importantíssima (e única) diferença entre constitucionalismo e paleopositivismo "consiste no fato de que o segundo, ao carecer de normas constitucionais rígidas e, portanto, de separação deôntica entre constituição e legislação, subtrai da ciência jurídica e da jurisdição a possibilidade de formular juízos jurídicos sobre a validade substancial das leis". A episódica ou pontual existência, no período

(152) *Op. cit.*, p. 77, 96 e *passim*.

(153) FERRAJOLI. *Garantismo*, p. 31, 36 e *passim*.

(154) *Op. cit.*, p. 388.

(155) *Idem*.

anterior ao garantismo, de texto constitucional com algum conteúdo substancial[(156)] não faria da asserção teórica de Kelsen algo mais interessante, por óbvio.

O surgimento de constituições rígidas, contendo direitos fundamentais e suas garantias, significou, portanto, um fato político com evidentes implicações teórico-jurídicas. Por exemplo, sobrevém a reboque do constitucionalismo moderno o aspecto de agora virem catalogados na maioria das constituições por meio de regras e princípios, sendo os princípios, em conformidade com Alexy[(157)], *mandamentos de otimização* que se apresentam como normas de *textura aberta*[(158)], de resto convidativas à discricionariedade dos juízes responsáveis pela sua interpretação[(159)].

Diferentemente da discricionariedade cometida aos juízes no modelo kelseniano, o intérprete das normas que regem os direitos fundamentais não somente procura enquadrar as regras de grau inferior nas balizas constitucionais, como lhe cabe o dever de, por meio do *juízo de ponderação*, eleger entre princípios concorrentes o de maior peso ou densidade para em seguida assegurar ao princípio eleito a mais ampla efetividade[(160)]. O juízo constitucional de ponderação oferece um espaço maior de discricionariedade que o juízo ordinário de subsunção[(161)].

Por outro lado, o formalismo do modelo garantista conduziu, segundo Ferrajoli, a uma definição igualmente formal de direito fundamental, que assim poderia ser resumida:

> [...] são direitos fundamentais todos aqueles direitos subjetivos que correspondem universalmente a "todos" os seres humanos enquanto dotados do *status* de pessoas, de cidadãos ou pessoas com capacidade de agir.

---

(156) Na passagem anterior do nosso estudo, vimos que desde a Constituição francesa de 1848, ou seja, antes do advento do Estado Social — que normalmente se atribui; às constituições mexicana e alemã de Querétaro e Weimar —, existem constituições com algum conteúdo substancial, faltava, entretanto, nesse ponto, a efetividade.

(157) ALEXY. *Constitucionalismo discursivo*, p. 37 e 64. O autor defende que os princípios contêm um dever ideal, pois são mandamentos que devem ser otimizados. Como mandamentos ideais, eles exigem mais do que é possível no domínio da realidade. Por sua vez, as regras são mandamentos definitivos porque são normas que contêm ordens de cumprimento possível no sistema legal e factual, devendo ser cumpridas, simplesmente, quando válidas.

(158) A autoria da expressão *textura abierta* é atribuída por Dworkin a Hart (DWORKIN. *Los derechos en serio*, p. 87).

(159) *Vid.* DWORKIN. *Los derechos en serio*, p. 83 e ss.

(160) *Vid.* ATIENZA, Manuel. *El derecho como argumentación*, p. 168 e ss.

(161) *Vid.* FERRAJOLI. *Garantismo*, p. 92.

Não há dúvida de que se trata de uma definição puramente formal de direitos fundamentais, que são assim compreendidos, precisamente, a partir da premissa da universalidade. Em consequência, e ainda em conformidade com as considerações novamente ilustrativas de Ferrajoli(162), deveria ser entendido como fundamental o direito a ser saudado na rua e mesmo o direito de fumar, se fosse estabelecido como universal, enquanto não o seriam a liberdade de pensamento, os direitos políticos, os direitos sociais e similares em uma sociedade escravista.

Ao que parece, a doutrina de Ferrajoli não está infensa à crítica. É que a elaboração puramente teórica do conceito de direitos fundamentais poderia ceder passo à necessidade de que se indicasse a sua fonte necessária de positivação, sem que assim se renunciasse ao caráter lógico ou formal desse conceito. Ainda que não se adote o jusnaturalismo como base para afirmar-se que a norma válida deve ser *minimamente* justa(163), seria importante alguma exigência acerca do modo de constituir-se o direito fundamental, a favor do qual se constrói o sistema de garantias. Sobre o tema, Prieto Sanchís afirma que o constitucionalismo é condição necessária, mas insuficiente do garantismo, dado que o princípio da legalidade, como mostra a experiência, pode convalidar qualquer conteúdo normativo(164).

A imposição de que a base do garantismo seja não apenas uma constituição, mas sim uma constituição democrática, poderia, assim, ter substrato teórico na razão comunicativa, fundada na teoria do discurso(165). Portanto, o caráter formal

---

(162) *Op. cit.*, p. 38.

(163) Segundo Alexy, "la ley extremamente injusta deja de ser ley" (*apud* FERRAJOLI. *Garantismo*, p. 29). En *Constitucionalismo discursivo*, p. 44, Alexy indica que "los derechos humanos deben ser transformados en derecho positivo (más bien en *derechos fundamentales*) para que seu cumprimento esté garantizado". Em seguida, o mesmo autor aponta que "os direitos humanos se distinguem de outros direitos pela cominnação el por la combinación de cinco rasgos. Ellos son derechos (1) universales, (2) morales, (3) fundamentales, (4) preferenciales e (5) abstractos". Quando explica o que entende por *direitos morais*, Alexy observa que o conceito de direito moral é ambíguo, mas ele quer usá-lo como um conceito contrário ao de direito jurídico-positivo, quer dizer, direitos que não nascem por meio de ato de fixação ou positivização: "Para la validez o existencia de un derecho moral basta con que la norma, que está en su base, valga moralmente. Una norma vale moralmente cuando ella, frente a cada uno que acepta una fundamentación racional, puede ser justificada" (p. 46).

(164) Cf. FERRAJOLI. *Garantismo*, p. 44.

(165) Sobre a teoria do discurso, elucidativa é a explicação contida em postagem de André Luiz Coelho (*Habermas:* a tensão entre facticidade e validade. Disponível em: <http://aquitemfilosofiasim.blogspot.com/2007/11/habermas-tenso-entre-facticidade-e.html> Acesso em: 10.1.2012): "Habermas diz que o direito só pode ser compreendido a partir da noção de uma 'tensão entre facticidade e validade'. 'Facticidade' seria o plano dos fatos, das coisas como elas são e funcionam, a dimensão do êxito real, cega para questões de certo/errado. 'Validade' seria o plano dos ideais, das normas que se reconhecem como corretas e que justificam as ações, dos valores que se reconhecem como importantes e que justificam as escolhas, das utopias que se reconhecem como inspiradoras e justificam as instituições existentes e das esperanças que se reconhecem como necessárias e que justificam seguir em frente apesar de todos os desapontamentos. Pois bem, concebido apenas em termos de facticidade (como

do conceito seria mantido, renunciando-se, apenas e em parte, a seu matiz positivista, dado que a pretensão de correção no âmbito da razão discursiva permite, ademais, o argumento moral devidamente justificado[166].

O respaldo na teoria discursiva poderia, a seu turno, partir da definição de Habermas, a saber:

> [...] a teoria do discurso explica a legitimidade do direito com o auxílio de processos e pressupostos da comunicação — que são institucionalizados juridicamente — os quais permitem levantar a suposição de que os processos de criação e de aplicação do direito levam a resultados racionais. Do ponto de vista do conteúdo, as normas emitidas pelo legislador político e os direitos reconhecidos pela justiça são racionais pelo fato de os destinatários serem tratados como membros livres e iguais de uma comunidade de sujeitos de direito, ou seja, em síntese: sua racionalidade resulta do tratamento igual das pessoas jurídicas protegidas em sua integridade.[167]

---

teriam feito o positivismo jurídico e o realismo jurídico), o direito não consegue justificar sua obrigatoriedade e, por conseguinte, explicar sua legitimidade ao longo do tempo. Concebido apenas em termos de validade (como teria feito a escola do direito natural), o direito perde seu contato e seu engajamento com o mundo concreto dos fatos, das ações e dos interesses e se torna uma retórica vazia sobre bem e justiça, que não é capaz de coordenar realística e eficazmente as relações em sociedade. Dessa forma, o verdadeiro lugar do direito é entre os planos da facticidade e da validade, como um 'médium' (elo, canal, ponte) entre os dois, tornando a facticidade válida o bastante para ser obrigatória e aceitável, e a validade factual o bastante para ser viável e concretizável ao longo do tempo".

(166) Segundo ALEXY. *Constitucionalismo discursivo*, p. 9, nos limites de um conceito positivista, o direito se compõe exclusivamente dos feitos sociais da sua decretação e de sua eficácia. A concepção de direito não positivista adicionados a essa dimensão real ou fática a dimensão ideal ou discursiva da correção. O elemento central da correção é, em *primeiro grau*, a justiça. Dessa forma, se produz uma necessária união entre o direito e a moral. O argumento principal para essa união entre direito e moral é a tese de que o direito, necessariamente, levanta uma pretensão de correção. Por sua vez, a alegação de correção envolve uma pretensão de *fundamentalidade* e, assim, se alcança o *segundo grau* do argumento para o constitucionalismo discursivo, que é concebido na teoria do discurso como uma teoria da justificação das normas. A teoria do discurso, como uma forma intermediária entre as teorias puramente objetivistas e aquelas puramente subjetivistas, inclui necessariamente um problema de cognição, que se pode ser solucionado no *terceiro grau* do argumento para o constitucionalismo discursivo, somente por procedimentos regulados juridicamente que assegurem uma decisão ao seu término. O problema da cognição fundamenta a necessidade do Direito, porém, não é atingido o ponto ideal do discurso racional, pois a pretensão de correção, quando unida ao Direito, exige a interação entre o positivo (real) e o correto (ideal), que dá origem ao quarto grau: o estado constitucional democrático.

(167) *Op. cit.*, v. II, p. 153. Diferente do que normalmente se diz, e também do que pensa o autor deste estudo, Alexy defende, em *Constitucionalismo discursivo*, p. 27, que o princípio do discurso levantado por Habermas tem base em Kant, que em *Metafísica dos Costumes* havia dito: "Portanto, pode somente a vontade, concordante e unida, de todos, contando que cada um decida sobre todos e todos sobre cada um o mesmo, portanto, somente a vontade popular, universalmente unida, ser dadora de lei".

Quando imagina uma "situação ideal de discurso" na qual todos os oradores são iguais e em que a norma proveniente do consenso é aceita por um e por todos, e quando sustenta que "válidas são aquelas normas (e somente aquelas normas) a que todos que possam ver-se afetados por elas possam prestar seu assentimento como participantes em discursos racionais", Habermas evidentemente formula uma regra quase inacessível que, segundo Alexy, *define más bien un ideal do que um criterio fijo*[168].

Habermas parece estar de acordo quando diz que essa perfeita interação social, sobre uma base tão insegura como são os processos de entendimento, é em geral possível em grupos pequenos e relativamente indiferenciados, mas "o espaço para o risco de dissentimento que representam os posicionamentos de afirmação ou negação frente a pretensões de validez susceptíveis de crítica crescem no curso da evolução social". E completa:

> Quanto maior for a complexidade da sociedade e quanto mais se ampliar a perspectiva restringida etnocentricamente, tanto maior será a pluralização de formas de vida e a individualização de histórias de vida, as quais inibem as zonas de sobreposição ou de convergência de convicções que se encontram na base do mundo da vida [...].[169]

A idealidade da situação comunicativa, cogitada por Habermas, não pode, ademais, ser um embaraço à idoneidade da razão discursiva. Os tratados de filosofia política ou jurídica não existiriam sem os valiosos aportes de Hobbes, Rousseau e Kant, que não concebiam o contrato social como um fato histórico, senão como um pacto ideal por meio do qual o estado de natureza se converteu em sociedade civil[170]. Também de idealidade, ou de normas ideais, tratavam Kelsen e Hart quando mencionavam, respectivamente, a norma hipotética fundamental e a regra de reconhecimento. E se é verdade, como acabamos de ver, que os filósofos jusnaturalistas ou positivistas, sem distinção, sempre se valeram da idealidade para permitir que avançássemos na compreensão da política e do Direito, vem ao caso reproduzir as pertinentes observações de Alexy:

> Tudo isso, contudo, não é suficiente para desvalorizar o conceito do discurso ideal. A ideia de discurso ideal é uma ideia regulativa sempre presente em discursos reais. Como ideia regulativa, ela expressa seu objetivo ou ponto final. Discursos práticos reais são definidos pelo fato de neles, sob as condições de tempo limitado, de participação limitada, [...] capacidade limitada para a troca de papeis e liberdade

(168) ALEXY, R. *Teoria da argumentação jurídica*. São Paulo: Landy, 2001. p. 102.
(169) HABERMAS. *Op. cit.*, v. I, p. 44.
(170) *Vid.* BOBBIO. *Direito e estado no pensamento de Emannuel Kant*, p. 37, 126 e ss.

de pré-juízos limitada, ser procurada a resposta para uma questão prática. Apesar dessas limitações, o discurso real está enlaçado conceitualmente com o ideal. Quem tenta convencer um oponente com argumentos, pressupõe que este, sob condições ideais, deveria aprovar.(171)

Antepondo-se a eventual crítica, Habermas esclarece que "a estrutura possível do discurso é tal que nós, ao executarmos um ato de discurso, contrariando os fatos, nos comportamos como se a situação de discurso ideal não fosse uma ficção, senão uma realidade presente — a que denominamos *rebaixamento*". E aduz que a antecipação da conquista de uma situação ideal...

> ...é uma garantia de que podemos com um consenso fático realmente alcançado, ter a afirmação de que se trata de um consenso razoável; ao mesmo tempo, apresenta um padrão crítico para questioná-lo e examinar se o verdadeiro consenso é indicação suficiente para um consenso bem justificado. (172)

A situação comunicativa ideal não é uma realidade alcançável em nossa sociedade complexa e plural, mas uma meta para cujo alcance se podem estabelecer regras de igualdade e participação que conduzem a um consenso razoável. A validade da regra é tão mais acentuada quanto maior for a atenção a esse modelo discursivo de racionalidade, gerando, supostamente, uma *expectativa de legitimidade*(173). Enquanto a razão prática tem por meta a motivação e a direção da vontade, a razão comunicativa emana da ação justificada pelo interlocutor e orientada ao entendimento, referindo-se somente a convicções e ideias, ou seja, a manifestações susceptíveis de crítica(174). A razão comunicativa idealiza, portanto, uma auspiciosa combinação de assentimento com legitimidade, ou uma aproximação, no plano teórico, entre facticidade e validade.

Ferrajoli, apesar de defender as constituições democráticas no plano da filosofia política, recusa a ideia ético-constitucionalista de Habermas — que identifica na constituição, enquanto tal, o fundamento da legitimidade moral — pois, a seu entender, de uma constituição, pela ausência de normas jurídicas de grau hierárquico superior, não é predicável nem a validade nem a invalidade, senão a vigência e, sobre a base de nossas particulares e diversas valorações políticas e morais, a justiça ou a injustiça, ou ainda um grau mais ou menos alto

---

(171) ALEXY. *Constitucionalismo discursivo*, p. 28.
(172) *Apud* ALEXY. *Teoria da argumentação jurídica*, p. 106.
(173) Cf. HABERMAS. *Op. cit.*, p. 95.
(174) Cf. HABERMAS. *Op. cit.*, p. 66.

de uma ou de outra. Insiste enfim que "o paradigma constitucional é somente um paradigma formal"[175].

Vale a pena nos determos no plano formal, com o fim de nos sintonizarmos com a crítica de Ferrajoli. E volvemos então a Habermas, para indagar se existe, na teoria do discurso, uma possível mescla entre direito e moral. No capítulo dedicado à relação entre direito e moral de *Facticidade e Validade*[176], Habermas considera que "no nível de fundamentação pós-metafísico, tanto as regras morais como as jurídicas diferenciam-se da eticidade tradicional, colocando-se como dois tipos diferentes de normas de ação, que surgem *lado a lado*, completando-se". E explica:

> O direito positivo, através dos componentes de legitimidade da validade jurídica, o direito adquire uma relação com a moral. Entretanto, esta relação não deve levar-nos a subordinar o direito à moral, no sentido de uma hierarquia de normas. A ideia de que existe uma hierarquia de leis faz parte do mundo pré-moderno do direito. A moral autônoma e o direito positivo, que depende de fundamentação, encontram-se numa *relação de complementação* recíproca.[177]

Direito e moral se complementam sem que se fundam em um só espaço normativo. Seja naturalista ou positivista a concepção do teórico que enfrente tal questão, decerto admitirá que "é certo que as questões morais e jurídicas referem-se aos mesmos problemas: como é possível ordenar legitimamente relações interpessoais e coordenar entre si ações servindo-se de normas justificadas? Como é possível solucionar consensualmente conflitos de ação na base de regras e princípios normativos reconhecidos intersubjetivamente?"[178].

A ideia de relação complementar tem base empírica e renega a ideia platônica de uma espécie de relação de cópia ou sobreposição entre direito e moral. Habermas o disse, concluindo:

> Por isso, não podemos interpretar os direitos fundamentais que aparecem na figura positiva de normas constitucionais, como simples cópias de direitos morais e nem a autonomia política como simples cópias de direitos morais, nem a autonomia política como simples cópia da moral. Isso é devido ao fato de que normas de ação gerais se ramificam em regras morais e jurídicas.[179]

(175) FERRAJOLI. *Garantismo*, p. 29/30.
(176) *Op. cit.*, p. 139,
(177) *Op. cit.*, p. 141,
(178) HABERMAS. *Op. cit.*, p. 141.
(179) HABERMAS. *Op. cit.*, p. 141/142.

Em princípio, as liberdades subjetivas que dão o sentido primário aos direitos fundamentais garantiriam uma autonomia privada que poderia também descrever-se como uma liberação das obrigações que respeitam à própria liberdade comunicativa, a qual somente acontece entre autores que, em atitude *realizativa*, querem entender-se entre si sobre algo e esperam, uns dos outros, algum posicionamento frente às pretensões de validade que entabulam entre si. A obrigação principal dessa liberdade comunicativa é a justificação da pretensão apresentada(180).

A exigência de justificação se impõe ao argumento, especialmente na argumentação jurídica, voltada ao alcance da sintonia ideal entre direito e justiça. Nos limites da concepção formal da argumentação, preponderava a lógica dedutiva, o raciocínio puramente silogístico. A lógica formal não se interessava, como sublinha Atienza, pelo "estudo das premissas ou da conclusão considerados como enunciados que podem ser verdadeiros ou falsos [...]; tampouco pelo efeito que se trata de obter com a argumentação: persuadir o outro, sair ganhador em um debate etc. Interessava-se pelo passo das premissas à conclusão, pela relação de inferência"(181). Em linguagem lógica, a tradicional regra *modus ponens* era, portanto, de fácil representação: se (*p* é *q*) e (*a* é *p*), seria uma conclusão verdadeira dizer que (*a* é *q*).

Contudo, no âmbito da lógica deôntica os enunciados incorporam um vocabulário diferente (a saber: os operadores *obrigatório*, *proibido* e *permitido*) que impede que sejam qualificados, simplesmente, como enunciados verdadeiros ou falsos(182). A premissa maior, por exemplo, pode ser um princípio que implica ponderação frente a outros princípios, ou uma regra que exigiria não apenas a subsunção de fatos, mas também a fundamentação no conteúdo substancial da norma constitucional. Quanto à premissa menor, o fato constitutivo do direito pode concorrer com outros que o modifiquem o resultado do silogismo. Se é verdade que o termo *formal* tem o sentido de *abstrato*, é certo que a lógica formal não se aplica à argumentação jurídica, pois resultará eventualmente inválida a con-clusão que não tome em conta alguns aspectos da realidade e não considere contextos *intencionais*(183).

---

(180) Cf. HABERMAS. *Op. cit.*, p. 185.

(181) ATIENZA. *El derecho como argumentación*, p. 110.

(182) *Vid.* ATIENZA. *Op. cit.*, p. 109/133.

(183) Acerca da distinção entre a lógica *extensional* e a lógica *intencional*, Atienza (*op. cit.*, p. 117) esclarece que "la lógica formal estándar se dice que es extensional en el sentido de que sus reglas permiten sustituir una expresión por otra que tenga la misma extensión, sin preocuparse por su intención. Pero hay términos" (entre eles os fatores deônticos *obrigatório*, *proibido* e *permitido*) "que crean contextos intencionales, en los cuales la sustitución de un término por otro con la misma extensión puede hacer que cambie el valor de verdad de la frase; por ejemplo, '12 es mayor que 10' tiene lugar en un contexto extensional, es decir, el significado de la frase no cambia cuando el término '12' lo sustituimos por un término con la misma extensión: 'el número de magistrados del Tribunal constitucional

A argumentação jurídica permite que o Direito seja concebido como prática social, mais assim que como um sistema hierarquizado de normas. Com vistas a atender à instância da legitimidade que deriva da interlocução em situação comunicativa ideal, inclusive no tocante à configuração dos direitos fundamentais, ou a impedir que a autolegislação dos cidadãos se reduza à autolegislação moral de pessoas particulares, Habermas propôs um princípio de discurso que, sendo indiferente à moral e ao direito, adota um modelo *democrático* de igualdade e participação. A ideia decisiva é que o princípio democrático se deve ao entrelaçamento entre o princípio do discurso, que assegura legitimidade, com a forma jurídica, que estabiliza expectativas sociais de comportamento[(184)].

Seguindo essa linha, que se desenvolve desde a necessidade de liberdade comunicativa até a garantia de condições materiais que objetivamente permitam a ação locucionária, Habermas[(185)] se refere a meios que bastariam para introduzir *in abstracto* três categorias de direitos fundamentais:

> a) Direitos fundamentais que resultam da configuração politicamente autônoma do direito a maior medida possível de iguais liberdades subjetivas de ação.
>
> Esses direitos exigem como correlatos necessários:
>
> b) Direitos fundamentais que resultam da configuração politicamente autônoma do *status* de um membro numa associação voluntária de parceiros do direito;
>
> c) Direitos fundamentais que resultam imediatamente da *possibilidade de postulação judicial* de direitos e da configuração politicamente autônoma da proteção jurídica individual.

Esclarecendo que essas três categorias de direitos resultam da própria adoção da teoria do discurso ao meio que representa o direito e, ademais, que elas nada fazem senão regular as relações que entabulam ou guardam entre si os cidadãos que se oferecem livremente à interlocução, assegurando somente a autonomia *privada* de sujeitos jurídicos — enquanto destinatários de leis que se outorgam assim um *status* em virtude do qual podem reclamar direitos e fazê-los valer uns frente aos outros —, Habermas avança para explicar o passo seguinte, em que os

---

español'; sin embargo, no ocurre lo mismo con '12 es *necesariamente* mayor que 10', ya que la frase 'el número de magistrados del Tribunal constitucional español es necesariamente mayor que 10' no parece ser verdadero, pues no es imposible que se produzca, en algún momento, una reforma modificando ese número". É importante assinalar que *necesariamente* é um termo de caráter modal (como são *posible* o *imposible*) que cria contexto intencional.

(184) Cf. HABERMAS. *Op. cit.*, p. 187.

(185) *Op. cit.*, p. 159.

sujeitos jurídicos adquirem também o papel de autores de sua ordem jurídica mediante:

> d) direitos fundamentais que respeitam à participação com igualdade de oportunidades em processos de formação de opinião e exercício de vontade comuns, por meio dos quais os cidadãos exerçam sua *autonomia política* e estabeleçam direito legítimo.

Os direitos políticos assim situados emprestam fundamento ao *status* de cidadãos livres e iguais, que é autorreferencial enquanto possibilita aos cidadãos modificar sua posição jurídica material com os fins de interpretar, desenvolver e configurar mediante tal modificação sua autonomia privada e, nessa esteira, sua autonomia política. Para atender a esses fins, os direitos mencionados *implicam* finalmente:

> e) direitos fundamentais aos quais se garantam condições de vida que se revelem social, técnica e ecologicamente asseguradas na medida em que isso for importante em cada caso para um desfrute em termos de igualdade de oportunidades dos direitos civis antes mencionados.

A defesa de um ponto de vista formal não se esgotaria, portanto, na afirmação, como quer Ferrajoli, de que o conceito de direito fundamental deve restringir-se somente à universalidade do direito assim encapsulado, senão que pode exigir-se seja essa categorização antecedida pela obediência ao princípio do discurso — preconizado por Habermas ou por alguma teoria de argumentação que proveja conteúdos idealmente democráticos(186). Do contrário, é possível afirmar, com Prieto Sanchís, que:

> [...] o extraordinário poder de censura que o garantismo deposita sobre os juízes quer fazer-se suportável através de uma visão cognitivista da interpretação, na qual o juiz está chamado a constatar e, em escassa medida, a escolher, valorar ou decidir. As cláusulas materiais da constituição e em especial os direitos não convidam o juiz garantista a ponderar pesos e proporcionalidade relativas, nem a realizar juízes consequencialistas; convidam-no simplesmente a subsumir. A lei e os pactos privados limitam nossa liberdade natural, e aqui nada há que discutir. Por sua vez, a lei e os pactos vêm submetidos à barreira infranqueável e "evidente" dos direitos constitucionalizados, e parece que novamente aqui nada há a discutir. Enfim, os direitos se formulam como mônadas isoladas cujos contornos

---

(186) Em *El derecho como argumentación*, p. 61, Atienza aponta que "el derecho no puede, naturalmente, reducirse a argumentación, pero el enfoque argumentativo del Derecho puede contribuir de manera decisiva a una mejor teoría y a una mejor práctica jurídica".

aparecem perfeitamente delimitados desde o seu enunciado constitucional, e bastaria aplicá-los aos distintos supostos de fato.[187]

Ainda com apoio na crítica de Prieto Sanchís, sobreleva a sua observação de que Ferrajoli se afasta claramente das formulações constitucionalistas mais disseminadas quanto à teoria da argumentação: "Esta sói apresentar-se como uma das mais felizes descobertas do constitucionalismo e, sem embargo, não se encontram rastros dela no garantismo"[188].

4.3. Os direitos fundamentais sem garantia explícita — antinomias e lacunas do sistema constitucional. O problema da eficácia direta e imediata dos direitos fundamentais

Está dito que o garantismo implica uma dupla sujeição das demais normas à norma constitucional, pois afeta tanto à dimensão (formal) da vigência como à dimensão (substancial) da validade. Segundo Ferrajoli, "todos os direitos fundamentais [...] equivalem a vínculos de substância e não de forma, que condicionam a validade substancial das normas produzidas e expressam, ao mesmo tempo, os fins a que está orientada essa moderna construção que é o Estado constitucional de direito"[189].

Adiante, o mesmo autor sinala que "os direitos fundamentais, precisamente porque estão igualmente garantidos para todos e subtraídos à disponibilidade do mercado e da política, forma a *esfera de lo indecidible que no*; e atuam como fatores não somente de legitimação senão também, e sobretudo, como fatores de deslegitimação das decisões e das não decisões"[190].

A bem dizer, esse sistema de direitos fundamentais deveria aspirar à dignidade dos sistemas ideais, o que implica o máximo de consistência (ausência de contradições) e coerência (convergência de princípios com vistas à perfeição)[191]. De modo semelhante, Bobbio sustenta que os problemas do ordenamento jurídico são a busca da unidade (atenção à hierarquia entre normas), da coerência (que relaciona com a ausência de antinomias ou contradições internas) e da plenitude (ausência de lacunas)[192].

---

(187) SANCHÍS, Prieto. *Constitucionalismo y garantismo,* p. 53.
(188) *Op. cit.,* p. 54.
(189) FERRAJOLI. *Derechos y garantias*, p. 22.
(190) *Op. cit.,* p. 24.
(191) *Vid.* ALEXY. *Constitucionalismo discursivo*, p. 14.
(192) BOBBIO. *Teoria do ordenamento jurídico, passim.*

A plenitude do ordenamento é visto apenas como regra geral, pois as regras de direito processual regulam, não por acaso, os meios de colmatar lacunas[193]. Em rigor, a eliminação dos vícios da *incoerência* e da *falta de plenitude* não seria possível, dado que o Estado Constitucional de Direito "é por sua natureza imperfeito, resultando impensável, em vista do fundamento nomodinâmico de vigência das normas, uma perfeita coerência e plenitude do sistema em seus diversos níveis"[194]. De todo modo, se resvalamos conscientemente para uma concepção substancial de democracia — garantia, por sua vez, dos direitos fundamentais a partir da norma constitucional — surge enfim o bônus mais significativo do garantismo:

> [...] os vícios da incoerência e da falta de plenitude, embora sejam irredutíveis além de certos limites, dentro desses limites podem ser reduzidos mediante o uso das adequadas *garantias*. As garantias não são outra coisa que as técnicas previstas pelo ordenamento para reduzir a distância estrutural entre normatividade e efetividade, e, portanto, para possibilitar a máxima eficácia dos direitos fundamentais em consonância com sua estipulação constitucional.
>
> [...]
>
> Com efeito, a sujeição do juiz à lei não é, como no velho paradigma positivista, sujeição à letra da lei, qualquer que seja seu significado, senão sujeição à lei enquanto válida, ou seja, coerente com a Constituição.
>
> [...]
>
> Nessa sujeição do juiz à Constituição, e, em consequência, em seu papel de garante dos direitos fundamentais constitucionalmente estabelecidos, está o principal fundamento atual da legitimação da jurisdição e da independência do poder judiciário frente aos demais poderes, legislativo e executivo, ainda que sejam — ou precisamente

(193) No Brasil, o art. 4º da Lei de Introdução às Normas do Direito Brasileiro e o art. 126 do Código de Processo Civil preveem que o juiz deve recorrer à analogia, aos costumes e aos princípios gerais do direito na ausência das leis. De acordo com Francisco Javier Ezquiaga Ganuzas, em *La argumentación en la justicia constitucional española*, p. 35, "en el derecho español el art. 1.7 del CC impone a los jueces y tribunales 'el deber inexcusable de resolver en todo caso los asuntos de que conozcan, ateniéndose al sistema de fuentes establecido' y el art. 357 del CP señala la pena de suspensión para el juez que 'se negare a juzgar, so pretexto de oscuridad, insuficiencia o silencio de la Ley'. De la combinación de ambos artículos, similares a los existentes en otros ordenamientos, se han extraído argumentos tanto para mantener la plenitud del ordenamiento como para mantener la existencia inevitable de lagunas en cualquier sistema jurídico". O autor se refere ainda a disposições semelhantes nos ordenamentos da Bélgica, Alemanha e Polônia.

(194) FERRAJOLI. *Derechos y garantías,* p. 24.

porque o são — poderes de maioria. Precisamente porque os direitos fundamentais sobre os quais se assenta a democracia substancial estão garantidos a todos e a cada um de maneira incondicional, inclusive contra a maioria, e servem para fundar, melhor que o velho dogma positivista da sujeição à lei, a independência do poder judicial.(195)

É possível afirmar, ainda, que a tutela judicial efetiva dos direitos sociais seria, ela própria, um direito fundamental cuja efetividade deveria estar sempre garan-tida pela imunização do autor da ação judicial contra eventual represália da parte acionada: a garantia de indenidade. E bastaria a universalidade do direito à tutela judicial e seu caráter democrático para defender-se a adoção dessa garantia em qualquer país que leve em consideração o conteúdo substancial e institucional da Constituição.

Mas há dois componentes dessa questão — a saber, a aplicação no Brasil e em outros Estados Democráticos de Direito da garantia de indenidade — que não podem ser olvidados: a *eficácia direta da garantia constitucional não expressa* e a *horizontalidade dos direitos fundamentais*.

Da eficácia horizontal (em rigor, eficácia *inter privatos*) se tratará no capítulo seguinte. Sobre a eficácia direta da garantia constitucional implícita, parece pertinente afirmar, recorrendo uma vez mais a Ferrajoli, que "o reconhecimento de lacunas e garantias equivale ao reconhecimento de um descumprimento jurídico, que permite fundar um juízo acerca da ilegitimidade tanto jurídica como política, que somente se resolve com a aplicação das normas violadas por meio da eliminação das lacunas e, quando possível, por meio da criação dos *mecanismos* ausentes, para completá-las"(196).

Em igual sentido, Cámara Villar, López Aguilar, Ballaguer Callejón e Montilla Martos sublinham que "os direitos fundamentais são a origem imediata de direitos e obrigações e não meros princípios programáticos", afirmando em seguida que "a eficácia constitucional dos direitos tem, do mesmo modo, uma projeção mediata" dado que "com seu reconhecimento e proteção não somente se cuida de garantir o respeito dos poderes públicos aos direitos fundamentais, senão também de funcionalizá-los ao máximo, isto é, de conseguir sua plena efetividade, para o que a ação dos poderes públicos deve estar orientada a fazê-la possível"(197). Os citados constitucionalistas espanhóis remetem ao fragmento da sentença paradigmática do Tribunal Constitucional espanhol (STC n. 53/1985):

> [...] da obrigação de se submeterem todos os poderes à Constituição não somente se deduz a obrigação negativa do Estado de não lesionar

(195) FERRAJOLI. *Derechos y garantías,* p. 25/26.
(196) FERRAJOLI. *Garantismo,* p. 56.
(197) VILLAR, Cámara *et al. Manual de derecho constitucional*, v. II, p. 59/60.

a esfera individual ou institucional protegida pelos direitos fundamentais, senão também a obrigação positiva de contribuir para a efetividade de tais direitos, e dos valores que representam, ainda quando não exista uma pretensão subjetiva por parte do cidadão. Isso obriga especialmente ao legislador, que recebe dos direitos fundamentais os impulsos e as linhas diretivas, obrigação que adquire especial relevância ali onde um direito ou valor fundamental quedaria vazio se não estabelecidos os mecanismos para sua defesa.[(198)]

Não bastassem as lacunas típicas (quando se nota uma falta de prescrição pelo constituinte ou pelo legislador ordinário), as quais são solucionadas por métodos de heterointegração[(199)] ou autointegração[(200)], o problema de mais difícil solução talvez seja o que respeita às *lacunas técnicas*, sobretudo aquelas que ocorrem quando o legislador não desenvolve uma previsão constitucional ou legal[(201)].

Em tal hipótese de lacuna técnica, o Tribunal Constitucional espanhol não nega a efetividade do dispositivo (*no desarrollado*), mas adota a alternativa de

---

(198) No original: "[...] de la obligación del sometimiento de todos los poderes a la Constitución no solamente se deduce la obligación negativa del Estado de no lesionar la esfera individual o institucional protegida por los derechos fundamentales, sino también la obligación positiva de contribuir a la efectividad de tales derechos, y de los valores que representan, aun cuando no exista una pretensión subjetiva por parte del ciudadano. Ello obliga especialmente al legislador, quien recibe de los derechos fundamentales los impulsos y las líneas directivas, obligación que adquiere especial relevancia allí donde un derecho o valor fundamental quedaría vacío de no establecerse los supuestos para su defensa".

(199) Com base na Teoría del Ordenamiento Jurídico escrita por Bobbio, Ezquiaga Ganuzas (*op. cit.*, p. 44), explica que a heterointegração consiste em solucionar as lacunas usando uma ordem diferente daquela em vigor ou a uma fonte distinta da dominante, isto é, a lei. O autor deixa claro que o Tribunal Constitucional espanhol recorreu às duas formas de heterointegração para preencher as lacunas que reconheceu, acrescentando que "el Tribunal ha realizado un uso amplio tanto de la historia como del Derecho comparado, como método de interpretación y como medio de solución de lagunas. De las fuentes distintas de la ley a las que un Tribunal puede recurrir como método de heterointegración del ordenamiento, el TC ha utilizado prácticamente sólo la opinión de los juristas, es decir la doctrina. Es raro que la doctrina por si misma sea argumento suficiente para llenar una laguna. Sin embargo, frente a un vacío legal, el TC ha buscado en la doctrina indicaciones para llenarlo, aunque [...] no siempre con éxito".

(200) Según Ezquiaga Ganuzas (*op. cit.*, p. 45), "la autointegración consiste en solucionar las lagunas que se reconozcan sin salir del propio ordenamiento a través de distintos métodos: los principios generales del derecho, la interpretación sistemática y el argumento *a fortiori*". El autor cita la sentencia STC n. 110/1984 como ejemplo en lo que el TC decidió con base en el argumento *a fortiori*: la Constitución reconocía el secreto profesional como el derecho de no declarar sobre hechos presuntamente delictivos antes los tribunales y el TC entendió que *a fortiori* tampoco existe el deber de declarar a la Administración sobre esos hechos.

(201) Sem relação com o nosso tema, Ezquiaga Ganuzas (*op. cit.*, p. 41) se refere também às lacunas técnicas que acontecem quando o Poder Judiciário declarou com efeito *erga omnes* a inconstitucionalidade de uma regulação e esta foi adaptada ou substituída pelo legislador.

substituir a inatividade do legislador por meio da interpretação, com o que assume, de algum modo, o papel de legislador[202]. Como aponta a autora argentina Claudia Beatriz Sbdar, um *princípio de constitucionalidade* poderia ser extraído do art. 53.1 da Constituição da Espanha, que prescreve: "Los derechos y libertades reconocidos en el Capítulo segundo del presente Título vinculan a todos los poderes públicos. Sólo por ley, que en todo caso deberá respetar su contenido esencial, podrá regularse el ejercicio de tales derechos y libertades [...]".

Interpretando o citado preceito, no precedente STC n. 15/1982, o Tribunal Constitucional espanhol afirma que "não é senão uma confirmação do princípio de sua aplicabilidade imediata que não terá outras exceções além daqueles casos nos quais o imponha a própria Constituição ou nos quais a natureza mesma da norma impeça considerá-la diretamente aplicável"[203]. Ou, como elucida Claudia Beatriz Sbdar, supõe-se que:

> [...] a inexistência de normas legais que desenvolvam um direito constitucionalmente reconhecido não deve impedir sua efetiva vigência, de modo que, frente à inatividade do legislador, os direitos fundamentais são, por igual, imediatamente exercitáveis. Em outras palavras, os juízes podem aplicar diretamente a norma constitucional, na ausência de lei que a regulamente (*ley de desarrollo*), para decidir acerca da possível lesão do direito fundamental.[204]

Adiante, Claudia Beatriz Sbdar volve ao tema da efetividade quando menciona o conteúdo essencial dos direitos fundamentais:

> O art. 53.1 impõe ao legislador o dever de respeitar o conteúdo essencial dos direitos fundamentais, o que constitui uma garantia diferente da direta aplicação. O legislador não pode desvirtuar o conteúdo material dos preceitos constitucionais que reconhecem esses direitos.
>
> A delimitação desse núcleo imodificável aponta a possibilidade do exercício efetivo do direito, de modo que se a regulamentação do direito fundamental pela ação legislativa gera a impossibilidade material de exercê-lo, significa que o legislador não haveria respeitado o conteúdo essencial do direito fundamental que a norma do art.

---

(202) Cf. GANUZAS, Ezquiaga. *Op. cit.*, p. 41. O autor cita os precedentes STC ns. 79/1983, STC 67/1982 e STC n. 36/1982.

(203) No original: "no es sino una confirmación del principio de su aplicabilidad inmediata que no tendrá más excepciones que aquellos casos en que lo imponga la propia Constitución o en que la naturaleza misma de la norma impida considerarla directamente aplicable" (STC n. 15/1982).

(204) SBDAR, C. Beatriz. *Amparo de derechos constitucionales.* Buenos Aires: Ciudad Argentina, 2003. p. 253.

53.1 lhe impõe. Cabe acrescer que todas as instituições correspondentes aos poderes estatais hão de mover-se respeitando o conteúdo essencial de tais direitos.(205)

Igual ao que sucede na Espanha, a jurisprudência no Brasil segue a orientação contida no art. 5º, § 1º, da Constituição brasileira, que prediz com clareza: "As normas definidoras dos direitos e garantias fundamentais têm aplicação imediata"(206). Não basta afirmar que os direitos e garantias fundamentais são de eficácia direta e imediata, é preciso assegurar que assim também deve suceder nas hipóteses em que a regulamentação da garantia dependeria de intervenção do legislador e ele se omite. A Constituição brasileira de 1988 tem solução explícita para esses casos, como se pode extrair do inciso LXXI do mesmo art. 5º:

> conceder-se-á mandado de injunção sempre que a falta de norma regulamentadora torne inviável o exercício dos direitos e liberdades constitucionais e das prerrogativas inerentes à nacionalidade, à soberania e à cidadania.

Em um primeiro momento, o Supremo Tribunal Federal entendeu que os demandantes de mandados de injunção obteriam, quando bem sucedidos, somente a declaração de mora legislativa e a notificação ao Poder Legislativo de que deveria providenciar a lei reguladora do direito fundamental(207). O Tribunal não normatizava, mas apenas declarava que o Legislativo incorria em omissão(208).

Mas o STF, talvez em razão de mudança em sua composição, modificou sua compreensão sobre o alcance do mandado de injunção e, a propósito da normatização da greve dos funcionários públicos(209), decidiu que além de declarar a omissão legislativa deveria adotar a lei que rege a greve dos empregados de empresas privadas enquanto o Legislativo não regulasse o art. 37, VII, da Constituição, que dita a favor dos funcionários do Estado: "o direito de greve será exercido nos termos e nos limites definidos em lei específica". Em 25 de outubro de 2007 o sítio virtual do STF informou a mudança de perspectiva vivenciada por aquela Corte a propósito da utilidade(210) do mandado de injunção

---

(205) *Op. cit.*, p. 254.

(206) Confirmando a eficácia direta dos direitos fundamentais: STF, Ext 986/BO, Min. Eros Grau, DJ 5.10.2007, p. 21.

(207) STF, MI n. 485/MT, Relator (para o acórdão) Min. Gilmar Mendes, DJ 23.8.2002, p. 71.

(208) STF, MI n. 585/TO, Rel. Min. Ilmar Galvão, DJ 2.8.2002, p. 59; STF, MI n. 611/SP, Rel. Min. Sydney Sanches, DJ 29.11.2002, p. 18; STF, MI n. 695/MA, Rel. Min. Sepúlveda Pertence, DJ 30.4.2007, p. 87.

(209) STF, MI n. 485/MT, Rel. Min. Maurício Corrêa, DJ 23.8.2002, p. 71.

(210) A notícia relatou o julgamento dos *Mandados de Injunção* ns. 670, 708 e 712, contendo ainda fragmento do voto do Min. Celso de Melo, que afirmava: "não mais se pode tolerar, sob pena de fraudar-se a vontade da Constituição, esse estado de continuada, inaceitável, irrazoável e abusiva inércia do Congresso Nacional, cuja omissão, além de lesiva ao direito dos servidores públicos civis — a quem se vem negando, arbitrariamente, o exercício do direito de greve, já assegurado pelo texto

e, ao ementar o MI n. 670/ES, o relator designado para o acórdão, Ministro Gilmar Mendes, indica precedentes nos quais o STF já havia admitido soluções normativas para casos de omissão legislativa(211). Em seguida, e no fragmento de interesse, a mesma ementa consagra:

> [...] 4.1. A disciplina do direito de greve para os trabalhadores em geral, quanto às "atividades essenciais", é especificamente delineada nos arts. 9º a 11 da Lei n. 7.783/1989. Na hipótese de aplicação dessa legislação geral ao caso específico do direito de greve dos servidores públicos, antes de tudo, afigura-se inegável o conflito existente entre as necessidades mínimas de legislação para o exercício do direito de greve dos servidores públicos civis (CF, art. 9º, *caput*, c/c art. 37, VII), de um lado, e o direito a serviços públicos adequados e prestados de forma contínua a todos os cidadãos (CF, art. 9º, § 1º), de outro. Evidentemente, não se outorgaria ao legislador qualquer poder discricionário quanto à edição, ou não, da lei disciplinadora do direito de greve. O legislador poderia adotar um modelo mais ou menos rígido, mais ou menos restritivo do direito de greve no âmbito do serviço público, mas não poderia deixar de reconhecer direito previamente definido pelo texto da Constituição. Considerada a evolução jurisprudencial do tema perante o STF, em sede do mandado de injunção, não se pode atribuir amplamente ao legislador a última palavra acerca da concessão, ou não, do direito de greve dos servidores públicos civis, sob pena de se esvaziar direito fundamental positivado. Tal premissa, contudo, não impede que, futuramente, o legislador infraconstitucional confira novos contornos acerca da adequada configuração da disciplina desse direito constitucional. 4.2. Considerada a omissão legislativa alegada na espécie, seria o caso de se acolher a pretensão, tão somente no sentido de que se aplique a Lei n. 7.783/1989 enquanto a omissão não for devidamente regulamentada por lei específica para os servidores públicos civis (CF, art. 37, VII). 4.3. Em razão dos imperativos da continuidade dos serviços públicos, contudo, não se pode afastar que, de acordo com as peculiaridades de cada caso concreto e mediante solicitação de entidade ou órgão legítimo, seja facultado ao tribunal competente impor a observância a regime

constitucional —, traduz um incompreensível sentimento de desapreço pela autoridade, pelo valor e pelo alto significado de que se reveste a Constituição da República". Disponível em: <www.stf.gov.br>.

(211) O ministro relator enumera os seguintes precedentes: MI n. 283, Rel. Min. Sepúlveda Pertence, DJ 14.11.1991; MI n. 232/RJ, Rel. Min. Moreira Alves, DJ 27.3.1992; MI n. 284, Rel. Min. Marco Aurélio, Red. para o acórdão Min. Celso de Mello, DJ 26.6.1992; MI n. 543/DF, Rel. Min. Octavio Gallotti, DJ 24.5.2002; MI n. 679/DF, Rel. Min. Celso de Mello, DJ 17.12.2002; e MI n. 562/DF, Rel. Min. Ellen Gracie, DJ 20.6.2003.

de greve mais severo em razão de tratar-se de "serviços ou atividades essenciais", nos termos do regime fixado pelos arts. 9º a 11 da Lei n. 7.783/1989. Isso ocorre porque não se pode deixar de cogitar dos riscos decorrentes das possibilidades de que a regulação dos serviços públicos que tenham características afins a esses "serviços ou atividades essenciais" seja menos severa que a disciplina dispensada aos serviços privados ditos "essenciais". 4.4. O sistema de judicialização do direito de greve dos servidores públicos civis está aberto para que outras atividades sejam submetidas a idêntico regime. Pela complexidade e variedade dos serviços públicos e atividades estratégicas típicas do Estado, há outros serviços públicos, cuja essencialidade não está contemplada pelo rol dos arts. 9º a 11 da Lei n. 7.783/1989. Para os fins desta decisão, a enunciação do regime fixado pelos arts. 9º a 11 da Lei n. 7.783/1989 é apenas exemplificativa (*numerus apertus*).[212]

O mais relevante foi o avanço da jurisprudência constitucional na direção da eficácia imediata dos direitos fundamentais, a ponto de resultar incontrastável o poder de o STF colmatar eventuais lacunas sempre que a omissão legislativa esteja impedindo, na prática, o exercício de um direito fundamental. Em outras palavras, a completa definição do direito fundamental pela Constituição (e leis ordinárias) autoriza a eficácia imediata desse direito e, se omissa a lei reguladora acaso necessária, o Poder Judiciário cria a norma que regerá a situação concreta até que o legislador atue em definitivo.

Com vistas a garantir, por exemplo, a eficácia direta e imediata do direito fundamental previsto na norma constitucional, houve um caso em que o STF atendeu ao pedido do Ministério Público do Estado de São Paulo e ordenou que se assegurasse o direito fundamental de educação, em especial o direito a escola e creches em dado logradouro[213]. Em outro caso, historiado por Virgílio Afonso da Silva[214], o STF estendeu a um empregado brasileiro da Air France um direito que esta assegurava somente a empregados franceses, baseando sua decisão apenas no princípio constitucional da igualdade.

Portanto, a jurisdição constitucional evoluiu suficientemente no Brasil e está apta a garantir plenamente a eficácia dos direitos e garantias fundamentais, previstos na Constituição brasileira. A defesa da adoção da garantia de indenidade no Brasil não haveria, por conseguinte, de causar estranheza.

---

(212) STF, MI n. 670/ES, Min. Maurício Corrêa, j. 25.10.2007, DJe 206, divulgação em 30.10.2008, publicação em 31.10.2008.

(213) STF, RE-AgR n. 410715/SP, Rel. Min. Celso de Mello, DJ 3.2.2006, p. 76.

(214) SILVA, Virgílio Afonso da. *A constitucionalização do direito*, p. 94. O autor se refere ao precedente RE n. 161.243.

4.4. A era do ativismo judicial e sua influência no processo laboral

Ao extenso catálogo de direitos fundamentais oferecidos pelas constituições de nossa época se soma a contribuição do ativismo judicial, especialmente do protagonismo assumido pelos juízes acerca da realização de tais direitos, bem assim dos princípios ou valores constitucionais.

É certo que a experiência nos países que já adotavam a *common law* foi campo fértil para a expansão do ativismo judicial, pois o processo de criação jurisprudencial era ali favorecido. Não por acaso, afirmou Tocqueville, no início do século XIX, que "nos Estados Unidos quase não há questão política que não derive, tarde ou cedo, em questão judicial". As primeiras manifestações de ativismo judicial assumiram inclusive feição conservadora(215).

Com o tempo, observa Pablo Nuevo que "o Tribunal Supremo dos Estados Unidos foi convertido no foro da moral e da política em geral, da cultura em sentido amplo"(216). O articulista recorda a política de nomeações de juízes do presidente Bush como uma estratégia para preservar o conservadorismo da Suprema Corte(217), em crítica que agora poderia ser dirigida à designação pelo presidente Obama da juíza Sonia Sotomayor, possivelmente a primeira magistrada

---

(215) Como disse Luíz Roberto Barroso (*Judicialização, ativismo judicial e legitimidade democrática*, p. 2. Disponível em: <http://www.oab.org.br/oabeditora/users/revista/1235066670174218181901.pdf>), foi na atuação pró-ativa da Suprema Corte que os setores reacionários encontraram amparo para a segregação racial (Dred Scott vs Sanford, 1857) e para a invalidação das leis sociais em geral (Era Lochner, 1905-1937), culminando no confronto entre o presidente Roosevelt e a Corte que resultou na troca da orientação jurisprudencial contrária ao intervencionismo estatal. A situação se inverteu completamente a partir da década de 50, quando a Suprema Corte, presidida por Warren (1953-1969) e nos primeiros anos da Corte Burger (até 1973) produziu jurisprudência progressista em matéria de direitos fundamentais, sobretudo envolvendo o direito de negros (Brown *vs* Board of Education, 1954) acusados no processo criminal (Miranda *vs* Arizona, 1966) e mulheres (Richardson *vs* Frontiero, 1973), assim como no tocante ao direito de privacidade (Griswold *vs* Connecticut, 1965) e de interrupção da gravidez (Roe *vs* Wade, 1973).

(216) Artigo publicado na *American Review* 13.3.2006. Disponível em: <http://www.fundacionburke.org/2006/03/13/stop-al-activismo-judicial-ha-comenzado-la-era-roberts/>.

(217) Sobre a influência do presidente Bush na composição do Tribunal Supremo, ver também o artigo *Activismo Judicial* de José Carlos Rodriguez. Disponível em: <http://www.juandemariana.org/articulo/139/activismo judicial/, no qual se conceitua o ativismo judicial como "la mala práctica de ciertos jueces de retorcer la ley lo que sea necesario hasta hacerla coincidir con su propia ideología". Ele argumenta: "[...] puesto que se necesita una mayoría cualificada, los 55 senadores republicanos de los 100 que componen la Cámara Alta no son suficientes para respaldar las nominaciones de Bush. Su pretensión consisten en llevar al TS jueces conservadores, es decir, que interpreten estrictamente la Constitución en sus propios términos, mientras que los demócratas quieren que los jueces elegidos se guíen por su propia ideología de izquierda más que por lo que diga la Carta Magna. Parte del destino de los Estados Unidos depende del intento de George W. Bush por restablecer el constitucionalismo en el Tribunal Supremo".

de origem hispânica que terá assento na Corte Suprema, sendo inclusive censurada, por alguns, que a tacharam de ser tolerante ao aborto e a outras posições supostamente vanguardistas[(218)].

Entretanto, e independentemente de quais sejam os respectivos modelos de sistema jurídico (*civil law* ou *common law*), também em outros países o fenômeno da normatividade dos princípios constitucionais e o maior prestígio dos direitos fundamentais têm influenciado a jurisprudência no sentido de adotar-se definitivamente o ativismo judicial. Barroso sustenta que:

> Desde o final da Segunda Guerra Mundial verificou-se, na maior parte dos países ocidentais, um avanço da justiça constitucional sobre o espaço da política majoritária, que é aquela feita no âmbito do Legislativo e do Executivo, tendo por combustível o voto popular. Os exemplos são numerosos e inequívocos. No Canadá, a Suprema Corte foi chamada a se manifestar sobre a constitucionalidade de os Estados Unidos fazerem testes com mísseis em solo canadense. Nos Estados Unidos, o último capítulo da eleição presidencial de 2000 foi escrito pela Suprema Corte, no julgamento *Bush vs. Gore*. Em Israel, a Suprema Corte decidiu sobre a compatibilidade, com a Constituição e com atos internacionais, da construção de um muro na fronteira com o território palestino. A Corte Constitucional da Turquia tem desempenhado um papel vital na preservação do Estado laico, protegendo-o do avanço do fundamentalismo islâmico. Na Hungria e na Argentina, planos econômicos de largo alcance tiveram sua validade decidida pelas mais altas Cortes. Na Coréia, a Corte Constitucional restituiu o mandato de um presidente que havia sido destituído por *impeachment*.[(219)]

Nem sempre a expressão "ativismo judicial" é associada à autuação dos direitos fundamentais. Em certas ocasiões, alguns a empregam, por exemplo, para mencionar as decisões que se destinam a "ampliar as garantias processuais aptas à proteção dos direitos, seja mediante novas garantias ou mediante a interpretação ampla das existentes", conforme observam os autores argentinos Reviriego e Blanzaco[(220)]. Ao que parece, a garantia de indenidade, que não se

---

(218) Sobre o tema, v. notícia em *El País*, 13.7.2009. Disponível em: <http://www.elpais.com/articulo/internacional/Sotomayor/avanza/Supremo/EE/UU/elpepuint/20090713elpepuint_12/Tes>.

(219) *Op. cit.*, p. 2.

(220) REVIRIEGO, J. A. *El control de constitucionalidad de oficio*, p. 2. Disponível em: <http://www.derecho.uba.ar/graduados/ponencias/reviriego.pdf>. Por sua vez, Barroso (*op. cit.*), mantém que a postura ativista igualmente se manifesta por meio das seguintes condutas: (i) a aplicação direta da Constituição a situações não expressamente contempladas em seu texto e com independência do que tenha manifestação do legislador ordinário; (ii) a declaração de inconstitucionalidade de atos normativos emanados do legislador, com base em critérios menos rígidos do que aqueles de evidente violação da disposição constitucional; e (iii) a imposição de condutas ou de abstenções ao Poder Público, especialmente no que diz respeito à matéria de políticas públicas.

configura propriamente uma garantia processual, encerra-se, ainda assim, em tais balizas, já que aspira à efetividade sem ser, ao menos no Brasil, uma garantia prevista *expressamente* no texto constitucional.

A afirmação, pelo juiz, de direitos e garantias não explícitos na moldura da lei costuma ser considerada uma intromissão indevida no campo reservado à política, significando uma possível ameaça à soberania dos que dizem o direito baseados na representação popular. Seria a judicialização da política, sem que se atribua a essa expressão um sentido necessariamente pejorativo:

> É importante ressaltar, em primeiro lugar, que esse processo de "judicialização da política" — por mais distintas que sejam as relações entre justiça e política nas democracias contemporâneas — é inseparável da decadência do constitucionalismo liberal, de marca positivista, exclusivamente voltado para a defesa de um sistema fechado de garantias da vida privada. O crescente processo de "juridificação" das diversas esferas da vida social só é compatível com uma filosofia constitucional comprometida com o ideal da igualdade-dignidade humanas e com a participação político-jurídica da comunidade. Em segundo lugar, ainda que o processo de judicialização da política possa evocar um vínculo entre "força do direito" e "fim da política" — ou seja, a ideia de que as democracias marcadas pelas paixões políticas estariam sendo substituídas por democracias mais jurídicas, mais reguladoras —, é preciso não esquecer que a crescente busca, no âmbito dos tribunais, pela concretização de direitos individuais e/ou coletivos também representa uma forma de participação no processo político.(221)

Por sua vez, Luís Roberto Barroso sustenta que tal judicialização no Brasil seria devida a três causas principais: a redemocratização do país, que fortaleceu e expandiu o Poder Judiciário, além de ampliar a demanda por justiça na sociedade brasileira; a segunda causa seria a mais ampla constitucionalização, que trouxe à Constituição incontáveis matérias que antes eram deixadas aos cuidados do processo político majoritário e da legislação ordinária. O constitucionalista brasileiro explica:

> Esta foi, igualmente, uma tendência mundial, iniciada com as Constituições de Portugal (1976) e Espanha (1978), que foi potencializada entre nós com a Constituição de 1988. A Carta brasileira é analítica,

---

(221) CITTADINO, G. *Poder judiciário, ativismo judiciário e democracia*, p. 2. Disponível em: <http://publique.rdc.puc-rio.br/revistaalceu/media/alceu_n9_cittadino.pdf>.

ambiciosa, desconfiada do legislador. Como intuitivo, constitucionalizar uma matéria significa transformar Política em Direito.[222]

A terceira causa da judicialização no Brasil, segundo Barroso, seria o sistema brasileiro de controle de constitucionalidade, um dos mais amplos do mundo. Como se analisa em outra parte deste texto, o sistema brasileiro é híbrido porque combina aspectos de dois sistemas distintos: o americano e o europeu[223].

Contudo, Barroso alude a uma diferença interessante entre as causas imediatas da judicialização e aquelas que haveriam forjado o ativismo judicial, assinalando que, no contexto brasileiro, a judicialização não é um exercício deliberado de vontade política, mas sim um fato consequente do modelo constitucional adotado: a norma constitucional consente que dela se deduza uma pretensão e ao juiz compete apreciá-la, decidindo a matéria. Distintamente, o ativismo judicial é uma atitude que pressupõe a eleição de um modo específico e proativo de interpretar a Constituição, expandindo seu sentido e seu alcance: se há alguma retração do Poder Legislativo, o juiz atua de modo que a demanda social seja atendida[224].

Quando os trabalhadores espanhóis judicializaram a necessidade de proteção contra a represália que se seguia à propositura de ação judicial (garantia de indenidade *stricto sensu*), pretendiam obter a atuação de um juiz proativo que garantisse a eficácia do direito à tutela judicial efetiva. Portanto, ansiavam pelo reconhecimento de uma garantia implícita na Constituição da Espanha, supondo contar com a discricionariedade e o poder criativo do juiz.

Se é válido afirmar que os direitos e garantias fundamentais aspiram à universalidade e que o sistema constitucional brasileiro contempla o direito à tutela judicial efetiva, o trabalhador brasileiro pode provocar, igualmente, o Poder Judiciário a fim de obter a mais ampla eficácia de tal direito: a garantia de que não haverá represálias em caso de ele ser exercido. Em suma, ele pode judicializar a opção política pela tutela judicial efetiva e, para tal, confiar na jurisdição constitucional ou no ativismo judicial.

A era do ativismo judicial é, todavia, a mesma da flexibilidade laboral. Desde a crise do petróleo, há quase quarenta anos, a política de desregulação se disse-

---

(222) *Op. cit.*, p. 4.

(223) *Op. cit.*, p. 4. Em seguida, o autor enumera questões que foram apreciadas pelo Supremo Tribunal Federal em 2008 por meio do controle concentrado de constitucionalidade, citando o debate acerca da eficácia da lei que autorizou investigações por meio de células troncos (ADIn n. 3.150), a questão sobre o nepotismo nos cargos do Poder Judicial (ADC 12), também sobre a compatibilidade entre a lei que regulava a imprensa e a liberdade de expressão e de comunicação proclamada na Constituição de 1988 (ADPF 130).

(224) *Op. cit.*, p. 6.

minou por todo o Ocidente como se fora a solução balsâmica ante a expectativa de altos índices de desemprego, uma alquimia preparada para enfrentar os influxos da automação e informação dos vários setores da produção econômica. A flexibilidade é, ainda assim, uma experiência sem sucesso[225], refratária muita vez à proteção de direitos fundamentais, inclusive do direito a reivindicar a realização desses direitos.

Por outro lado, a inclusão do direito social no catálogo dos direitos fundamentais, é dizer, na categoria de direitos que são irrenunciáveis porquanto concernentes à dignidade humana — ou, no que interessa, à dignidade do trabalho humano — implica um maior grau de importância do processo laboral, que aparece assim como a garantia última do direito do trabalho e, na mesma linha, do direito a um trabalho digno.

Vem ao caso a nota de Lorca Navarrete acerca da importância de compreender o direito processual "não como um mero instrumento jurisdicional atemporal, acrítico e mecanicista, senão como um sistema de garantias que possibilita a fecunda aplicação do art. 24 da Constituição Espanhola, em ordem a lograr a tutela judicial efetiva"[226]. O autor explica:

> A interpretação e aplicação das normas processuais têm transcendência constitucional, porquanto o direito à tutela judicial efetiva obriga a eleger a interpretação que seja mais conforme ao princípio *pro actione* e à efetividade das garantias que integram a essa tutela, de sorte que se a interpretação da forma processual não se acomoda à finalidade de garantia, até o ponto que desapareça a proporcionalidade — princípio da proporcionalidade — entre o que a forma demanda e o fim que se pretende, olvidando-se sua lógica e razoável concatenação substantiva, é claro que o direito fundamental à tutela efetiva resulta vulnerado.[227]

E não basta garantir o processo até a sentença, pois importa aparelhar a execução do julgado. Como aduz María Fernanda Fernandez, "já em sua primeira doutrina o Tribunal Constitucional (espanhol) afirmou, com fecundidade, que o direito à tutela judicial efetiva compreendia, entre suas múltiplas facetas, a execução das sentenças"[228].

---

(225) Ver POCHMANN, M. *O emprego na globalização:* a nova divisão internacional do trabalho e os caminhos que o Brasil escolheu. São Paulo: Boitempo, 2005.

(226) NAVARRETE, A. M. Lorca. *El derecho procesal como sistema de garantías.* Disponível em: <http://www.ejournal.unam.mx/bmd/bolmex107/BMD10704.pdf>.

(227) *Idem.*

(228) LÓPEZ, M. F. Fernandez. *El derecho a la ejecución de las sentencias:* procesos de despido y de conflictos colectivos. Disponível em: <http://www.cepc.es/rap/Publicaciones/Revistas/7/DPC_004_355.pdf>. A autora cita sentenças pertinentes: SSTC ns. 67/84; 102/84; 109/84; 10/86; 34/86; 33/87;

O trabalhador não pode sentir-se ameaçado de retaliação a qualquer tempo. Considerando-se que a represália mais comum é a despedida, o processo judicial correspondente deve atender à expectativa de assegurar a efetividade da proteção contra a despedida não motivada ou abusiva. Fernandez, a propósito do processo judicial espanhol, afirma:

> No tocante ao processo judicial atinente à despedida, [...] é a natureza mesma da resolução que se executa o que faz tão original o correspondente procedimento. Como é sabido, as regras processuais sobre a despedida têm um amplo conteúdo material, de tal sorte que é nelas onde culmina a regulação da despedida em nosso país; nelas é onde, efetivamente, põe-se de manifesto o sistema de estabilidade do posto de trabalho que prevalece, frente a outras leis processuais aparentemente neutras, ou equívocas [...].(229)

O juiz do trabalho tem um papel singular em nossa era, pois lhe toca atuar na direção de concretizar os direitos laborais fundados na dignidade da pessoa que executa o trabalho, extraindo das cartas constitucionais o conteúdo essencial e as garantias desses direitos, sem render-se ante as fortes pressões das políticas contingentes de desregulação:

> É evidente que a interpretação é uma operação hermeneuticamente e culturalmente complexa, que chama o juiz a confrontar-se com um sistema de valores, externo à norma, a que deve fazer-se sensível o intérprete. Portanto, a formação cultural do juiz laboral é extraordinariamente relevante, e dela deriva "uma certa ideia de cultura industrial" que o converte em um instrumento ativo a administrar regras não escritas, mas por isso mesmo muito relevantes no ambiente social de referência. A "grande narrativa" neoliberal é hoje o cenário no qual se move a maioria da doutrina judicial espanhola e, em primeiro lugar, a da Sala do Social do Tribunal Supremo.(230)

Não por acaso advertiu Eduardo Couture que o conflito laboral requer "juízes mais ágeis, mais sensíveis e mais dispostos a abandonar as formas normais de garantia, para buscar um modo especial de justiça, que dê satisfação ao grave problema que a eles se propõe"(231).

125/87; 167/87; 205/87; 92/88; 215/88; 12/89; 28/89; 149/89; 80/90; 156/90; 73/91; 120/91; 194/91; 170/92; 41/93; 66/93; 158/93; 148/94; 198/94; e 219/94.

(229) *Idem.*

(230) GRAU, A. Baylos; REY, J. Pérez. *El despido o la violencia del poder privado*. Madrid: Trotta, 2009. p. 72.

(231) *Apud* TOLEDO FILHO, M. C. *Fundamentos e perspectivas do processo trabalhista brasileiro*. São Paulo: LTr, 2006. p. 52. A obra de Couture citada pelo autor é *Estudios de derecho procesal civil.*

5. A EFICÁCIA DOS DIREITOS E GARANTIAS FUNDAMENTAIS NA RELAÇÃO ENTRE PARTICULARES

O objetivo do presente estudo é pôr à prova a tese da universalidade da garantia constitucional que consiste na imunização do titular do direito fundamental que exerça esse direito, seja o autor de uma ação judicial, seja um trabalhador que participe de uma greve ou que integre o órgão diretivo de um sindicato etc. Trata-se, como visto, da garantia de indenidade.

Não se disfarça o objetivo de centrar a investigação, em última análise, na garantia de indenidade que poderia ser invocada pelo trabalhador que levasse a efeito a defesa de seus interesses laborais exercendo o direito (fundamental) de ação judicial(232). A eventual despedida de tal empregado seria inválida sempre que tal se apresentasse como um ato de vingança patronal.

A presente tese leva a sério a aspiração de que estamos explorando uma proposição universal e admite igualmente o pressuposto de que os direitos e garantias fundamentais podem ser exercidos frente a pessoas ou entes privados, não obstante sua vocação original de proteger o indivíduo(233) dos abusos do poder público. Especificamente no que concerne ao direito fundamental de tutela judicial efetiva, enfatiza-se seu duplo sentido: importa a obrigação de o Estado prestar jurisdição e implica a invalidade de qualquer ato do demandado em represália à ação judicial.

A defesa da garantia de indenidade tem como lastro jurídico os preceitos constitucionais que asseguram a tutela judicial efetiva, servindo como boa ilustração os dispositivos pertinentes das constituições espanhola e brasileira, a saber:

> Art. 24.1 CE — 1. Todas las personas tienen derecho a obtener tutela efectiva de los jueces y tribunales en el ejercicio de sus derechos e intereses legítimos, sin que, en ningún caso, pueda producirse indefensión.
>
> Art. 5º, XXXV CRFB — A lei não excluirá da apreciação do Poder Judiciário lesão ou ameaça a direito.

---

(232) Claudia Beatriz Sbdar (*op. cit.*, p. 258) destaca: "Cabe reparar que todos los derechos de los ciudadanos — no sólo los fundamentales — declarados por la Constitución o por la ley son susceptibles de tutela judicial a través del ejercicio de una acción antes los Tribunales, clara expresión del derecho a la tutela judicial efectiva, consagrado en el art. 24.1 de la Constitución, también como un derecho fundamental".

(233) Em *La titularidad de derechos fundamentales por la persona jurídica*, Gema Rosado Iglesias diz que "no siempre existe una absoluta correspondencia entre titularidad del derecho y legitimación para ejercerlo, pues hay casos de legitimación extraordinaria atribuida a colegios profesionales para la sustitución procesal en hipótesis de intereses particulares (i), a determinados colectivos para actuar en defensa de intereses comunes (ii) o a órganos públicos (Ministerio Fiscal, Defensor del Pueblo) para la defensa de derecho o intereses en supuestos de importancia mayor, sin perjuicio de la compatibilidad con la capacidad y la legitimación activa del titular del derecho (iii)."

A aparente oposição somente contra o Estado desse e de outros direitos fundamentais terminou por inspirar uma tese moderada: a de que os direitos fundamentais vinculam diretamente os poderes públicos, embora afetem as relações entre particulares de forma indireta por meio da figura do juiz. Nessa linha de argumentação, a vulneração do direito se daria sempre que os juízes não impedissem os efeitos da represália do empresário e não pelo simples ato de despedir(234). O protagonista da ofensa constitucional seria o juiz (o Estado-juiz), não o particular.

5.1. A tese da violação pelo juiz

Em verdade, a solução engenhosa, quase um artifício, de anular a despedida a pretexto de que os juízes vulneram o direito fundamental de tutela judicial efetiva sempre que toleram a represália empresarial teria duas razões, uma prática (competência do Tribunal Constitucional espanhol) e outra doutrinária (eficácia supostamente mediata dos direitos de prestação), que aparentemente a justificariam.

5.1.1. A premissa de caráter processual (arts. 41.2 e 44.1 da LOTC)

A justificativa prática talvez seja, na Espanha, derivada do teor dos arts. 41.2 e 44.1 da Lei Orgânica do Tribunal Constitucional. O primeiro exclui do âmbito objetivo do procedimento constitucional de amparo as pretensões que não se dirijam contra atos dos poderes públicos(235). Apesar de ser ampla a tutela jurisdicional assegurada às controvérsias relacionadas com a proteção dos direitos fundamentais — com caráter inclusive preferencial e intervenção do Ministério Público(236), independentemente do estatuto público ou privado do suposto causador da lesão —, o problema de índole processual, relativo à apreciação pelo Tribunal Constitucional, continuaria pendente, não fosse a interpretação dada por essa mesma Corte a citado dispositivo, assim resenhada por Bilbao Ubillos:

> Mediante uma interpretação muito forçada desse último preceito, o Tribunal Constitucional conseguiu superar o obstáculo do art. 41.2 e abrir uma brecha através da qual se esgueiram, de maneira indireta,

---

(234) *Vid.* ALONSO, Alvarez. *La garantía de indemnidad del trabajador frente a represalias empresariales*, p. 52 (nota 98) a 54.

(235) *Vid.* UBILLOS, J. M. Bilbao. ¿En qué medida vinculan a los particulares los derechos fundamentales? In: SARLET, I. W. (org.). *Constituição, direitos fundamentais e direito privado.* Porto Alegre: Livraria do Advogado 2006. p. 301.

(236) *Vid.* art. 249 da Ley de Enjuiciamiento Civil (Lei n. 1, de 7 de janeiro de 2000).

não poucas controvérsias entre particulares. Isso sim, a admissão de uma dessas demandas implica necessariamente transformar a pretensão originária em outra que se dirigirá contra um poder público (o poder judicial). A mediação de um poder público permite, pois, ao Tribunal Constitucional dizer a última palavra naqueles assuntos em que a violação que se denuncia fora causada extrajudicialmente por um particular. Utiliza-se nesses casos um expediente técnico engenhoso, que consiste na imputação ao órgão judicial da violação cometida originariamente no seio de uma relação jurídico-privada. Esse expediente, que implica a assunção judicial da lesão, não constitui uma descoberta absolutamente original: além do precedente do TCF alemão, podem encontrar-se antecedentes na jurisprudência norte-americana e, mais concretamente, em decisão do Tribunal Supremo no assunto *Shelley vs Kraemer* (1948).[237]

Na realidade, o maior problema residiu em superar a exigência contida no art. 44.1 da mesma Lei Orgânica do Tribunal Constitucional, pois nele se prevê que a lesão submetida à apreciação daquela Corte era a que tivesse "origem imediata e direta" em um ato ou omissão do órgão judicial. Como aduz Bilbao Ubillos:

> Se convimos que a resolução judicial impugnada em recurso de amparo se limita a dar por válida uma conduta privada ilícita que já havia perturbado, de fato, o legítimo exercício de um direito fundamental, a "origem imediata e direta" da violação não pode estar na decisão judicial. O próprio Tribunal Constitucional tem aludido expressamente a "origem extrajudicial" da violação que se alega no processo constitucional de amparo, com o que parece admitir o que para nós é evidente: que nesses casos a verdadeira origem da lesão que se denuncia está na conduta do particular.

A crítica é ainda mais incisiva quando o autor reporta o que ocorre nas despedidas discriminatórias, quando então a sentença judicial contém, mais que a declaração de nulidade da decisão impugnada, a declaração de nulidade da despedida (a qual consiste em uma decisão adotada por um empresário privado) e ordena igualmente a reintegração do trabalhador. Ao final, Bilbao Ubillos afirma:

> A fórmula encontrada pelo Tribunal não resiste seguramente a um teste de rigor interpretativo ou técnico-jurídico, mas possibilita uma ampliação da cobertura do amparo constitucional, sempre que se estime conveniente. Nesse sentido, é útil. De momento, ao menos.[238]

---

(237) UBILLOS. *Op. cit.*, p. 324.

(238) *Op. cit.*, p. 327.

Com efeito, o Tribunal Constitucional espanhol tem reconhecido que a *legitimidade constitucional* do ato realizado pelo particular repercute na legitimidade do ato do poder público que formalmente se impugna[239], o que é suficiente para vencer o obstáculo de ordem processual e decidir sobre a violação de direito fundamental na relação *inter privatos*.

Em países, como o Brasil, cuja legislação não possui igual estorvo à atuação do tribunal que tem a incumbência de guardar o texto constitucional, a violação dos direitos fundamentais por particulares é de mais fácil compreensão, pois exige apenas a percepção de que tais direitos surtem efeitos diretos *ex constitucione*, como se verá em seguida.

5.1.2. A premissa doutrinária (eficácia mediata dos direitos fundamentais)

Quando se diz que os direitos fundamentais têm eficácia horizontal, propõe-se que as normas constitucionais, em especial aquelas que prescrevem uma prestação, não precisem ser regulamentadas por normas de nível hierárquico inferior para que obriguem também um particular. A expressão (*eficácia horizontal*) é aqui usada por força das circunstâncias, talvez em homenagem à construção metafórica mais comum, pois é certo que o problema da eficácia *inter privatos* dos direitos fundamentais somente é posto em relevo nos casos em que há a presença do poder social, quando as relações não são propriamente horizontais, senão assimétricas[240].

Em verdade, o tema da eficácia horizontal não é novo, pois Gomes Canotilho aponta que a Declaração dos Direitos do Homem e do Cidadão de 1789 se dirigia também contra os privilégios da nobreza e do clero, ou seja, contra posições não igualitárias em virtude de classe social ou poder econômico, no âmbito do poder privado[241]. Somente mais adiante o desenvolvimento da teoria liberal individualista engendrou a ideia de que a função dos direitos fundamentais seria a defesa dos indivíduos frente ao Estado, cabendo a outras normas a regência do direito privado.

---

(239) Esta oração é retirada do texto de UBILLOS. *Op. cit.*, p. 326. Sobre o tema, v. também MIRÓ, M. T. Igartua. La garantía de indemnidad en la doctrina social del tribunal constitucional. *Colección Estudios*, Madrid: CES-Consejo Económico y Social, n. 204, p. 17/20, 2008.

(240) *Vid.* UBILLOS. *Op. cit.*, p. 304.

(241) Em igual sentido, Virgilio Afonso da Silva, em *A constitucionalização do direito*, p. 137, secundando a doutrina de Josef Isensee e Paul Kirchhof, afirma: "En lo que atañe a la historia constitucional, el deber de protección estatal se funda en tradiciones más profundas del Estado constitucional que las libertades públicas".

O problema da horizontalidade dos direitos fundamentais é retomado pelo direito constitucional e pelo direito do trabalho nas décadas 1950/1960 do século XX, sobretudo sob a influência da doutrina alemã[(242)] e em consequência de três importantes fatores:

> a) As transformações qualitativas na vida social estimuladas pelo incremento da sociedade de massas (fator sociológico), pois "até mesmo as grandes liberdades clássicas que os Direitos Fundamentais tradicionalmente visam tutelar — as liberdades de residência ou de associação, por exemplo — podem ser, hoje, muito mais ameaçadas por um Poder Econômico, sem face, [...]". Assim o disse Judith Martins-Costa[(243)], que aduz: "Outros poderes sociais, tão fortes quanto o econômico, e, no mais das vezes associados a ele — como o poder da informação, o poder da tecnologia e o da biomedicina — ameaçam cotidianamente as liberdades ou bens pessoais, como a vida privada, a intimidade, a imagem, ou o conhecimento sobre nossos próprios dados genéticos";
>
> b) A construção e expansão dos direitos da personalidade (fator jurídico-dogmático), dado que os direitos fundamentais resultam, em princípio, da positivação dos direitos humanos e essa inovação de normas acontece sobretudo no âmbito dos direitos da personalidade[(244)];
>
> c) A superação do modelo savignyano de interpretação jurídica (fator de hermenêutica jurídica), em razão de o Direito ser a construção de significados: "Dos novos fatos sociais, das novas concepções, resulta a relevância que tem adquirido, para a ciência jurídica privatista, um significado de *pessoa humana* que se define não apenas por sua abstrata liberdade de firmar vínculos jurídicos, mas por sua concreta e multidimensional vivência num espaço que é, concomitantemente, privado ou particular e público ou comum".[(245)]

O respeito à força normativa dos direitos fundamentais, tanto pelo poder público quanto pelo poder social privado, é o objeto da teoria do *Drittwirkung*, uma proposta doutrinária formulada inicialmente por Nipperdey, presidente do Tribunal Federal do Trabalho na Alemanha. Relata Bilbao Ubillos:

> É em concreto uma decisão da Sala Primeira desse Tribunal do ano 1954 a que sugere, pela vez primeira, essa relevância direta nas relações

---

(242) CANOTILHO, Gomes. *Direito constitucional e teoria da constituição*, p. 1154.

(243) MARTINS-COSTA, J. Os direitos fundamentais e a opção culturalista do novo código civil. In: SARLET, I. W. (org.). *Constituição, direitos fundamentais e direito privado*. Porto Alegre: Livraria do Advogado, 2006. p. 63. Extraímos do mesmo texto a enumeração dos fatores que influenciaram os estudos e práticas da horizontal dos direitos fundamentais (p. 70).

(244) *Idem*.

(245) *Idem*.

inter privatos. Dela se recolhe a afirmação de que os direitos fundamentais contêm "princípios ordenadores da vida social" de caráter vinculante, que têm uma significação imediata para o tráfico jurídico privado.[246]

Segundo Nipperdey[247], o risco para os direitos fundamentais na sociedade do século XX não proviria apenas do Estado, senão e com maior ênfase dos grupos sociais, que detêm na sociedade de massas uma parcela cada vez maior do poder social e econômico, um poder real que se impõe aos indivíduos de várias maneiras e que é capaz de afetar intensamente zonas e aspectos relevantes de sua vida e de sua personalidade.

O constitucionalista lusitano Jorge Miranda adverte, porém, que nem sempre a horizontalidade dos direitos fundamentais é questão de raciocínio simples, porque: a) apresenta-se irredutível a diferença de posições e de modos de agir das entidades públicas e das entidades privadas; b) não é mero conceitualismo recortar os direitos fundamentais como direitos essencialmente colocados frente ao Estado, é um dado de experiência; c) a eficácia horizontal dos direitos, liberdades e garantias se repercute necessariamente no terreno do Direito privado e exige uma análise interdisciplinar; d) se o princípio da autonomia privada, fundamental nos sistemas jurídicos romanísticos (e também nos de *common law*), pode e deve ser limitado, em contrapartida — sob pena de ser vulnerado no seu conteúdo essencial — vai condicionar em larga medida a aplicação dos direitos, liberdades e garantias nas relações privadas; e) se importa garantir os direitos fundamentais das pessoas no interior de instituições e grupos privados, também importa preservar a autonomia dessas instituições perante o Estado[248].

Não obstante a fórmula da *Drittwirkung* tenha brotado na Alemanha, a doutrina germânica vem revelando, curiosamente, alguma resistência à eficácia imediata dos direitos de prestação *inter privatos*. Segundo Bilbao Ubillos, "essa é a posição de autores ancorados no pensamento paleoliberal, como Forsthoff, ou de civilistas ressentidos da autonomia de sua disciplina, que creem que a Constituição não tem o papel de atuar na regulação das relações jurídico-privadas"[249].

Por sua vez, Claus-Wihelm Canaris pontua o aspecto de a Constituição não ser, em princípio, o lugar adequado nem habitual para a regulamentação das

---

(246) *Op. cit.*, p. 309.

(247) *Apud* ANDRADE, J. C. Vieira de. Os direitos, liberdades e garantias no âmbito das relações entre particulares. In: SARLET, I. W. (org.). *Constituição, direitos fundamentais e direito privado.* Porto Alegre: Livraria do Advogado, 2006. p. 273.

(248) MIRANDA. *Op. cit.*, p. 287.

(249) *Op. cit.*, p. 310.

relações entre cidadãos e entre pessoas jurídicas, dado que essa seria a tarefa cometida ao direito privado, que desenvolveu, com tal propósito e segundo defende o professor da Universidade de Munich, uma pronunciada autonomia em relação à ordem constitucional não apenas no que toca à perspectiva histórica mas igualmente quanto ao conteúdo, pois o direito privado oferece, não raro, soluções diferenciadas para os conflitos intersubjetivos[(250)].

No famoso caso Lüth, o Tribunal Constitucional Federal alemão decidiu que "uma controvérsia entre particulares sobre direitos e deveres que derivam de tais normas, do Direito civil, influenciadas pelos direitos fundamentais, segue sendo material e processualmente uma controvérsia de Direito civil", aplicando o direito privado com interpretação conforme à Constituição e inovando, ao que parece, a expressão *efeito de irradiação* (do direito fundamental à liberdade de expressão na interpretação do conceito "contrário aos bons costumes" do art. 826 do BGB)[(251)].

A parcimônia do Tribunal Constitucional alemão não impediu, porém, que aquela Corte invalidasse uma cláusula de fiança que responsabilizava um devedor pelo restante da vida, porque sua renda era insuficiente para pagar o montante principal da dúvida. O TCF decidiu que as cláusulas gerais de observância dos bons costumes e do princípio da boa fé (§§ 138 e 242 do BGB) deveriam ser aplicadas para que não fosse violado o direito fundamental ao livre desenvolvimento da personalidade.

Em outro caso, o ato de uma empresa que se recusava a contratar um aprendiz de torneiro mecânico, porque ele havia subscrito um artigo em um periódico local contra a construção de uma usina nuclear, foi declarado inválido com base na cláusula geral segundo a qual todas as pessoas que trabalham numa empresa devem ser tratadas conforme os princípios de direito e de equidade, devendo ser evitado qualquer tratamento distinto em razão de convicções políticas do empregado (§ 75 da Lei de Organização de Empresas).

Após a referência a esses casos, Claus-Wihelm Canaris observa, com a intenção de enfatizar a relevância sobretudo do último desses precedentes, que a liberdade de recusar a celebração de um contrato constitui o núcleo da liberdade

(250) CANARIS, Claus-Wihelm. A influência dos direitos fundamentais sobre o direito privado na Alemanha. In: SARLET, I. W. (org.). *Constituição, direitos fundamentais e direito privado.* Tradução de Peter Naumann. Porto Alegre: Livraria do Advogado, 2006. p. 225.

(251) *Vid.* CANARIS. *Op. cit.,* p. 229; UBILLOS. *Op. cit.,* p. 317; Eugênio Facchini Neto (FACCHINI NETO, E. Reflexões histórico-evolutivas sobre a constitucionalização do direito privado. In SARLET, I. W. (org.). *Constituição, direitos fundamentais e direito privado.* Porto Alegre: Livraria do Advogado, 2006. p. 13). Trata-se do caso no qual um cidadão de nome Lüth propôs um boicote contra um filme que tinha conteúdo antissemita.

de contratar e goza de uma dignidade hierárquica superior à de liberdade de determinar o teor do contrato[252].

A seu turno, e antes de sustentar a eficácia imediata da Lei Fundamental de Bonn, o também alemão Jörg Neuner adverte:

> Se reconstruirmos a decisão dos constituintes em prol da dignidade da pessoa humana e de sua proteção, duas diretrizes adquirem significância: por um lado, a dignidade da pessoa não pode ser violada apenas por atos contrários à lei, senão também pela injustiça [Unrecht, literalmente: não direito] na forma de lei. Um exemplo negativo na área do Direito Privado é o "Decreto sobre o Emprego de Judeus" do ano 1941. Por outro lado, a dignidade da pessoa não pode ser violada apenas pela ação do Estado, mas também por cidadãos individuais. Nos trabalhos preparatórios da Constituição (alemã) menciona-se o exemplo de um empresário privado que participa da escravização de trabalhadores.[253]

O art. 1º da Lei Fundamental da República Federal da Alemanha prevê:

> (1) A dignidade humana é intangível. Respeitá-la e protegê-la é obrigação de todo poder público;
>
> (2) O povo alemão, por isso, reconhece os direitos humanos invioláveis e inalienáveis como fundamento de toda comunidade humana, da paz e da justiça no mundo;
>
> (3) Os direitos fundamentais seguintes vinculam os poderes legislativo, executivo e judicial como direito diretamente aplicável.

Mencionando alguns autores alemães, Jörg Neuner defende que a doutrina dominante já sustenta que o art. 1º da Lei Fundamental produz uma eficácia externa imediata[254]. Quanto ao controle de constitucionalidade das normas de direito privado e dos atos judiciais, Jörg Neuner assevera que o Tribunal Constitucional alemão possui e exerce efetivamente a competência de anular os atos contrastantes com a Lei Fundamental, apesar de não lhe ser facultado substituir decisões do legislador democrático por decisões próprias[255].

Se há ainda resistência por parte da doutrina alemã à eficácia horizontal imediata e direta dos direitos fundamentais de prestação, tal deve ser atribuído a uma característica da Lei Fundamental da República Federal da Alemanha: os

---

(252) *Op. cit.*, p. 229/233.

(253) NEUNER, Jörg. *O código civil da Alemanha (BGB) e a lei fundamental*, p. 83/84. Disponível em: <http://www.esmesc.com.br/upload/arquivos/4-1246972773.PDF> Acesso em: 9.4.2012.

(254) NEUNER. *Op. cit.*, p. 254, nota 31, menciona os autores Stern, Zippelius, Starck e Diederichsen, indicando as obras respectivas.

(255) *Op. cit.*, p. 268.

artigos de seu primeiro capítulo, que rege os direitos fundamentais, são alusivos apenas a liberdades públicas, sem enumerar os direitos sociais. Os autores germânicos que sustentam o nível constitucional dos direitos de prestação o fazem com apoio no art. 1º, II, da LF, que, como já se disse, consagra o reconhecimento de todos os direitos humanos, não somente dos direitos de defesa[(256)].

A Constituição brasileira adota outro modelo de proteção, que exibe um extenso catálogo de direitos sociais, incluindo o direito ao salário mínimo, jornada máxima, descanso semanal, férias, proteção contra o risco, adicional noturno etc. Uma evidente característica desses direitos é, por evidente, sua exigibilidade frente a entes privados. Observa Virgílio Afonso da silva que essa é uma razão importante para que a doutrina constitucional brasileira não empreste relevância maior à tese de que os direitos fundamentais devem ser aplicados somente nas relações entre Estado e indivíduos, ou mesmo à tese, que se examinará em seguida, da eficácia apenas por mediação do legislador[(257)].

5.2. A tese da eficácia (mediata) dos direitos fundamentais por mediação do legislador

Em rigor, a postura pendular da doutrina, com respeito à eficácia imediata dos direitos de prestação, conduziu à adoção de uma das duas teses que levam, por caminhos diferentes e talvez em graus diferentes de efetividade, a um só resultado[(258)]. As teses defendem pontos de vista concorrentes: a) a modulação ou conversão do direito fundamental em norma de direito civil, fazendo-o operativo por meio de sua irradiação sobre os conceitos indeterminados ou cláusulas gerais de direito privado (eficácia mediata); b) a recondução à dialética liberdade-poder sem partir a ordem jurídica, pois se há um poder de grupo ou entidade privada dominante, em lugar do poder público, os direitos, liberdades e garantias devem valer de modo absoluto, à diferença do que ocorreria em relações paritárias[(259)] (eficácia imediata).

A ideia da garantia de indenidade se enquadra bem na segunda tese, por razões que o constitucionalista português José Carlos Vieira de Andrade, sem referir-se à citada garantia em particular, logrou sintetizar:

---

(256) *Vid.* NEUNER. *Op. cit.*, p. 265.

(257) *Op. cit.*, p. 138.

(258) Acerca da coincidência de resultados, ver SILVA, Virgilio Afonso da. *Op. cit.*, p. 141. O autor se refere a Starck, Alexy e Franz Bydlinski, que também indicaram a igualdade de resultados quando adotada a eficácia imediata e a eficácia mediata, indistintamente.

(259) *Vid.* MIRANDA. *Op. cit.*, p. 287; CANOTILHO, Gomes. *Direito constitucional e teoria da constituição*, p. 1153; ANDRADE, Vieira de. *Op. cit.*, p. 280.

> [...] os indivíduos não estão isoladamente contrapostos ao Estado como pressupunham as teorias liberais-burguesas. A área da sociedade deixa de ser (ou de poder ser vista como) o palco de atuações individuais, à medida que se verifica a profunda diversificação e imbricação entre os interesse das pessoas e se multiplica a atividade dos partidos e dos grupos de interesses — sindicatos, associações patronais, igrejas, grupos econômicos, associações cívicas, profissionais, desportistas, etc. — que dispõem, cada vez mais, de elevado poder social e político. Além de o Estado-Administração aparecer na vida social metamorfoseado em diversas figuras jurídicas e, cada vez mais, na veste de sujeito privado, as entidades privadas passam a exercer tarefas de interesse coletivo ou determinam em termos fundamentais os comportamentos de indivíduos em diversas áreas sociais — esbate-se a distinção entre entidades públicas e privadas e, em consequência, a diferença entre o direito público e o direito privado como critério de relevância dos direitos fundamentais.(260)

Embora se adote a eficácia direta nos casos que incluam a sujeição a uma entidade pública ou privada investida de poder, não deve haver dúvida quanto à necessidade de ponderar-se a aplicação imediata do direito fundamental em conformidade com a natureza da relação, como remata Vieira de Andrade:

> As situações de poder social são muitas e diferenciadas e o grau e a medida da aplicabilidade imediata dos direitos, liberdades e garantias têm necessariamente de variar conforme os tipos de situações e as circunstâncias que só em concreto podem em última análise ser determinadas. Assim, não pode ser tratada da mesma maneira a relação de poder que existe dentro da família, entre menores e pais (ou tutores), e aquela que liga um empregador a um empregado numa empresa, ou o utente de uma instalação privada e a respectiva administração, ou os consumidores e empresas oligopolistas, tal como merecem tratamento diferenciado as relações entre os grupos e os membros, conforme forem institutos religiosos e igrejas, sindicatos, partidos, ou outros tipos de associações.(261)

E ainda que se aceda à primeira tese (irradiação dos direitos fundamentais por meio de cláusulas gerais e conceitos indeterminados da legislação ordinária), o fato de o Código Civil brasileiro de 2002 consagrar um direito geral de personalidade não pode ser desprezado. Acerca da proteção aos direitos da personalidade, Judith Martins-Costa sustenta:

---

(260) *Op. cit.*, p. 276.
(261) *Op. cit.*, p. 287.

> Se adotamos a perspectiva teórica traçada pelo Código (Civil), a saber: se conectarmos a cláusula geral do art. 21, que delineia um modelo aberto de tutela, com a Constituição, o Código de Processo Civil e, eventualmente, leis especiais; se tivermos presente que sobrepaira, a quaisquer elencos legislativos que possa fazer em matéria de Direitos da Personalidade, o reconhecimento constitucional da dignidade da pessoa; então teremos, como necessária consequência, a conclusão de que o ordenamento não está cerrado na tutela de certas situações típicas, mas permite estender a tutela da Personalidade a situações atípicas que, no momento, talvez nem possamos imaginar, tamanha é a variedade e a grandeza das lesões à personalidade possibilitadas pelo poder econômico, pela razão instrumental e pela tecnociência.(262)

Ao menos no âmbito da ciência jurídica, a cláusula geral de boa-fé em contratos privados se impõe em países como o Brasil, onde a liberdade de contratar deve ser "exercida em razão e nos limites da função social do contrato" e "os contratantes são obrigados a guardar, assim na conclusão do contrato, como em sua execução, os princípios de probidade e boa-fé"(263).

Sobre o conteúdo jurídico do princípio geral de boa-fé, Alfredo Montoya Melgar, secundando a Ripert, observa com propriedade que tal postulado converte a figura ética da boa fé em uma figura estritamente jurídica: "a busca do que é materialmente justo, além, portanto, do que vem a ser o jurídico formal, inspira, pois, a construção do princípio da boa-fé, por cujo teor os interesses pessoais não podem prevalecer a todo custo e em todo caso frente ao interesse dos outros"(264).

Não se conduz bem o empresário quando despede o empregado que judicializou o conflito emergente entre eles, sem submeter-se à solução puramente patronal. Evoluindo, assim, desde a dimensão particular dos fatos até a regra geral da boa-fé, conclui-se que a adoção das cláusulas gerais de direito civil não inibem a eficácia horizontal do direito de tutela judicial efetiva, sobretudo quando a autonomia privada é exercida em detrimento do dever de lealdade ou boa-fé entre os sujeitos do contrato de emprego.

Como menciona Valle Muñoz, "os poderes empresariais têm um limite infranqueável no respeito aos direitos fundamentais dos trabalhadores, com as modulações que estes sofrem em seu exercício dentro de uma relação laboral", pois "admitir a represália patronal ante a ação judicial do trabalhador em reclamação de seus direitos, não somente deixa em uma situação de inferioridade

---

(262) *Op. cit.*, p. 91.

(263) Arts. 421 e 422 do Código Civil brasileiro.

(264) MELGAR, A. Montoya. *La buena fe en el derecho del trabajo.* Madrid: Tecnos, 2001. p. 17.

a quem já é a parte débil do contrato, mas também resulta alheio ao nosso sistema constitucional de convivência social e democrática, conforme os arts. 1º e 9.2 da Constituição da Espanha"[265].

5.3. A propensão doutrinária à eficácia imediata e direta dos direitos fundamentais

Contudo, é clara a tendência, na doutrina[266] e ainda mais nos tribunais que exercem a jurisdição constitucional, de admitir a eficácia horizontal imediata dos direitos fundamentais. Segundo Bilbao Ubillos, "a doutrina de *Drittwirkung* nasceu nos tribunais laborais, e segue encontrando mais resistência nos círculos acadêmicos que entre os aplicadores do Direito"[267].

Por sua vez, aponta Claus-Wihelm Canaris que "em vários países podemos constatar uma tendência ao fortalecimento da influência da Constituição sobre o direito privado. Assim, o britânico Basil Markensis disse sobre uma *constitucionalisation of private law* e observou que não se trata de um fenômeno apenas alemão. [...] Alberto Trabucchi fala, em relação ao direito italiano, de *una costituzionalizzazione anche del diritto privato*"[268]. É possível ilustrar com exemplos o que ora se afirma.

Na Espanha, María Teresa Igartua Miró, referindo-se especialmente aos precedentes SSTC ns. 177/1988 e 18/1994, sinala que o Tribunal Constitucional rechaçou definitivamente o argumento de que o cidadão seria titular de direitos fundamentais apenas em relação aos poderes públicos, dado que "em um Estado Social de Direito não se pode sustentar com caráter geral que o titular de tais direitos não o seja na vida social"[269].

A bem dizer, o Tribunal Constitucional da Espanha vem adotando a tese de que o direito à tutela judicial efetiva poderia ser desatendido *inter privatos*, ou seja, pelo empresário (em coerência com a eficácia horizontal dos direitos fundamentais) desde a antológica STC n. 7/1993, quando afirmou, de uma vez e para sempre, que "retaliar um trabalhador com a despedida, por haver ele intentado o exercício da ação judicial, representa uma conduta vulneradora da tutela judicial efetiva, que deverá ser sancionada pelos Tribunais com a nulidade radical de tal medida"[270].

---

(265) VALLE MUÑOZ, F. A. La garantía de indemnidad del trabajador por el ejercitar acciones judiciales contra el empresario. *Revista Relaciones Laborales*, Madrid: La Ley, n. 9, año XXI, p. 11, mayo 2005.

(266) Cf. ALFARO, *apud* UBILLOS. *Op. cit.*, p. 310.

(267) *Op. cit.*, p. 330.

(268) *Op. cit.*, p. 227.

(269) MIRÓ, M. T. Igartua. *La garantía de indemnidad en la doctrina social del tribunal constitucional*, p. 10.

(270) *Vid.* BRAVO-FERRER, Rodríguez-Piñero. *Tutela judicial efectiva, garantia de indemnidad y represalias empresariales*, p. 639 e ss. Em espanhol: "represaliar a un trabajador con el despido por

Antes de decidir acerca da vingança patronal contra o exercício do direito de ação, a Sala 1ª da mesma Corte Constitucional havia afirmado, ao enfrentar um caso no qual se discutia a licitude constitucional de uma despedida adotada por uma empresa como uma sanção contra o forte conteúdo crítico de algumas manifestações públicas sobre o seu funcionamento (STC n. 88, de 19 de julho de 1985), que "a celebração de um contrato de trabalho não implica de modo algum a privação para uma das partes, o trabalhador, dos direitos que a Constituição lhe reconhece como cidadão", pois "nem as organizações empresariais formam mundos separados e estanques do resto da sociedade nem a liberdade de empresa estabelecida no art. 38 do texto constitucional (espanhol) legitima que quem preste serviço naquelas por conta e sob a dependência de seus titulares deva suportar abusos transitórios ou limitações injustificadas de seus direitos fundamentais e liberdades públicas, que têm um valor central e nuclear no sistema jurídico constitucional"[(271)].

Na Argentina, o art. 75, inciso 22, da Constituição[(272)] concede hierarquia constitucional a vários tratados internacionais de direitos humanos, inclusive o Pacto Internacional de Direitos Econômicos, Sociais e Culturais, cujas normas estabelecem direitos laborais não somente nas hipóteses em que o Estado é o empregador, mas fundamentalmente nos casos em que o empregador é privado.

---

haber intentado el ejercicio de la acción judicial, representa una conducta vulneradora de la tutela judicial efectiva, que habrá de ser sancionada por los Tribunales con la nulidad radical de tal medida".

(271) Em espanhol: "la celebración de un contrato de trabajo no implica en modo alguno la privación para una de las partes, el trabajador, de los derechos que la Constitución le reconoce como ciudadano" pues "ni las organizaciones empresariales forman mundos separados y estancos del resto de la sociedad ni la libertad de empresa que establece el art. 38 del texto constitucional legitima el que quienes presten servicios en aquéllas por cuenta y bajo la dependencia de sus titulares deban soportar despojos transitorios o limitaciones injustificadas de sus derechos fundamentales y libertades públicas, que tienen un valor central y nuclear en el sistema jurídico constitucional".

(272) "Art. 75 de la Constitución Nacional: Corresponde al Congreso: [...] 22. Aprobar o desechar tratados concluidos con las demás naciones y con las organizaciones internacionales y los concordatos con la Santa Sede. Los tratados y concordatos tienen jerarquía superior a las leyes. La Declaración Americana de los Derechos y Deberes del Hombre; la Declaración Universal de Derechos Humanos; la Convención Americana sobre Derechos Humanos; el Pacto Internacional de Derechos Económicos, Sociales y Culturales; el Pacto Internacional de Derechos Civiles y Políticos y su Protocolo Facultativo; la Convención sobre la Prevención y la Sanción del Delito de Genocidio; la Convención Internacional sobre la Eliminación de todas las Formas de Discriminación Racial; la Convención sobre la Eliminación de todas las Formas de Discriminación contra la Mujer; la Convención contra la Tortura y otros Tratos o Penas Crueles, Inhumanos o Degradantes; la Convención sobre los Derechos del Niño; en las condiciones de su vigencia, tienen jerarquía constitucional, no derogan artículo alguno de la primera parte de esta Constitución y deben entenderse complementarios de los derechos y garantías por ella reconocidos. Sólo podrán ser denunciados, en su caso, por el Poder Ejecutivo nacional, previa aprobación de las dos terceras partes de la totalidad de los miembros de cada Cámara. Los demás tratados y convenciones sobre derechos humanos, luego de ser aprobados por el Congreso, requerirán del voto de las dos terceras partes de la totalidad de los miembros de cada Cámara para gozar de la jerarquía constitucional."

Como anota Christian Courtis[273], a Corte Interamericana de Direitos Humanos foi consultada sobre o alcance dos direitos dos trabalhadores migrantes em situação irregular e, por meio da Opinião Consultiva, OC n. 18/2003, afirmou enfaticamente:

> Em uma relação laboral regida pelo direito privado, deve-se ter em conta que existe uma obrigação de respeito aos direitos humanos entre particulares. Isto é, da obrigação positiva de assegurar a efetividade dos direitos humanos protegidos [...] derivam efeitos em relação a terceiros (*erga omnes*). Dita obrigação foi desenvolvida por uma doutrina jurídica e, particularmente, pela teoria do *Drittwirkung,* segundo a qual os direitos fundamentais devem ser respeitados tantos pelos poderes públicos como pelos particulares em relação com outros particulares.

O autor argentino, em um fragmento de seu texto que contempla não apenas a eficácia *inter privatos* (ou eficácia horizontal, como prefere parte da doutrina) dos direitos fundamentais, mas também a possibilidade de atribuir-se igual efeito aos tratados de direito internacional sobre direitos humanos, explica a influência de tal construção teórica: "Se a norma internacional consagra direitos que configuram posições jurídicas nas quais os particulares são sujeitos passivos, esses direitos — uma vez convertidos em direito interno — são fonte direta de obrigações entre particulares. Nesse sentido, dizer que os direitos humanos consagrados nos tratados internacionais de direitos humanos podem ser invocados entre particulares não sugere maior inconveniente conceitual"[274].

Já no Brasil, e não obstante o STF não tenha decidido sobre a garantia de indenidade, esse mesmo tribunal deu um bom passo quando, por maioria expressiva, decidiu:

> As violações a direitos fundamentais não ocorrem somente no âmbito das relações entre o cidadão e o Estado, mas igualmente nas relações travadas entre pessoas físicas e jurídicas de direito privado. Assim, os direitos fundamentais assegurados pela Constituição vinculam diretamente não apenas os poderes públicos, estando direcionados também à proteção dos particulares em face dos poderes privados.[275]

Atualmente, existe, inclusive, a possibilidade de a própria constituição tomar posição quanto à vinculação das pessoas privadas aos preceitos constitucionais

(273) COURTIS, C. La eficacia de los derechos humanos en las relaciones entre particulares. In: SARLET, I. W. (org.). *Constituição, direitos fundamentais e direito privado.* Porto Alegre: Livraria do Advogado, 2006. p. 405.

(274) COURTIS. *Op. cit.*, p. 418.

(275) STF, RE n. 201819/RJ, Rel. Min. Gilmar Mendes (relatora originária Min. Ellen Gracie), DJ 27.10.2006, p. 64.

que respeitam a direitos, liberdades e garantias. É o que sucede com o art. 18, n. 1, da Constituição portuguesa[276]: "Os preceitos constitucionais respeitantes aos direitos, liberdades e garantias são diretamente aplicáveis e vinculam as entidades públicas e privadas".

Discorre-se, bem se vê, sobre a obrigação que têm os demandados de suportar a ação judicial sem engendrar medidas de represália quando exerçam seu direito de ampla defesa. Por outro lado, parece sugestivo também investigar em que medida vem consentindo a jurisprudência quanto à titularidade e exercício dos direitos fundamentais pelos trabalhadores, sempre que a existência ou a efetividade de tais direitos sofrem influência da assimetria que caracteriza a relação de emprego. A este tema estão dedicadas as reflexões que seguem.

5.4. Os direitos fundamentais na relação privada de trabalho

O dado histórico de os direitos de liberdade serem os primeiros a se converterem de direitos humanos em direitos fundamentais, operando-se a conquista dessa nova dignidade jurídica por meio da migração de citados direitos para as constituições modernas, tem contribuído para que os trabalhadores sejam reconhecidos como cidadãos e, nessa conta, como titulares de direitos e garantias constitucionais frente ao poder público, sem que a mesma titularidade seja assegurada, às vezes, no campo das relações de poder que se estabelecem no âmbito mais restrito do vínculo de trabalho.

Ademais, a posterior inclusão dos direitos sociais entre os direitos fundamentais pelas constituições do século XX terá significado um inegável avanço normativo, mas o passo da lógica à experiência nem sempre é um percurso muito cômodo. Após destacar a falta de sincronismo jurídico no reconhecimento e desfrute dos direitos de liberdade que cabe aos trabalhadores quando atuam no âmbito social, como meros cidadãos, e quando o fazem no âmbito das organizações produtivas, Valdés analisa essa discrepância:

> Desde uma ótica lógico-formal, as identidades entre uma e outra situação são evidentes e contundentes: em ambas o direito é o mesmo e indivisível e em ambas, também, a titularidade se atribui em função de um mesmo e indivisível *status*: o da pessoa humana. As diferenças,

(276) Segundo MIRANDA, Jorge. *Manual de direito constitucional*, parte IV. p. 285, nota 2, o teor do citado dispositivo da Constituição portuguesa não é comum em outras constituições, referindo-se somente a do Cabo Verde, e a um projeto de constituição na Suíça, no mesmo sentido.

> por outro lado, são expressivas em um plano duplo e entrelaçado: o lugar de exercício dos direitos e o sujeito frente ao qual se exercem os direitos. De uma valoração dessas convergências e divergências, não me parece atrevido atribuir às primeiras um caráter substancial e às segundas, outro, acidental. A essência de um direito, adornado com as características da fundamentalidade, não deveria alterar-se em razão do *lócus* de seu exercício. Sem embargo, e desde uma perspectiva material, a acidentalidade tem primado durante longo tempo sobre a substancialidade. O que aos trabalhadores era reconhecido em sua *veste nua* de cidadãos, era-lhes negado ou, ao menos, discutido em sua indivisível qualidade de cidadãos/trabalhadores.(277)

O autor assinala que a luta histórica pelos direitos pessoais de liberdade pode resumir-se em uma reivindicação a favor da limitação de poderes, ou seja, trata-se da mesma lógica que impulsiona o trabalhador no sentido de sua emancipação frente a um poder privado: o poder do empresário. Anota, ainda, que a reivindicação dos direitos da pessoa do trabalhador sobreveio em um momento tardio, quando já se haviam guindado ao catálogo dos direitos fundamentais as liberdades de dimensão coletiva (direitos de greve e de sindicalização, por exemplo) e os direitos de prestação cuja satisfação exige do legislador medidas positivas concretas (direito a um salário suficiente, a uma jornada de trabalho limitada etc.).

Com apoio na doutrina de Del Rey Guanter, Valdés remata que, diversamente do que sucede com esses direitos sociais, o reconhecimento dos direitos fundamentais frente ao empresário não veio de reformas dos textos constitucionais: "sua silenciosa aparição e discreta consolidação têm causa não em uma inovação das normas com nível constitucional, senão em uma reconstrução dogmática da noção mesma de direito fundamental, em um *refinamento* na interpretação desses direitos"(278).

Em verdade, o poder crescente das instâncias de poder não estatais, como as grandes empresas ou as empresas em rede, no seio das economias capitalistas, converteu-se em uma ameaça à efetividade dos direitos humanos que não pode ser desconsiderada. Observa Daniel Sarmento que se a opressão e a injustiça não provêm somente dos poderes públicos, surgindo também no âmbito das relações privadas estabelecidas sob as regras de mercado — nas relações laborais, na sociedade civil, no ambiente de família etc. —, é certo que se deva estender a

---

(277) DAL-RÉ, F. Valdés. *Los derechos fundamentales de la persona del trabajador entre la resistencia a su reconocimiento y la reivindicación de su ejercicio*, p. 2.

(278) VALDÉS. *Op. cit.*, p. 4.

esses outros domínios o raio de incidência dos direitos fundamentais, pois do contrário sobreviria a frustração dos ideais morais e humanitários que lhes dão lastro[279].

Ao que parece, Valdés tem razão quando observa, com base na experiência, que quanto mais acentuado é o déficit de prestações básicas generalizadas, mais tênue é a demanda de tutela, no âmbito das organizações produtivas:

> Uma situação do mercado de trabalho desfavorável para os interesses dos trabalhadores, um movimento sindical debilitado e fragmentado, umas políticas públicas de transferência ao mercado dos instrumentos de proteção social ou uma aplicação política ou uma dura exaltação ideológica dos valores do mercado conformam um cenário no qual as reivindicações dos trabalhadores se concentram, apesar de tudo isso, em derredor dos interesses vitais que os direitos de liberdade coletiva e os direitos de prestação tendem a satisfazer.

Por sua vez, Igartua Miró sustenta que:

> O ponto de partida deve situar-se [...] na constatação, após uma aligeirada observação das "relações de convivência" nas organizações produtivas no mundo atual, da patente proliferação de condutas que vêm a ameaçar a vigência das liberdades dos trabalhadores no interior da empresa. Afirmação especialmente evidente, de forma específica em relação a determinados direitos fundamentais, tais como a intimidade, que se tornou muito mais vulnerável com o avanço irrefreável das novas tecnologias que começam a converter nossas vidas, também no âmbito laboral, em um autêntico "grande irmão".[280]

Como se verá mais adiante, a jurisprudência evoluiu na direção de garantir os direitos fundamentais frente ao poder do empresário em caso, por exemplo, de assédio moral ou *mobbing*, especialmente quando o empresário não respeita a intimidade do trabalhador[281] ou restringe abusivamente seu direito básico de portar-se segundo regras aceitáveis de trato social[282], assim como em hipóteses de violação do direito de igualdade[283] e em outras situações nas quais a liberdade do empregado colide com a liberdade do empresário, ponderando-se supremacia.

---

(279) SARMENTO, Daniel. *Direitos fundamentais e relações privadas*, p. 25.

(280) MIRÓ, Igartua. *La garantía de indemnidad en la doctrina social del tribunal constitucional*, p. 4.

(281) A revista íntima é regulamentada na Espanha pelo art. 18, ET e, em termos de trabalhadores brasileiros, é proibida pelo art. 373-A, VI, da CLT.

(282) O Procurador do Trabalho no Brasil detectou casos em que os empregados iam ao serviço e o tempo de permanência era arbitrado e fiscalizado pelo empresário.

(283) Como se verá mais a frente, são vários os casos de julgamento no Brasil e na Espanha nos quais empregados não estáveis são readmitidos por causa de discriminação de gênero, idade ou raça no aspecto do ato de demissão.

Em todos esses casos, não há puramente um direito de prestação a favor do empregado, senão o exercício de um direito fundamental relacionado com a igualdade ou com a liberdade imanentes à dignidade da pessoa do trabalhador. Por tal razão, o Tribunal Constitucional espanhol tem declarado que a celebração do contrato de trabalho não implica a privação ao trabalhador dos direitos que a Constituição lhe reconhece como cidadão, ainda que o contrato possa modular ou condicionar seu exercício, como apontou Rodríguez-Piñero(284) ao referir-se à SSTC n. 6/1988.

Igartua Miró adverte que não é tarefa simples encontrar uma única causa que justifique por que os trabalhadores mostram-se agora em atitude muito mais ofensiva no tocante à defesa de seus direitos, em especial dos direitos fundamentais, ponderando com notável acerto:

> [...] entre todas as razões ou causas possíveis, a nosso entender, a que se reveste de maior importância é a patente individualização das sociedades em que vivemos e a reprodução desse aspecto no mundo do trabalho, em cujo seio os movimentos desse gênero se têm plasmado, inclusive nas próprias relações entre as distintas fontes da relação laboral, com um peso específico crescente do contrato individual do trabalho.
>
> Mais em concreto, a doutrina não tem titubeado em pôr a alça de mira no reencontro do trabalhador, de cada trabalhador, consigo mesmo, portanto, na "crescente personalização" ou, nas já clássicas palavras de Simitis, em *la riscoperta dell'individuo* pelo ordenamento laboral. Como se indicou com acerto, assistimos à necessidade de que o ordenamento normativo do contrato laboral se adapte mais aos interesses e necessidades do trabalhador de carne e osso.(285)

À tomada de consciência por parte do cidadão trabalhador de sua própria dignidade se somariam, conforme Igartua Miró, "uma certa perda de espaço e de credibilidade dos sujeitos coletivos" e o "ativismo mostrado pelo Tribunal Constitucional na defesa dos direitos fundamentais no seio do contrato de trabalho". Entretanto, a autora anota que muito ainda há a percorrer, porquanto na prática é fácil constatar, em convergência com Molina Navarrete, que "o respeito à dignidade do trabalhador segue sendo mais um princípio normativo — dever ser — que uma realidade, um dado factual — ser"(286).

---

(284) BRAVO-FERRER, M. Rodríguez-Piñero. *Tutela judicial efectiva, garantía de indemnidad y represalias empresariales*, p. 637.

(285) *Op. cit.*, p. 5.

(286) MIRÓ. *Op. cit.*, p. 8.

Quando se defende a ideia de que o empresário deve suportar a ação judicial sem promover represálias, também se assegura ao empregado um direito que não corresponde diretamente a um direito social (não obstante o conteúdo da demanda judicial eventualmente seja atinente às liberdades coletivas ou a algum direito de prestação), mas a uma garantia de tutela judicial de quaisquer direitos fundamentais[287]. Nota, a esse propósito, Igartua Miró:

> [...] o Tribunal Constitucional, em uma mostra mais de sua sensibilidade ao exercício dos direitos fundamentais pelo trabalhador, justifica sua construção, tendente a uma ampliação progressiva da garantia (de indenidade), na indubitável necessidade de garantir ao trabalhador nem tanto que não se lhe obstaculize o acesso à justiça com impedimentos materiais que, de fato, façam-na impossível, senão, e bem ao contrário, combater que seu exercício tenha consequências negativas.
>
> A tal vem unir-se, ademais, a intenção de neutralizar, quiçá de forma sutil e algo encoberta, o próprio temor pelo conjunto de trabalhadores das futuras represálias empresariais. Desta forma, poderíamos dizer que se busca que esse certo e fundado temor não impeça ao "contratante débil" o exercício de ações contra sua contraparte laboral em defesa de seus direitos, quaisquer que sejam estes e independentemente de sua fundamentalidade.[288]

A horizontalidade do direito à tutela judicial efetiva, ou a sua eficácia *inter privatos* nos casos de ações judiciais relacionadas com a relação laboral, não deve, portanto, sofrer resistência doutrinária, se é aceita a obrigação de que as pessoas privadas investidas de poder cumpram a generalidade dos direitos fundamentais que lhes afetam e se o desenvolvimento dos direitos de liberdade da pessoa do trabalhador ganha espaços irreversíveis na experiência jurídica.

---

(287) Na verdade, nem sempre a garantia é relativa a direitos fundamentais, mas assim se tem dito para enfatizar a tendência de ancorar os direitos trabalhistas entre os fundamentais, a partir das constituições sociais do século XX.

(288) *Ob. cit.* p. 27.

II — Conceito, História e Conteúdo Jurídico da Garantia de Indenidade

6. *Conceito de garantia de indenidade*

A garantia de indenidade consiste em "uma técnica de proteção do exercício dos direitos fundamentais", segundo a síntese feliz de Casas Baamonde[(289)]. Não obstante a expressão seja recente, trata-se de "uma nova denominação da ineficácia dos atos empresariais lesivos de direitos fundamentais", como aponta Rodríguez-Piñero[(290)], com igual capacidade de concisão.

Sempre que alguém exige a proteção de um direito fundamental afeto à liberdade ou a uma prestação de direito social, à pessoa privada ou pública obrigada a atender a demanda é vedado retaliar, vingar-se pela queixa ou reclamação que lhe é dirigida, pois tolerar a represália do demandado importaria subtrair do direito fundamental descumprido sua plena efetividade, ou a possibilidade de ele se realizar materialmente. O ato de represália é, por isso e sem mais, radicalmente nulo.

Apesar de seu uso preponderante em relação às despedidas que intentam opor-se ao exercício do direito fundamental de tutela judicial efetiva[(291)], o conceito

---

(289) BAAMONDE, M. E. Casas. *Tutela judicial efectiva y garantía de indemnidad* (el derecho a la garantía de indemnidad en la jurisprudencia constitucional), p. 697.

(290) BRAVO-FERRER, M. Rodríguez-Piñero. *Tutela judicial efectiva, garantía de indemnidad y represalias empresariales,* p. 637.

(291) Art. 24.1, CE. Todas las personas tienen derecho a obtener tutela efectiva de los jueces y tribunales en el ejercicio de sus derechos e intereses legítimos, sin que, en ningún caso, pueda producirse indefensión. Segundo Igartua Miró (*op. cit.,* p. 32), "aunque, como regla de principio, se predica la indemnidad en relación a todos los derechos fundamentales, [...] el avance más espectacular en esta materia se ha producido en relación a un concreto derecho fundamental que no es otro que el derecho a la tutela judicial efectiva".

garantia de indenidade é associado por Álvares Alonso[(292)] a várias outras possibilidades:

> A amplitude de faculdades que integram os poderes empresariais, assim como o aspecto de a relação laboral prolongar-se no tempo, propiciam que as represálias possam aparecer sob distintas formas (despedidas, sanções disciplinares, transferências, remoções, alteração funcional, privação de complementos salariais etc.) e em momentos diversos (durante o desenvolvimento da relação de trabalho, no momento de sua extinção e, inclusive, antes e depois do período de vigência do contrato). Pois bem, a garantia de indenidade, em princípio, gera efeitos frente a todo esse elenco de medidas de retorsão imagináveis, com inteira independência de qual seja o instrumento ou embasamento escolhido pelo empregador para prejudicar o trabalhador litigante [...].

A nulidade das medidas de represália, inclusive da despedida, corresponde ao desígnio de efetividade (do direito fundamental vindicado) e tem "efeito dissuasório mais geral sobre o eventual exercício de ações por parte de outros trabalhadores, que se veriam condicionados pelo medo de perder o emprego"[(293)].

Quanto a sua estrutura e conteúdo, percebe-se que a garantia de indenidade não seria *a priori* um direito, senão um instrumento a serviço de um direito propriamente dito, ou seja, seria a imunização dos que exercem um direito fundamental, especialmente o direito ao exercício de ação judicial[(294)]. Contudo, seu aspecto estrutural não deve impressionar, inclusive porque a doutrina constitucional tem relativizado o seu caráter instrumental para considerar, em senda mais larga, que "é um direito substantivo, não processual, com as consequências derivadas de tal natureza e a deflagração de seus efeitos não unicamente frente aos poderes públicos, senão nas relações entre particulares"[(295)].

Além de tais características, que a diferenciam de outros direitos substantivos, há quem sustente, e o Tribunal Constitucional espanhol pareceu sustentar por algum tempo, que a garantia de indenidade baseada na tutela judicial efetiva apresenta uma peculiaridade mais: "a definição de sua lesão, ou seja, da represália, pela presença em sua produção de um propósito lesivo ou atentatório"[(296)]. Outras

(292) *Op. cit.*, p. 95.

(293) ALONSO. *Op. cit.*, p. 15.

(294) Segundo ALONSO. *Op. cit.*, p. 35, "aunque ello sea así desde el punto de vista del contenido y estructura de este mecanismo de tutela, desde la perspectiva de su reconocimiento constitucional y de su incardinación en el derecho a la tutela judicial efectiva, la garantía de indemnidad goza en si misma del carácter de derecho fundamental como componente integrante del art. 24.1 CE".

(295) BAAMONDE. *Op. cit.*, p. 697.

(296) BAAMONDE. *Op. cit.*, p. 697. Em espanhol: "la definición de su lesión, esto es, de la represalia, por la presencia en su producción de un propósito lesivo o atentatorio".

hipóteses de indenidade não comportam a análise desse elemento subjetivo, como adiante se verá.

Em verdade, a expressão garantia de indenidade designa um conceito com dois significados que exibem uma relação de continência, pois um se apresenta com sentido amplo e o outro com sentido mais preciso, como costuma ser reportado pela doutrina[297]. A acepção estrita distingue uma manifestação particular do conteúdo básico do direito à tutela judicial efetiva e a acepção larga se refere à proibição de represália ante o exercício de qualquer direito fundamental, não somente do direito de ação judicial. Embora devamos explorar mais a indenidade *stricto sensu*, a indenidade genérica interessa igualmente para que se possa compreender o real fundamento da entidade jurídica e sua possível extensão a outros efeitos.

6.1. Garantia de indenidade *lato sensu*

Não obstante esteja atualmente relacionada com a eficácia dos direitos fundamentais, a expressão "garantia de indenidade" já foi usada, *ergi gratia* pelo teórico argentino Jorge Omar Frega[298], para dizer que "a amplitude da obrigação principal do contrato de seguro de responsabilidade civil é a garantia de indenidade do segurado". O termo "indenidade", segundo o Dicionário da Real Academia Espanhola, implica "el estado o situación de quien está libre de daño o perjuicio", na mesma toada do Dicionário Eletrônico Houaiss da Língua Portuguesa, com base no qual se pode afirmar que "indene" é aquele "que não sofreu nada, dano; livre de prejuízo" e "indenidade" é a "qualidade ou estado de indene; isenção de dano".

Entretanto, operou-se um ajuste semântico, ao menos na Espanha, de modo que a aplicação da *garantia de indenidade* ali se há restringido, quase exclusivamente, às relações de trabalho[299]. No que tange à garantia de indenidade genérica, Valle Muñoz[300] afirma que outros direitos fundamentais tiveram seu exercício assegurado pelo Tribunal Constitucional espanhol, como a liberdade ideológica, a liberdade de expressão, a liberdade de informação, o direito de greve e muito especialmente o direito de liberdade sindical. Quanto às liberdades

---

(297) *Vid.* ALONSO, D. *La garantía de indemnidad del trabajador frente a represalias empresariales*, p. 38 e ss.

(298) FREGA, J. Omar. Seguros: La citación en garantía y la integración: contratos, su tratamiento y problemática. *Ponencia en I Congreso Internacional del Mercosur la Plata*, abr. 2004. Disponível em: <http://www.colproba.org.ar/mercosur/32.asp>.

(299) *Vid.* ALONSO. *Op. cit.*, p. 32.

(300) MUÑOZ, F. A. Valle. *La garantía de indemnidad del trabajador por ejercitar acciones judiciales contra el empresario*, p. 12.

de ideologia, de expressão e de informação, os precedentes(301) do Tribunal Constitucional citados pelo autor não se referem textualmente à garantia de indenidade, senão a casos concretos nos quais haveria a violação dos mencionados direitos fundamentais e o Tribunal afirmou deles a invulnerabilidade, que é, *grosso modo*, o que sucede quando se menciona expressamente a garantia de indenidade.

Mas essa relação de continência entre a indenidade genérica e a garantia de indenidade *stricto sensu*, esta voltada apenas à imunização do demandante judicial, não é consenso doutrinário. Desde uma perspectiva mais rigorosa, Santiago Redondo defende:

> [...] inferir da coincidência terminológica uma equiparação material, a meu juízo, seria desafortunado. Resultaria que um instituto pensado para vedar as revanches empresariais originadas pelo legítimo exercício da tutela judicial viria a confundir-se com outra noção mais geral, a proibição de efeitos negativos pelo exercício de direitos fundamentais.(302)

Aparentemente de modo mais flexível, Valle Muñoz adverte que a distinção entre indenidade genérica e indenidade estrita seria, até certo ponto, artificial se considerado que o próprio conjunto de direitos laborais, tanto ordinários como constitucionais, depende, em seu exercício, da garantia de uma eficaz proteção jurisdicional ou do acesso à tutela judicial efetiva, pelo que o desconhecimento da garantia de indenidade suporia indiretamente uma vulneração dos mesmos(303).

Avançando um tanto mais, Álvarez Alonso pondera que bem poderia agregar-se a esse conceito amplo de indenidade certos preceitos da legislação laboral que também protegem o trabalhador de danos ou prejuízos associados ao exercício de determinados direitos laborais, exigindo igualmente a declaração de nulidade das represálias empresariais — a título de exemplo, o autor menciona, entre outras, as garantias estabelecidas em torno dos trabalhadores que ostentam a condição de representantes unitários ou sindicais e as relativas à gestação e à maternidade da mulher trabalhadora(304).

---

(301) STC n. 47/1985 sobre liberdade ideológica, SSTC ns. 88/1985 e 57/1999 sobre liberdade de expressão, SSTC ns. 6/1998, 57/1999, etc. sobre liberdade de informação.

(302) REDONDO, K. M. Santiago. *Garantía de indemnidad o inejecución anticipada de sentencias. Despido contra cesión ilegal en locutorios telefónicos* (*Comentario a las SSTC ns. 196, 197 y 199/ 2000*). p. 693.

(303) *Op. cit.*, p. 13.

(304) *Op. cit.*, p. 38. As garantias em favor dos representantes unitários ou sindicais estariam previstas no art. 28.1, CE e nos arts. 17.1, 53.4, 55.5 e 68.c ET, além da Convenção n. 135 da OIT; no Brasil, o art. 8º CRFB e o art. 543 CLT asseguram proteção contra a demissão de dirigentes e representantes

É possível dizer que a garantia de indenidade afeta geralmente às relações públicas e privadas, mas se pode também afirmar, com o apoio de Casas Baamonde, que "na jurisprudência constitucional, todas as duas decisões, sem exceção, referem-se ao âmbito material laboral (às relações de trabalho em sentido amplo, e também às relações de emprego), restringindo-se a expressão 'garantia de indenidade' ao exercício pelos trabalhadores e funcionários públicos dos direitos fundamentais à tutela judicial efetiva [...] e ao direito de liberdade sindical"(305).

6.1.1. *Garantia de indenidade sindical*

Acerca da garantia de indenidade que toca à liberdade sindical, María Emilia Casas Baamonde, em escrito datado de 2006, quando era Presidente do Tribunal Constitucional da Espanha, explica que aquela Corte assim a denominou a partir do precedente STC n. 87/1998, mas desde antes "há reconhecido aos trabalhadores, assim como aos funcionários públicos e ao pessoal regido pelo Estatuto, ademais de reconhecer aos próprios sindicatos, a garantia de indenidade [...] frente às faculdades empresariais de despedida, disciplinaria ou sancionadora e organizativa, de empregadores públicos e de empresários privados"(306). A liberdade sindical está prevista no art. 28.1 da Constituição espanhola(307).

Citando vários precedentes do Tribunal Constitucional em texto e em notas(308), Casas Baamonde refere-se ao precedente STC n. 198/2004 para

sindicais, ocorrendo a ratificação da Convenção n. 135 da OIT em 1990. Na Espanha, o emprego da mulher grávida que deu à luz recentemente ou se encontre em situação de aleitamento materno está assegurado nos arts. 14 CE e 17.1 ET, enquanto, no Brasil, o direito de estabilidade até o quinto mês após o parto está previsto no art. 10 ADCT (Ato das Disposições Constitucionais Transitórias).

(305) *Op. cit.*, p. 698. Em igual sentido: ALONSO, Álvarez. *Op. cit.*, p. 41, apesar de este autor afirmar que (nota 50 da p. 32): "recientemente ha aparecido la primera aplicación de la garantía de indemnidad del art. 24 CE en un contexto no laboral por parte del TC. Se trata de la STC n. 186/2003, que aborda un supuesto protagonizado por un recluso que resulta perjudicado en el cómputo del beneficio de redención de la pena por el trabajo como consecuencia de haber impugnado ante el Juez de Vigilancia Penitenciaria unas sanciones impuestas por la Administración carcelaria. Para el TC, el perjuicio ocasionado al presidiario por la Administración carcelaria supone una lesión del derecho a la tutela judicial efectiva [...]".

(306) *Op. cit.*, p. 699.

(307) Art. 28.1, CE — Todos tienen derecho a sindicarse libremente. La ley podrá limitar o exceptuar el ejercicio de este derecho a las Fuerzas o Institutos armados o a los demás Cuerpos sometidos a disciplina militar y regulará las peculiaridades de su ejercicio para los funcionarios públicos. La libertad sindical comprende el derecho a fundar sindicatos y a afiliarse al de su elección, así como el derecho de los sindicatos a formar confederaciones y a formar organizaciones sindicales internacionales o a afiliarse a las mismas. Nadie podrá ser obligado a afiliarse a un sindicato.

(308) Sobre a garantia de indenidade que protege aquele que exerce o direito a liberdade sindical contra as faculdades empresariais de demitir, de disciplinar ou de punir e organização de empregadores públicos e de empresários privados: SSTC ns. 38/1981, 94/1984, 88/1985, 38/1986, 104/1987, 166/1988, 114/1989, 135/1990, 21/1992, 7/1993, 180/1994 e 90/1997. Quando o direito de liberdade

assentar que a garantia de indenidade "necessariamente há de proteger, em primeiro lugar, ao representante sindical frente à despedida motivada pelo exercício de sua função representativa, mas não unicamente ao representante sindical, nem somente frente à despedida".

Em momento outro, a mesma autora observa que a garantia de indenidade, no tocante à liberdade sindical, protege os representantes sindicais ante qualquer tipo de prejuízo ou ingerências indevidas de terceiros, incluída a imposição de condenações penais derivadas do exercício da função sindical. O precedente por ela citado é a STC n. 185/2003, cujo dispositivo não contém o provimento do recurso de amparo, mas ainda assim é emblemático porque dá a conhecer a ampla dimensão objetiva que pode alcançar a garantia de indenidade, inclusive quando oposta ao Estado. O recurso foi interposto por um homem que havia sido punido por estacionar seu veículo sem respeitar uma placa de proibição e que alegou em sua defesa, sem produzir prova, que seu carro participava de uma manifestação provido de megafone e portando panfletos que seriam distribuídos durante a marcha. O Tribunal Constitucional afirmou que não se havia vulnerado o direito de reunião alegado pelo demandante porque não ficou provado que o mesmo participasse de uma manifestação. De todo modo, Casas Baamonde enfatiza:

> [...] este Tribunal vem reiterando desde longínqua jurisprudência que "a utilização de um direito constitucional não pode nunca ser objeto de sanção" (STC n. 11, de 8 de abril de 1981, fj 22), o que se há predicado tanto em relação com a imposição de sanções de caráter laboral (por todas, STC n. 198, de 15 de novembro de 2004, fj 8), administrativo (por todas, STC 42, de 14 de fevereiro de 2000, fj 5, precisamente em relação ao direito de reunião), como penal (por todas, STC ns. 39, de 28 de fevereiro de 2005, fj 5; ou 196, de 28 de outubro de 2002, fj 6, esta última também relativa ao direito de reunião). A dimensão objetiva dos direitos fundamentais e seu caráter de elementos essenciais do ordenamento jurídico impõem aos poderes públicos a obrigação de ter presente seu conteúdo constitucional, impedindo reações que suponham seu sacrifício desnecessário ou desproporcional ou tenham um efeito dissuasivo ou desalentador de seu exercício. Por isso, se o poder público prescinde da circunstância de que está em jogo um direito fundamental e se incluem entre as

---

sindical fica afetado e prejudicado se a atividade sindical tem consequências negativas para quem a realiza ou se este fica prejudicado pelo desempenho legítimo da atividade sindical: SSTC ns. 191/1998, 201/1999, 30/2000, 265/2000, 44/2001, 173/2001, 214/2001, 229/2002, 111/2003, 185/2003, 44/2004, 79/2004, 188/2004, 198/2004, 17/2005, 92/2005, 216/2005, 241/2005, 326/2005, 336/2005 e ATC 178/2003.

hipóteses sancionáveis as condutas que inequivocamente hão de ser qualificadas como pertencentes ao âmbito objetivo do exercício do mesmo, vulnera-se esse direito, pois ainda que a subsunção dos fatos na norma fosse possível conforme o seu teor literal, os fatos provados não podem ser ao mesmo tempo valorados como atos de exercício de um direito fundamental e como condutas constitutivas de infração (por todas, STC n. 185, de 27 de outubro de 2003, fj 5). Nesse contexto, sem embargo, também tem destacado este Tribunal que quando se alega a imposição de uma sanção pelo exercício de um direito fundamental é necessário, previamente a qualquer outra consideração e especialmente à de seu concreto exercício, [...] analisar se a conduta objeto de sanção pode enquadrar-se no âmbito próprio do direito fundamental invocado, o que exige situar a primeira análise não no âmbito dos limites externos ao exercício do direito, senão na prévia delimitação de seu conteúdo (por todas, SSTC ns. 127, de 19 de julho de 2004, fj 4; ou 185, de 27 de outubro de 2003, fj 5).(309)

A garantia de indenidade sindical não exige o elemento subjetivo, ou seja, o propósito de desagravar o exercício de direito fundamental. Em análise da STC n. 326/2005, Esther Sánchez Torres transcreve um fragmento importante desse precedente do Tribunal Constitucional: "a vulneração de direitos fundamentais não fica condicionada à concorrência de dolo ou culpa na conduta do sujeito ativo ou à indagação de fatores psicológicos e subjetivos, sendo este elemento

(309) Em espanhol: "[...] este Tribunal ha venido reiterando desde muy temprana jurisprudencia que "la utilización de un derecho constitucional no puede nunca ser objeto de sanción" (STC n. 11, de 8 de abril de 1981, FJ 22), lo que se ha predicado tanto en relación con la imposición de sanciones de carácter laboral (por todas, STC n. 198, de 15 de noviembre de 2004, fj 8), administrativo (por todas, STC n. 42, de 14 de febrero de 2000, FJ 5, precisamente en relación con el derecho de reunión), como penal (por todas, STC n. 39, de 28 de febrero de 2005, FJ 5; o n. 196, de 28 de octubre de 2002, FJ 6, ésta última también en relación con el derecho de reunión). La dimensión objetiva de los derechos fundamentales y su carácter de elementos esenciales del Ordenamiento jurídico imponen a los poderes públicos la obligación de tener presente su contenido constitucional, impidiendo reacciones que supongan su sacrificio innecesario o desproporcionado o tengan un efecto disuasivo o desalentador de su ejercicio. Por ello, si el poder público prescinde de la circunstancia de que está en juego un derecho fundamental y se incluyen entre los supuestos sancionables conductas que inequívocamente han de ser calificadas como pertenecientes al ámbito objetivo del ejercicio del mismo, se vulnera este derecho, pues aunque la subsunción de los hechos en la norma fuera posible conforme a su tenor literal, los hechos probados no pueden ser a un mismo tiempo valorados como actos de ejercicio de un derecho fundamental y como conductas constitutivas de una infracción (por todas, STC n. 185, de 27 de octubre de 2003, FJ 5). En este contexto, sin embargo, también ha destacado este Tribunal que cuando se alega la imposición de una sanción por el ejercicio de un derecho fundamental es necesario, previamente a cualquier otra consideración y especialmente a la de si su concreto ejercicio supuso o no una extralimitación del mismo, analizar si la conducta objeto de sanción puede encuadrarse en el ámbito propio del derecho fundamental invocado, lo que exige situar el primer análisis no en el ámbito de los límites externos al ejercicio del derecho, sino en el previo de la delimitación de su contenido (por todas, SSTC ns. 127, de 19 de julio de 2004, FJ 4; ó 185, de 27 de octubre de 2003, FJ 5)."

intencional irrelevante se constatada a presença de um nexo de causalidade adequado entre o comportamento antijurídico e o resultado lesivo para o bem ou para o direito objeto de tutela (SSTC ns. 11, de 13 de janeiro de 1998, fj 6; 225, de 26 de novembro de 2001, fj 4; 66, de 21 de março de 2002, fj 3; e 80, de 4 de abril de 2005, fj 5)"(310). A autora comenta:

> Esta doutrina facilita a atividade probatória, uma vez que racionaliza a tutela constitucional. Em uma controvérsia que tenha por objeto as diferenças entre trabalhadores ordinários e trabalhadores que ostentem cargo representativo, o núcleo do debate não é se ambos os coletivos devem ter as mesmas condições laborais, mas o fato de que as diferenças que prejudiquem aos segundos, acabam atuando como elemento dissuasório que afeta a atividade sindical e impede, com isso, o papel dos representantes dos trabalhadores como agentes compensadores da desigualdade entre contratantes, inerente — com caráter geral — à relação laboral.(311)

Como observou Igartua Miró, o confronto dessas garantias leva à conclusão de que ambas compartilham uma origem ou tronco comum (a violação de um direito fundamental), mas também se notam algumas diferenças: "enquanto a garantia de indenidade forma parte do conteúdo clássico da liberdade sindical, a indenidade do litigante constitui uma ampliação do conteúdo e do âmbito de eficácia tradicionais do direito à tutela judicial efetiva"(312).

6.1.2. Garantia de indenidade em caso de greve

Outra interessante expressão da garantia de indenidade é aquela inerente ao direito de greve. A saber, o art. 28.2 da Constituição espanhola eleva o direito de greve à classe de direito fundamental, sinalando:

> É reconhecido o direito à greve dos trabalhadores para a defesa de seus interesses. A lei que regule o exercício deste direito estabelecerá

(310) Em espanhol: "la vulneración de derechos fundamentales no queda supeditada a la concurrencia de dolo o culpa en la conducta del sujeto activo o a la indagación de factores psicológicos y subjetivos, siendo este elemento intencional irrelevante si se constata la presencia de un nexo de causalidad adecuado entre el comportamiento antijurídico y el resultado lesivo para el bien o derecho objeto de tutela (SSTC ns. 11, de 13 de enero de 1998, FJ 6; 225, de 26 de noviembre de 2001, FJ 4; 66, de 21 de marzo de 2002, FJ 3; y 80, de 4 de abril de 2005, FJ 5)".

(311) Sánchez Torres, E. *La garantía de indemnidad por ejercicio de cargo sindical: a propósito de la STC n. 326, de 12 de dezembro de 2005*. Disponível em: <http://www.upf.edu/iuslabor/012006/STC.EstherSanchez.htm>.

(312) *Op. cit.*, p. 35.

as garantias precisas para assegurar a manutenção dos serviços essenciais da comunidade.[313]

De modo semelhante, o art. 9º da Constituição brasileira consagra a greve como direito fundamental, a preceituar:

Art. 9º É assegurado o direito de greve, competindo aos trabalhadores decidir sobre a oportunidade de exercê-lo e sobre os interesses que devam por meio dele defender.

§ 1º A lei definirá os serviços ou atividades essenciais e disporá sobre o atendimento das necessidades inadiáveis da comunidade.

§ 2º Os abusos cometidos sujeitam os responsáveis às penas da lei.

Segundo Antonio Baylos Grau, a greve não pode dar lugar a sanção alguma do empregador como represália por seu exercício, aduzindo o professor da Universidad de Castilla la Mancha que "esta proibição não somente alcança os atos sancionatórios que assim se apresentem, ainda que não tenham caráter definitivo ou se utilizem como medida de contrapressão frente à greve, senão que se estende a todo tipo de represálias ou consequências negativas para o trabalhador derivadas de sua participação em uma greve"[314].

Quando menciona as medidas de contrapressão empresariais, Baylos cita o caso concreto analisado no precedente STC n. 66, de 21 de março de 2002, no qual a empresa promove a dispensa de três trabalhadores e os readmite depois, condicionando essa readmissão ao término da greve, de maneira que "a recontratação passou a somar-se às negociações sindicais que motivavam a greve". O Tribunal decidiu então que a despedida de três trabalhadores e sua posterior readmissão tiveram efeitos diretos sobre a greve, produzindo-se um menoscabo do exercício do direito fundamental e dos propósitos que com o mesmo se perseguiam.

Baylos enfatiza que a indenidade não se esgota na dimensão individual do direito de greve, estendendo-se também à faceta coletiva do mesmo, pois impede atos do empresário de retorsão ou represália pelo exercício desse direito[315]. O autor faz menção à STC n. 80/2000, que aborda um caso no qual se condiciona a intervenção do sindicato legitimado em um processo de negociação à renúncia

---

(313) Em espanhol: "Se reconoce el derecho a la huelga de los trabajadores para la defensa de sus intereses. La ley que regule el ejercicio de este derecho establecerá las garantías precisas para asegurar el mantenimiento de los servicios esenciales de la comunidad".

(314) GRAU, A. Baylos. *La regulación del derecho de huelga en el ordenamiento jurídico español a los 25 años de la Constitución de 1978*. Disponível em: <http://www.faculdadescuritiba.br/webmkt/pesquisa/pesquisa_arquivos/publicacoes/juridica/2artigo2antonio.pdf>.

(315) *Op. cit.*, p. 56.

do direito, exigindo-se a desconvocação de greve já em curso. O Tribunal Constitucional espanhol ponderou:

> [...] não consideramos conforme ao direito à negociação coletiva contido no de liberdade sindical que, em virtude de um pacto de se desconvocar a greve, não subscrito por um dos sindicatos que a convocaram, uma fase do processo de negociação possa extrair-se do órgão legalmente estabelecido para esse efeito e atribuído a um órgão criado *ad hoc*, com exclusão de um dos sindicatos com legitimação legal para dele participar, excluído porque não concorda em cumprir uma condição, que não tem outro fundamento senão o pacto mesmo subscrito entre terceiros. E não resulta tampouco convincente que a atitude adotada por um sindicato no exercício do direito fundamental de greve (art. 28.2 CE) possa ser justificativa constitucionalmente aceitável da limitação de seu direito de negociação coletiva, quando esta tem lugar entre outros titulares desse direito.(316)

Em suma, a doutrina constitucional evoluiu na direção da inteira imunização dos titulares de direitos fundamentais, negando eficácia a todos os estorvos engendrados contra a efetividade de tais direitos pelo poder público ou por particulares investidos de poder social, especialmente o empresário. A seguir, trataremos especificamente da garantia de indenidade que concerne à tutela judicial efetiva, a pupila cintilante na pesquisa que se desenvolve por meio deste trabalho.

6.2. Garantia de indenidade em sentido estrito

Apesar da relevância da indenidade genérica, que afeta a todo direito fundamental, a manifestação mais inquietante da garantia de indenidade é decerto a que deriva do art. 24.1 da Constituição espanhola, ou seja, a que se desenvolve a partir do direito fundamental à tutela judicial efetiva, o qual assim se revela segundo o Tribunal Constitucional da Espanha:

---

(316) Em espanhol: "[...] no consideramos conforme al derecho a la negociación colectiva contenido en el de libertad sindical, que, a virtud de un pacto de desconvocatoria de la huelga, no suscrito por uno de los sindicatos convocantes, una fase del proceso negociador pueda extraerse del órgano legalmente establecido al efecto, reservándolo a un órgano creado *ad hoc*, con exclusión de uno de los sindicatos con legitimación legal para participar en él, si no accede a cumplir una condición, que no tiene más fundamento que el pacto mismo suscrito entre terceros ajenos a él. Y no resulta tampoco convincente que la actitud adoptada por un sindicato en el ejercicio del derecho fundamental de huelga (art. 28.2 CE), pueda ser justificación constitucionalmente aceptable de la limitación de su derecho de negociación colectiva, cuando ésta tiene lugar entre otros titulares de ese derecho".

> [...] não somente se satisfaz mediante a atuação dos juízes e tribunais, mas também por meio da garantia de indenidade. Isso significa que o exercício da ação judicial ou dos atos preparatórios ou prévios ao mesmo não podem ser seguidos de consequências prejudiciais no âmbito das relações públicas ou privadas para as pessoas que os protagonizam. No âmbito das relações laborais, a garantia de indenidade se traduz na impossibilidade de adotar medidas de represália derivadas do exercício, pelo trabalhador, da tutela de seus direitos.[317]

Em algumas ocasiões, o Tribunal Constitucional tem enfatizado que a garantia de indenidade é um direito fundamental ínsito ao direito fundamental à tutela judicial efetiva, ou seja, é um direito fundamental de caráter substantivo que remete, sem embargo, ao desfrute dos direitos processuais[318].

Como notou Palomeque López, secundado por Valle Muñoz[319], para a Corte Constitucional a tutela judicial efetiva não consiste apenas em evitar a procrastinação do trâmite processual ou em impedir o direito ao juiz natural ou ao contraditório em um processo qualquer, "senão também em evitar a perda de respeito ao trabalhador que tem que judicializar sua vida laboral".

A resposta repressiva, por parte do empresário, contra o acesso do trabalhador à via judicial pode expressar-se de vários modos, além da despedida[320]. Acresce Álvarez Alonso[321] que desde o precedente STC n. 14/1993 o Tribunal vem entendendo que a proibição estabelecida para o despedimento no art. 5º-C da Convenção n. 158 da OIT — a qual prevê a garantia de indenidade, como adiante se verá — "há de fazer-se extensiva, também, a qualquer outra medida dirigida a impedir, coactar ou retaliar o exercício de tutela judicial".

Depois de fazer uma breve abordagem histórica da garantia de indenidade *stricto sensu* (tema do próximo capítulo), estudaremos, com mais detalhes, o

(317) SSTC n. 14/1993. Em igual sentido, de acordo com BAAMONDE. *Op. cit.*, p. 701: SSTC ns. 54/1995, 197/1998, 101/2000, 196/2000, 199/2000, 198/2001, 55/2004, 87/2004, 38/2005, 144/2005, 171/2005, 298/2005 e AATC 267/2000, 219/2001, 350/2004 e 423/2004. No original: "[...] no sólo se satisface mediante la actuación de los Jueces y Tribunales, sino también a través de la garantía de indemnidad. Esto significa que el ejercicio de la acción judicial o de los actos preparatorios o previos al mismo no pueden seguirse consecuencias perjudiciales en el ámbito de las relaciones públicas o privadas para las personas que los protagonizan. En el ámbito de las relaciones laborales, la garantía de indemnidad se traduce en la imposibilidad de adoptar medidas de represalia derivadas del ejercicio, por el trabajador, de la tutela de sus derechos".

(318) *Vid.* BAAMONDE. *Op. cit.*, p. 701. A autora cita as STC n. 128/2002, STC n. 7/1993 e ATC n. 300/2000 para apoiar a sua afirmação.

(319) *Op. cit.*, p. 21/22.

(320) Em passagem anterior, citamos, como exemplos de condutas repressivas cuja validade poderia ser questionada, as sanções disciplinares, remoções, transferências, alterações funcionais e a privação de promoções ou de incrementos salariais.

(321) *Op. cit.*, p. 96.

significado e o real alcance desse instituto, o que define, ao fim e ao cabo, a matéria e o objetivo do presente trabalho.

7. *O surgimento e a história normativa da garantia de indenidade*

A relevância de investigar a origem da garantia de indenidade tem a ver com o ineditismo do instituto na doutrina científica de países latino-americanos, não obstante a quase inacessibilidade do poder judiciário para os trabalhadores que ainda mantêm seus vínculos de emprego, quando pretendem reclamar direitos relativos a essa relação ainda não terminada.

O aspecto de ter a indenidade nascida como criação jurisprudencial fortalece a importância de saber qual o fundamento normativo que permite tal inferência e de indagar acerca da possível existência de igual base jurídica, ainda não suficientemente explorada, em outros países, especialmente no Brasil.

7.1. A evolução da jurisprudência constitucional a partir do princípio da igualdade

Em verdade, o gérmen da garantia de indenidade foi o princípio da igualdade e proibição de discriminações. Inicialmente, o Tribunal Constitucional reportou-se à figura da despedida discriminatória, qualificando-a de radicalmente nula enquanto lesiva de direitos fundamentais. E houve um considerável avanço quando o Tribunal declarou que "a celebração do contrato de trabalho não implica de modo algum a privação para uma das partes, o trabalhador, dos direitos que a Constituição lhe reconhece como cidadão (STC n. 88/1985), ainda que o contrato possa modular ou condicionar seu exercício (STD n. 6/1988)"[(322)].

Longe de basear-se na efetividade da tutela judicial prevista no art. 24.1 da Constituição, o Tribunal Constitucional da Espanha anunciava a ilicitude de

(322) *Vid.* BRAVO-FERRER, M. Rodríguez-Piñero. Tutela judicial efectiva, garantía de indemnidad y represalias empresariales. In: *Derecho vivo del trabajo y constitución*: estudios en homenaje al profesor doctor Fernando Suárez González. Madrid: La Ley, 2004. p. 637. Na STC n. 6/1988, que analisou um suposto em que se discutia a liberdade de expressão, o TC afirmou: "Aunque 'la celebración de un contrato de trabajo no implica en modo alguno la privación para una de las partes, el trabajador, de los derechos que la Constitución le reconoce como ciudadano' (STC n. 88/1985), no es menos cierto que la existencia de una relación contractual entre trabajador y empresario genera un complejo de derechos y obligaciones recíprocas que condicionan el ejercicio de la libertad considerada, de modo que manifestaciones de tal libertad que en otro contexto pudieran ser legítimas no tienen por qué serlo, necesariamente, dentro del ámbito de esa relación contractual (STC n. 120/1983)".

medidas de represália cujo móvel fora a intenção de discriminar aquele que ajuizara uma questão de direito social, qualificando de discriminatória sobretudo a conduta empresarial de represália relativa ao exercício pelo trabalhador da tutela de seus direitos[(323)].

Além do suporte constitucional do princípio da igualdade, Rodríguez-Piñero adverte que, no seio da OIT, a Comissão de Peritos exigiu, mediante documento datado de 1988, que se instituíssem garantias protetoras de toda pessoa que apresentasse uma reclamação ante as autoridades competentes ou que iniciasse uma ação judicial em defesa de seus direitos, ou que houvesse dela participado na qualidade, por exemplo, de testemunha. A Comissão de Peritos indicou que as represálias contra uma pessoa que foi discriminada e que faça uso de seu direito à igualdade terão efeitos perniciosos até quando se puserem em prática as disposições antidiscriminatórias, por levar as pessoas discriminadas a desconfiar dos procedimentos legais[(324)].

A bem dizer, o princípio da igualdade operou em dois sentidos: por um lado, a discriminação do autor do processo laboral fazia nula a medida empresarial de represália; por outra parte, surgem enfim as primeiras normas jurídicas que explicitam a nulidade da "despedida que constitua uma reação do empresário a uma queixa formulada no nível da empresa ou a uma ação judicial encaminhada a fazer respeitar o princípio da igualdade"[(325)], como, aliás, prevê o art. 5º da Diretiva n. 75/117/CEE e o art. 7º da Diretiva n. 76/207/CEE. Assim se manifesta Álvarez Alonso[(326)], que complementa:

> E essa proteção se estende nas Diretivas ns. 200/43/CE, 2000/78/CE e 2002/73/CE a "qualquer tratamento diverso ou consequência negativa que possa produzir-se como reação ante uma reclamação ou ante um procedimento destinado a exigir o cumprimento do princípio de igualdade de tratamento", ampliando a proteção frente a reações empresariais repressivas em situações distintas da despedida.
>
> As Diretivas ns. 75/117/CEE e 76/207/CEE estabeleceram a obrigação para os Estados-membros da União Europeia de introduzir em seus ordenamentos jurídicos as medidas necessárias para que as pessoas prejudicadas pela aplicação do princípio da igualdade de remuneração

(323) Como exemplos de decisões do Tribunal Constitucional igualmente baseadas no princípio de igualdade, BAAMONDE. *Op. cit.*, p. 729, cita as SSTC ns. 54/1995, 101/2000, 5/2003, 38/2005, 144/2005, 171/2005 e 298/2005.

(324) *Op. cit.*, p. 638/639. O autor cita o documento nomeado Estudio General, 1988, § 226, também referido por BRAVO-FERRER. *Op. cit.*, p. 640.

(325) Em espanhol: "despido que constituya una reacción del empresario a una queja formulada a nivel de empresa, o a una acción judicial encaminada a hacer respetar el principio de igualdad".

(326) *Op. cit.*, p. 23.

ou de trato possam fazer valer seus direitos pela via judicial, prevendo em seguida a obrigação, uma vez mais, de "proteger os trabalhadores contra qualquer despedida que constitua uma reação do empresário a uma queixa formulada no âmbito da empresa, ou a uma ação judicial encaminhada a fazer respeitar o princípio da igualdade"(327).

Por outro lado, partia-se da ideia de que o art. 24 da Constituição espanhola teria "como único destinatário o órgão judicial, pelo que um empresário através da despedida não podia lesionar o direito à tutela judicial e um processo com todas as garantias", como anotou Rodríguez-Piñero(328) em perspectiva histórica.

7.2. A garantia de indenidade fundada na violação do art. 24.1 da Constituição da Espanha — a mudança de fundamento jurídico

Na firme convicção de que são nulas as medidas repressivas contra a realização de direitos fundamentais, a jurisprudência não abandonou, por completo, a remissão que, como visto, vinha fazendo ao princípio da igualdade. Anota Casas Baamonde(329) que o fundamento da igualdade e proibição de discriminações continua sendo referido em outras legislações e na jurisprudência, com vistas a justificar a garantia de indenidade, valendo-se desse fundamento também o Tribunal de Justiça da Comunidade Europeia, que afirma, com base nas diretivas já mencionadas, a proteção do trabalhador nos casos de ações judiciais voltadas à concretização do princípio da igualdade de trato.

É importante notar que, no âmbito comunitário, a STJCE de 22 de setembro de 1998 (Assunto C n. 185/97, caso Coote) sobre a interpretação da Diretiva n. 76/207/CEE, contém afirmação de que "o princípio de controle jurisdicional efetivo consagrado pelo art. 6º da Diretiva quedaria privado no essencial de sua eficácia se a proteção que confere não incluísse as medidas que [...] podem chegar a adotar um empresário como reação a uma ação judicial exercida por um empregado ante os tribunais com o objetivo de garantir o respeito ao princípio da igualdade de trato. Com efeito, o temor de tais medidas, contra as quais não se pudesse exercer nenhuma ação em via judicial, poderia dissuadir os trabalhadores que se considerassem discriminados de fazer valer seus direitos pela via jurisdicional

(327) Em espanhol: "proteger a los trabajadores contra cualquier despido que constituya una reacción del empresario a una queja formulada en el ámbito de la empresa, o a una acción judicial encaminada a hacer respetar el principio de igualdad".

(328) *Op. cit.*, p. 639.

(329) *Op. cit.*, p. 703.

e, portanto, poderia pôr em perigo gravemente a consecução do objetivo perseguido pela diretiva"[330].

Volvendo à doutrina do Tribunal Constitucional espanhol, vê-se que se consolidava o silogismo fundado no princípio da igualdade e, quase ao mesmo tempo, o mesmo Tribunal validava definitivamente a asserção de que "a utilização de um direito constitucional não pode nunca ser objeto de sanção"[331], como o disse, por exemplo, no precedente em que decidiu pela imunização de um trabalhador que havia exercido o direito de greve (STC n. 11/1981).

Por sua vez, o art. 5º-C da Convenção n. 158 da OIT, aprovada em 1982 e ratificada pela Espanha em 1985[332], estabelece que não constitui causa justificada para a terminação da relação de trabalho "apresentar uma queixa ou participar em um procedimento entabulado contra um empregador por supostas violações de leis ou regulamentos".

Assim, não bastava impedir a discriminação contra o demandante ou assegurar a invulnerabilidade dos que recorriam ao poder judiciário em defesa de direitos fundamentais, pois faltava assentar que o direito de ação, como primeira manifestação do direito à tutela judicial efetiva, era *per se* um direito fundamental cujo exercício não poderia ser objeto de represália.

Ademais, "a discriminação não se traduz necessariamente em um ato de represália, que mascare um móvel de repressão do direito à tutela judicial, e são possíveis tratos diferentes não discriminatórios que, apesar de o serem, constituam reações repressivas contra o exercício de ações judiciais"[333], inclusive porque pode faltar uma referência, um termo de comparação idôneo para efetuar o juízo constitucional de igualdade, como se decidiu na STC n. 298/2005.

O precedente STC n. 7/1993 representou, em tal contexto, o marco de uma nova fase na jurisprudência constitucional espanhola porquanto nele se assentou que a garantia de indenidade deve ser compreendida como uma vertente da tutela judicial efetiva, não mais se limitando ao fundamento restrito do princípio da igualdade:

---

(330) *Vid.* ALONSO, Álvarez. *Op. cit.*, p. 70. Em espanhol: "el principio de control jurisdiccional efectivo consagrado por el artículo 6º de la Directiva quedaría privado en lo esencial de su eficacia si la protección que confiere no incluyera las medidas que [...] puede llegar a adoptar un empresario como reacción a una acción judicial ejercitada por un empleado ante los tribunales con el objeto de garantizar el respeto del principio de igualdad de trato. En efecto, el temor de tales medidas, contra las que no se pudiera ejercitar ninguna acción en vía judicial, podría disuadir a los trabajadores que se considerasen discriminados de hacer valer sus derechos por la vía jurisdiccional y, por tanto, podría poner en peligro gravemente la consecución del objetivo perseguido por la directiva".

(331) Em espanhol: "la utilización de un derecho constitucional no puede nunca ser objeto de sanción".

(332) Mediante instrumento publicado no BOE em 29 de junho de 1985.

(333) BAAMONDE. *Op. cit.*, p. 730. O exemplo seguinte (STC n. 298/2005) também é extraído da mesma obra.

1. Reitera-se a jurisprudência deste Tribunal que vem sustentando a nulidade radical das despedidas discriminatórias ou atentatórias de um direito fundamental. Tal qualificação mereceria o produzido (em retaliação) pelo exercício do direito à tutela judicial efetiva, em sua vertente de acesso aos Juízes e Tribunais em defesa de direitos e interesses legítimos (fj. 3).[(334)]

2. Retaliar um trabalhador com a despedida por haver ele intentado o exercício de ação judicial representa uma conduta vulneradora da tutela judicial efetiva que haverá de ser sancionada pelos Tribunais com a nulidade radical da medida (fj. 3).[(335)]

3. Este Tribunal vem declarando que quando se invoque pelo trabalhador que uma despedida é discriminatória ou lesiva de qualquer direito fundamental, aportando para isso indícios que geram uma suspeita razoável, aparência ou presunção em favor da alegação de que houve discriminação, incumbe ao empresário a prova da existência de um motivo razoável para a despedida (SSTC ns. 38/1981, 55/1983, 104/1987, 114/1989, 135/1990 e 21/1992) (fj. 4).[(336)]

4. Naqueles casos em que a transcendência interdisciplinar é susceptível de distinta valoração, o empresário há de provar, tanto que sua medida é razoável e objetiva, como que não encobre uma conduta contrária a um direito fundamental, devendo alcançar necessariamente esse resultado probatório, não bastando que o tente (fj. 4).[(337)]

Portanto, a garantia de indenidade é um instituto jurídico proveniente de criação jurisprudencial, não obstante sua recente transposição ao art. 37.4 da Lei n. 62/2003, que deu nova redação ao art. 17.1 do Estatuto dos Trabalhadores para ali constar: "Serão igualmente nulas as decisões do empresário que suponham um trato desfavorável dos trabalhadores como reação ante uma reclamação efetuada na empresa ou uma ação judicial destinada a exigir o cumprimento do princípio de igualdade de trato ou não discriminação"[(338)].

---

(334) Em espanhol: "Se reitera jurisprudencia de este Tribunal que viene sosteniendo la nulidad radical de los despidos discriminatorios o atentatorios de un derecho fundamental. Tal calificación merecería lo producido por el ejercicio del derecho a la tutela judicial efectiva, en su vertiente de acceso a los Jueces y Tribunales en defensa de derechos e intereses legítimos [F.J. 3]".

(335) Em espanhol: "Represaliar a un trabajador con el despido por haber intentado el ejercicio de la acción judicial, representa una conducta vulneradora de la tutela judicial efectiva que habrá de ser sancionada por los Tribunales con la nulidad radical de tal medida [F.J. 3]".

(336) Em espanhol: "Este Tribunal viene declarando que cuando se invoque por el trabajador que un despido es discriminatorio o lesivo de cualquier derecho fundamental, aportando para ello indicios que generen una razonable sospecha, apariencia o presunción en favor del alegato discriminatorio, incumbe al empresario la prueba de la existencia de un motivo razonable del despido (SSTC ns. 38/1981, 55/1983, 104/1987, 114/1989, 135/1990 y 21/1992) [F.J. 4]".

(337) Em espanhol: "En aquellos casos en que la trascendencia disciplinaria es susceptible de distinta valoración, el empresario ha de probar, tanto que su medida es razonable y objetiva, como que no encubre una conducta contraria a un derecho fundamental, debiendo alcanzar necesariamente dicho resultado probatorio, sin que baste el intentarlo [F.J. 4]".

(338) Em espanhol: "Serán igualmente nulas las decisiones del empresario que supongan un trato desfavorable de los trabajadores como reacción ante una reclamación efectuada en la empresa o ante

Segundo Álvarez Alonso, também as Diretivas ns. 2000/78/CE e 2002/73/CE ampliaram a proteção para abranger situações distintas da despedida e assim absorver de forma expressa o critério do Tribunal de Justiça da Comunidade Europeia que, como já se viu, estendeu a toda medida de represália a garantia de indenidade.

Não obstante a proteção oferecida pelas citadas normas internacionais e comunitárias seja fragmentada e insuficiente, porquanto protegeriam somente o autor de demandas baseadas no princípio da igualdade, e também devido ao aspecto de que, especialmente no que toca à Convenção n. 158 da OIT, referem-se apenas à despedida como medida de represália a ser inibida(339), a verdade é que a garantia assegurada pelo Tribunal Constitucional da Espanha é mais genérica e se inclui definitivamente dentro do conteúdo do direito à tutela judicial efetiva (art. 24.1, CE). O Tribunal(340) ditou:

> [...] no campo das relações laborais, a garantia de indenidade se traduz na impossibilidade de adotar medidas de represália derivadas do exercício pelo trabalhador da tutela de seus direitos, donde se segue a consequência de que uma atuação empresarial motivada pelo fato de haver exercitado uma ação judicial tendente ao reconhecimento de alguns direitos dos quais o trabalhador se supunha titular deve ser qualificada como discriminatória e radicalmente nula porque contrária a esse mesmo direito fundamental, já que entre os direitos laborais básicos de todo trabalhador se encontra o de exercitar individualmente as ações derivadas de seu contrato de trabalho (art. 4.2.G do Estatuto dos Trabalhadores).(341)

Segundo o Tribunal Constitucional espanhol, a garantia de indenidade protege não apenas em relação à despedida, senão ante qualquer medida de reação empresarial contra o exercício de ação judicial pelo trabalhador. Ademais, "a vulneração do direito à tutela judicial efetiva não somente se produz por

---

una acción judicial destinada a exigir el cumplimiento del principio de igualdad de trato y no discriminación".

(339) Cf. ALONSO, Álvarez. *Op. cit.*, p. 25.

(340) STC n. 5/2003, f.j. 7; SSTC n. 54/1995, f.j. 3; SSTC n. 140/1999, f.j. 4; SSTC n. 101/2000, f.j. 2; SSTC n. 196/2000, fl. 3., em conformidade com citação de ALONSO, Álvarez. *Op. cit.*, p. 29.

(341) Em espanhol: "[...] en el campo de las relaciones laborales, la garantía de indemnidad se traduce en la imposibilidad de adoptar medidas de represalia derivadas del ejercicio por el trabajador de la tutela de sus derechos, de donde se sigue la consecuencia de que una actuación empresarial motivada por el hecho de haber ejercitado una acción judicial tendente al reconocimiento de unos derechos de los que el trabajador se creía asistido, debe ser calificada como discriminatoria y radicalmente nula por contraria a ese mismo derecho fundamental, ya que entre los derechos laborales básicos de todo trabajador se encuentra el de ejercitar individualmente las acciones derivadas de su contrato de trabajo (art. 4.2.g del Estatuto de los Trabajadores)".

irregularidades ocorridas no processo que ocasionem a privação de garantias processuais, senão que tal direito pode ver-se violado igualmente quando seu exercício, ou a realização pelo trabalhador de atos preparatórios ou prévios necessários ao exercício de uma ação judicial, produza como consequência uma conduta de represália por parte do empresário"(342).

Se nos transportarmos para assuntos já devidamente estudados na primeira fase deste trabalho monográfico, Casas Baamonde sublinha que "essa construção da jurisprudência constitucional se situa e se baseia no reconhecimento da própria substantividade dos direitos fundamentais e de sua titularidade pelos trabalhadores e empresários na execução dos contratos de trabalho"(343). O conteúdo normativo e a eficácia direta e imediata dos direitos fundamentais são pressupostos da garantia de indenidade, seja em sua perspectiva genérica, seja em sua modalidade específica.

7.3. A opção pela nulidade radical da medida de represália — reintegração em vez de indenização

Há direitos de fundo constitucional cuja eficácia depende do conteúdo jurídico que lhes é emprestado pela doutrina e pela jurisprudência. Se o significado da expressão "direito ao trabalho" é associado somente a políticas de combate às taxas de desemprego e ao direito de o empregado demitir-se, não se põe em jogo, como ousou fazer o Tribunal Constitucional da Espanha, a qualidade do trabalho garantido. A plena eficácia de tal direito seria alcançada sem maior dificuldade.

Acerca das novas perspectivas desse e de outros direitos, Pérez Rey sinala que os direitos individuais clássicos do liberalismo decimonônico não desaparecem no estado social, pois antes se reafirmam a partir de novos e auspiciosos prismas:

> A liberdade já não é apenas imunidade frente ao comportamento estatal, porquanto também se a deve garantir frente à compulsão que supõe a necessidade; a igualdade deixa de fixar-se no parâmetro reduzido do tratamento normativo para se intentarem certas doses

---

(342) STC n. 5/2003, fl. 7; SSTC n. 14/1993, fl. 3; SSTC n. 140/1999, fl. 4; SSTC n. 101/2000, f.j. 2 e outras, em conformidade com ALONSO, Álvarez. *Op. cit.*, p. 31. Em espanhol: "la vulneración del derecho a la tutela judicial efectiva no sólo se produce por irregularidades acaecidas dentro del proceso que ocasionen privación de garantías procesales, sino que tal derecho puede verse lesionado igualmente cuando su ejercicio, o la realización por el trabajador de actos preparatorios o previos necesarios para el ejercicio de una acción judicial, produzca como consecuencia una conducta de represalia por parte del empresario".

(343) *Op. cit.*, p. 702.

de uniformidade nas condições dos indivíduos; da propriedade se realça sua "função social" e a democracia intenta ser algo mais que política, surgindo as noções de democracia econômica e a mais utópica de democracia industrial ou empresarial.[344]

Assim, verifica-se também a proposta, no plano doutrinário, de um novo conceito de outro dos princípios clássicos do liberalismo: segurança jurídica, que "pugna a favor de um sistema jurídico previsível e transparente, acomodado a regras conhecidas de produção normativa". Em seguida, afirma Pérez Rey que "também se pretende que esta segurança seja segurança material frente à necessidade, é dizer, que assegure ao cidadão seu sustento, independentemente das vicissitudes que ao largo da vida se deem"[345]. Nesse sentido, é emblemático um precedente do Tribunal Constitucional da Espanha[346]:

> O direito ao trabalho não se esgota na liberdade de trabalhar; supõe também o direito a um posto de trabalho e como tal apresenta um duplo aspecto: individual e coletivo, ambos reconhecidos nos arts. 35.1 e 40.1 de nossa Constituição, respectivamente. No aspecto individual, concretiza-se no *igual direito de todos a um determinado posto de trabalho se se cumprem os requisitos necessários de capacitação,* e no *direito à continuidade ou estabilidade no emprego, é dizer, a não ser despedido se não existe uma justa causa.* Em sua dimensão coletiva, o direito ao trabalho implica também um mandato aos poderes públicos para que levem a cabo uma política de pleno emprego, pois em caso outro o exercício do direito ao trabalho por uma parte da sociedade leva consigo a negação desse mesmo direito para outra parte da mesma.[347]

Para o professor Pérez Rey, esse avanço exegético, levado a efeito pelo Tribunal Constitucional, permite afirmar que o empresário não pode desistir unilateralmente do contrato, salvo quando esteja em curso o período de prova. O fundamento dessa proibição está na ordem constitucional, confirmando Vida,

---

(344) REY, J. Pérez. *Estabilidad en el empleo.* Madrid: Trotta, 2004. p. 37.

(345) *Idem.*

(346) STC n. 22/1981, sem itálico no original.

(347) Em espanhol: "El derecho al trabajo no se agota en la libertad de trabajar; supone también el derecho a un puesto de trabajo y como tal presenta un doble aspecto: individual y colectivo, ambos reconocidos en los artículos 35.1 y 40.1 de nuestra Constitución, respectivamente. En su aspecto individual, se concreta en el igual derecho de todos a un determinado puesto de trabajo si se cumplen los requisitos necesarios de capacitación, y en el derecho a la continuidad o estabilidad en el empleo, es decir, a no ser despedidos si no existe una justa causa. En su dimensión colectiva el derecho al trabajo implica además un mandato a los poderes públicos para que lleven a cabo una política de pleno empleo, pues en otro caso el ejercicio del derecho al trabajo por una parte de la población lleva consigo la negación de ese mismo derecho para otra parte de la misma".

Monereo e Molina[348] que a "limitação da liberdade empresarial [...] em atenção à segurança no emprego é justificada pelo Tribunal Constitucional como uma realização da garantia constitucional do direito ao trabalho (STCo n. 22, 2 julho de 1981, fj. 8)"[349]. Rematam Baylos e Pérez que:

> [...] desde esta perspectiva o ato de despedida se arrebata da lógica do cálculo econômico e da retórica organizacional da direção da empresa para situar-se diretamente numa dimensão política de um sistema democrático baseado no reconhecimento de direitos dos cidadãos que se constituem em uma dupla dimensão coletiva e individual no que tange à posição social do trabalhador assalariado.[350]

Em verdade, o constitucionalismo europeu emergente após a Segunda Guerra Mundial foi edificado em torno da cidadania social e seu conjunto de direitos. Todavia, apontam Baylos e Pérez que esses direitos atribuídos em função da posição social do sujeito se encontram sempre em conflitos com sua garantia[351]. Os mencionados professores da Universidade de Castilla la Mancha observam que "mesmo quando a jurisprudência constitucional se ocupou de precisar a natureza causal, formal e fiscalizável da despedida, guardou ela silêncio sobre quais hão de ser as consequências que acerca da extinção do contrato de trabalho devem ter as despedidas injustificadas por carecer de causa ou contrariar as formalidades necessárias"[352].

Por isso, e segundo a jurisprudência constitucional da Espanha, a obrigação de reintegrar não se configurou uma técnica única de satisfação nas despedidas carentes de motivação e a doutrina se convenceu de que o art. 35 da Constituição da Espanha não contém, em seu conteúdo essencial, a reintegração como elemento instrumental de concretização do princípio de causalidade da despedida[353].

Contudo, o Tribunal Constitucional da Espanha excluiu a possibilidade de *monetização* da despedida, ou seja, a faculdade empresarial de afastar a reintegração mediante o pagamento de indenização, nos casos em que a nulidade da despedida ocorreu por haver o ato empresarial violado os direitos fundamentais

(348) *Op. cit.*, p. 647.

(349) Em espanhol: "limitación de la libertad empresarial [...] en atención a la seguridad en el empleo del trabajador es justificada por el Tribunal Constitucional como una realización de la garantía constitucional del derecho al trabajo (STCo n. 22/1981, 2 julio, fj. 8)".

(350) GRAU, A. Baylos; REY, J. Pérez. *El despido o la violencia del poder privado*. Madrid: Trotta, 2009. p. 40.

(351) *Op. cit.*, p. 39.

(352) *Op. cit.*, p. 58.

(353) Cf. BAYLOS; PÉREZ. *Op. cit.*, p. 58/59. Os autores citam Valdés Val-Ré e, com respeito à doutrina que admite a indenização, referem-se a Gorelli Hernández.

ou as liberdades públicas do trabalhador. A paradigmática doutrina veio a reboque do precedente STC n. 38/1981 nesses termos:

> [...] a questão [...] é reconhecer o direito ou liberdade pública e adotar, dentro do previsto no art. 55.1 da Lei Orgânica do Tribunal Constitucional, as medidas precisas para restabelecer aos demandantes a integralidade de seu direito. Pois bem, cumpre-se dito objetivo afirmando que a nulidade é radical e, por isso, comporta necessariamente a reintegração, excluindo-se toda faculdade de opção exercitável pelo empresário, pois os efeitos que se enlaçam a tal nulidade reclamam a reintegração dos trabalhadores em seu posto com o pagamento dos salários e a manutenção de seus direitos adquiridos.(354)

Se a jurisprudência houvesse evoluído no sentido de assegurar a improcedência da despedida (no processo trabalhista espanhol, como adiante se verá, a impugnação da despedida gera decisão judicial que reconhece a procedência ou a improcedência da despedida, ou ainda a declaração de sua nulidade), sem atribuir-lhe a nulidade radical, a solução judicial teria o efeito de impor ao empresário o pagamento da indenização correspondente, confirmando "a eficácia extintiva da decisão empresarial, o que suporia, ao fim e ao cabo, a consolidação da represália pretendida"(355).

Inicialmente, o Tribunal Supremo reagiu de modo engenhoso, dado que no plano da legalidade não era fácil chegar à nulidade radical, que implicaria o resgate da relação de emprego. A teor do art. 56 do Estatuto do Trabalhador(356),

---

(354) Em espanhol: "[...] la cuestión [...] es reconocer el derecho o libertad pública y adoptar, dentro de lo previsto en el artículo 55.1 de la Ley Orgánica del Tribunal Constitucional, las medidas precisas para restablecer a los demandantes en la integridad de su derecho. Pues bien, se cumple dicho objetivo, afirmando que la nulidad es radical, y, por ello, comporta necesariamente la readmisión, excluyéndose toda facultad de opción ejercitable por el empresario, pues los efectos que se anudan a tal nulidad reclaman la reintegración de los trabajadores en su puesto con el pago de los salarios y el mantenimiento de sus derechos adquiridos".

(355) ALONSO, Álvarez. *Op. cit.*, p. 137.

(356) Art. 56. Despedida sem justa causa. 1. Quando a despedida for declarada ilícita, o empregador, no prazo de cinco dias da notificação da sentença, poderá optar pela readmissão do trabalhador, com o pagamento dos salários durante o processo abrigo da alínea *b* do n. 1, ou o pagamento dos seguintes montantes que serão fixados na sentença: a) Uma indenização de quarenta e cinco dias de salário por ano de serviço, rateado por meses os períodos de tempo inferiores a um ano e até quarenta e dois meses. b) Um montante igual à soma dos salários deixados de perceber desde a data de demissão ao conhecimento do juízo que declara a nulidade ou até que ele tivesse encontrado outro emprego, se tal depósito fosse anterior a este acórdão e se provasse pelo empregador percebido, pois as deduções dos salários para processamento. 2. No caso de opção entre reintegração ou indenização aplicável ao empregador, o contrato de trabalho se entenderá extinto na ficha de demissão, quando o empregador reconhecer a improcedência do mesmo e oferecer o montante referido na alínea *a* do número anterior depositando-o no Tribunal Social à disposição do trabalhador e colocando em seu conhecimento. Quando o trabalhador aceitar a indenização ou quando não a aceitar e a demissão seja declarada sem justa causa, a quantidade a que se refere a alínea b do número anterior ficará limitada aos salários acumulados a partir da data de demissão até a do depósito, salvo quando o depósito se realize nas quarenta e oito horas seguintes à demissão, nesse caso não deverá acumular quantidade nenhuma. Para esse efeito, o

nos casos de improcedência da despedida o empresário poderia sempre optar pelo pagamento de uma indenização compensatória em vez de reintegrar o trabalhador ofendido. Com o propósito de alcançar a plena efetividade do direito fundamental, a despedida deveria ser declarada nula para assim atrair a incidência do art. 55.6 do Estatuto dos Trabalhadores(357), não obstante as restrições do inciso anterior (inciso 5) desse mesmo dispositivo(358).

O Tribunal Supremo, que, na Espanha, exerce o controle da norma infraconstitucional e uniformiza a jurisprudência, recorreu primeiramente à antiga categoria das *despedidas em fraude à lei*, pois "se tratava de despedidas através das quais se intentava lograr um resultado não querido pelo ordenamento, por usar-se o poder disciplinar para fins distintos daqueles que o ordenamento jurídico reconhece e ampara, que afastavam a eficácia protetora da normativa laboral e respondiam ao 'propósito de burlar os fundamentais e legítimos direitos da trabalhadora demandante, com a conclusão de que o ato extintivo da relação laboral está viciado de nulidade radical', sendo por isso um 'ato contrário à realização da justiça'"(359).

Segundo o Tribunal Constitucional, tal ilação não seria apropriada, porque desde o precedente STC n. 7/1993 se afirma que "se a causa da despedida do trabalhador houvesse sido realmente uma reação das demandadas pelo fato de

---

reconhecimento da nulidade poderá ser realizado pelo empregador desde a data da demissão até a de liquidação (ns. 1 e 2, alterada pela Lei n. 45/2002). 3. No caso de não optar o empresário pela readmissão ou pela indenização, se entende que procede a primeira.

(357) Art. 55.6, ET — El despido nulo tendrá el efecto de la readmisión inmediata del trabajador, con abono de los salarios dejados de percibir. (modificado pela Lei n. 45/2002). Compreensão: A despedida nula implica a imediata reintegração do trabalhador, com pagamento de salários intercorrentes ao afastamento.

(358) 5. Será nula a despedida que tenha algumas das causas de discriminação proibidas na Constituição ou na Lei, ou que ocorram com violação de direitos fundamentais e liberdades públicas do trabalhador. Será também nula a despedida nos seguintes casos: a) Os trabalhadores durante o período de suspensão do contrato de trabalho para maternidade, risco durante a gravidez, adoção ou acolhimento ao que se refere a alínea *d* do n. 1 do art. 45 desta Lei, ou o notificado em uma data tal que o prazo de pré-aviso finalize dentro desse período. b) As trabalhadoras grávidas, desde a data de início da gravidez até a do começo do período de suspensão a que se refere a alínea *a*; trabalhadores que tenham solicitado uma das licenças referidas nos ns. 4 e 5 do art. 37 desta Lei, ou estejam desfrutando deles, ou tenham solicitado uma licença nos termos do § 3º do art. 46 da mesma; e as trabalhadoras vítimas de violência de gênero pelo exercício dos direitos de redução ou reorganizar de seu horário de trabalho, de mobilidade geográfica, de mudança de local de trabalho ou de suspensão da relação laboral, nos termos e condições reconhecidos nesta Lei (Parágrafo modificado pela Lei Orgânica n. 1, de 28 de dezembro de 2004). O estabelecido nas letras anteriores será de aplicação, salvo que a procedência da despedida seja declarada por motivos identificados e não relacionados com a gravidez ou com o exercício do direito às licenças.

(359) BRAVO-FERRER. *Op. cit.*, p. 642, citando as STS de 2 de junho de 1985, de 20 de fevereiro de 1989 (sobre o resultado não ser querido pelo ordenamento) e as SSTS de 15 de janeiro e de 9 de março de 1987 (porque iludiram a eficácia protetora da norma), além de transcrever parte das STS de 12 de julho de 1986 e a STS de 18 de março de 1986.

ele haver exercitado uma ação judicial tendente ao reconhecimento de alguns direitos de que se cria assistido, a qualificação de sanção seria a de radicalmente nula, tal como o entende a jurisprudência constitucional"[360].

O Tribunal Supremo reconheceu enfim a conexão da despedida por represália com a tutela judicial efetiva[361], inclusive porque, no que toca à despedida em fraude à lei, tem predominado o argumento formalista de que a Lei de Procedimentos Laborais não incluiu entre as causas de nulidade da despedida aquela que ocorre em fraude à lei[362].

Por que radicalmente nula? Faz tempo, a resposta do Tribunal Constitucional foi taxativa: "a despedida nula com nulidade radical é o tipo de ineficácia predicável a todas as despedidas vulneradoras ou lesivas de um direito fundamental, pelas consequências que implica a compulsória reintegração, excluída a possibilidade de indenização substitutiva" (STC n. 88/1985)[363].

8. O CONTEÚDO JURÍDICO DA GARANTIA DE INDENIDADE EM SENTIDO ESTRITO

8.1. A DIMENSÃO OBJETIVA DA GARANTIA DE INDENIDADE *STRICTO SENSU*

A evolução da doutrina constitucional desde 1993, ano em que se ditam as primeiras decisões do Tribunal Constitucional espanhol sobre a matéria[364], tem permitido a salvaguarda não somente de trabalhadores retaliados com a despedida, em razão do ajuizamento de uma pretensão laboral, no curso de

(360) Em espanhol: "si la causa de despido del trabajador hubiera sido realmente una reacción de las demandadas por el hecho de haber ejercitado una acción judicial tendente al reconocimiento de unos derechos de los que se creía asistido, la calificación de tal sanción sería la de radicalmente nula, tal como lo entiende la jurisprudencia constitucional".

(361) A propósito do tema, BRAVO-FERRER. *Op. cit.*, p. 645, cita a STS 18 de setembro de 1989.

(362) Cf. GRAU; REY. *Op. cit.*, p. 139 e ss. No entanto, os autores observam: "Aunque esta generalidad del fraude de ley, que desde el Título Preliminar del Código Civil, irradia su eficacia al conjunto del ordenamiento, hace dudar de la corrección de los argumentos jurisprudenciales que han descartado su aplicación al despido por no haberlo previsto expresamente el legislador laboral, desde el momento en que tal expresa alusión es innecesaria, pues el fraude, en cuanto cláusula puesta al servicio de garantizar la eficacia de las normas, no requiere de explícitos reenvíos intrainstitucionales". Citam a STC n. 37/1987, FJ 8º (p. 65-66). BRAVO-FERRER. *Op. cit.*, p. 645, argumentando que permaneceram na área da Suprema Corte, a assimilação de demissão em retaliação pelas demissões em fraude da lei.

(363) Em espanhol: "el despido nulo con nulidad radical es el tipo de ineficacia predicable de todos los despidos vulneradores o lesivos de un derecho fundamental, por las consecuencias que conlleva de obligada readmisión con exclusión de indemnización sustitutoria" (STC n. 88/1985).

(364) Santiago Redondo aponta a STC n. 7/1993 como a primeira a tratar do caso (*op. cit.*, p. 693/694).

uma relação de emprego típica. A garantia de indenidade *stricto sensu* tem sido progressivamente estendida a casos nos quais se debate o reconhecimento de uma relação de emprego (i), outros nos quais as medidas de represália são anteriores (ii) ou posteriores (iii) à relação laboral, seja a represália ocorrida na forma de despedida ou, como já foi analisado, por outro meio de retorsão[(365)], inclusive quando o intento é o de fazer o trabalhador vulnerável quando ele ainda realiza atos prévios necessários, ou quiçá desnecessários, à propositura da ação judicial.

8.1.1. A GARANTIA DE INDENIDADE APÓS O RECONHECIMENTO DE UMA RELAÇÃO DE EMPREGO

Acerca dos primeiros casos (debate sobre caracterizar-se o vínculo como um liame empregatício), Valle Muñoz pontuou que uma característica comum da maioria das decisões constitucionais fixa-se no aspecto de o exercício do direito de ação pelos afetados ter consistido em uma reclamação pelo reconhecimento e declaração judicial da *laboralidade* da relação — ou seja, de se cuidar de uma relação de emprego —, o que teria motivado a despedida[(366)].

Da mesma forma, Rodríguez-Piñero anota que, com frequência, a jurisprudência constitucional tem enfrentado problemas derivados de discrepâncias sobre a qualificação do contrato como de emprego ou sobre sua temporalidade (ou caracterização como contrato a termo), ou ainda sobre o posterior debate judicial a propósito de atos empresariais, em especial quando o empregador busca rechaçar a qualificação (da dispensa) pretendida exitosamente pelo empregado, ou quando o empregador se recusa a continuar a relação como laboral ou, enfim, a reconhecer o trabalhador como sujeito de contrato de emprego por tempo indefinido[(367)].

O mesmo autor se refere aos casos examinados nos precedentes SSTC ns. 140/1999, 168/1999 e 191/1999, nos quais alguns mensageiros admitidos como autônomos foram despedidos após pretender judicialmente que o contrato pactuado se qualificasse como de emprego. O empresário declarou, por meio de comunicação escrita sobre a resolução extintiva, que a cessação contratual se devia à conduta dos trabalhadores que haviam apresentado uma papeleta de

(365) Em rigor, a primeira vez em que o Tribunal Constitucional outorgou o amparo para assegurar a garantia de indenidade em um suposto de represália distinto da demissão foi por meio da STC n. 5/2003 e se tratava então de uma sanção disciplinar de suspensão de emprego e salário (cf. ALONSO, Álvarez. *Op. cit.*, p. 96).

(366) *Op. cit.*, p. 21. O autor cita García Perrote Escartín como apoio para sua afirmação.

(367) *Op. cit.*, p. 653.

conciliação, dando assim mostra inequívoca de não aceitarem o contrato mercantil ajustado e de pretenderem alterá-lo substancialmente para transformá-lo em uma relação laboral que não foi querida no momento da contratação e, ao mesmo tempo, a empresa propunha manter a relação mercantil nas condições antes contratadas.

Já no precedente STC n. 101/2000, um colaborador da Televisión Española S.A. havia pedido o reconhecimento da *laboralidade* de seu contrato e de se tratar de contrato por tempo indefinido, repelindo a natureza de "arrendamento de serviços" atribuído na contratação, mas a empresa, após ser notificada, comunicou-lhe que deveria deixar de subministrar notícias e reportagens. Nesse e em outros casos, o Tribunal Constitucional deu provimento aos recursos de amparo, pois considerou indício suficiente a favor da alegação de represália a correlação de datas existente entre o anterior acesso à jurisdição, a posterior despedida e o conteúdo das comunicações alusivas à cessação contratual[(368)].

Mas nem sempre o debate sobre a qualificação do contrato importa a indenidade, a juízo do próprio Tribunal Constitucional. O caso dos *locutorios de la Telefónica* (SSTC ns. 196, 197 e 199/2000) é antológico: cuida-se de recorrentes que prestavam serviço como telefonistas em cabines telefônicas (*locutorios*) cuja exploração cabia à Telefónica de España S.A. e ela o realizava por meio de subcontratações. Inicialmente, os trabalhadores apresentaram demanda judicial sob o argumento de que havia subcontratação ilegal e postulando, por conseguinte, sua incorporação à Telefónica na qualidade de empregados fixos. Eles se apoiavam em precedentes da *Sala de lo Social*, órgão fracionário do Tribunal Supremo que julga causas trabalhistas e previdenciárias, e interpuseram *recursos de suplicación* ou de *casación* visando à unificação da jurisprudência. Porém, na sequência, a Telefónica lhes entregou cópia da carta enviada à empresa terceira (que os tinha subcontratado para citado serviço), por meio da qual a notificava da resolução contratual civil de prestação de serviços, o que implicava a finalização das relações laborais de todos os trabalhadores dos locutórios, houvessem ou não formulado demandas judiciais. Os trabalhadores que tinham em marcha os mencionados processos judiciais, com pretensão que até então era essencialmente declaratória, instauraram ação específica contra essa comunicação extintiva, pedindo sua nulidade por vulneração de direitos fundamentais. Sem que tivessem satisfeito o seu interesse, acudiram ao Tribunal Constitucional invocando a garantia de indenidade, o direito à execução de sentenças e o princípio da igualdade, reclamando enfim a nulidade da despedida[(369)].

O Tribunal Constitucional desproveu o recurso de amparo porque entendeu que a despedida em massa de ditos empregados de locutórios foi uma reação

---

(368) Cf. BRAVO-FERRER. *Op. cit.*, p. 653/655.

(369) O relato é extraído do texto citado de Santiago Redondo.

generalizada frente a uma determinada doutrina jurisprudencial, e não uma resposta singular contra o exercício da tutela judicial em processo concreto, que é o que vem a tutelar a garantia de indenidade. Secundado por Álvarez Alonso[370], Santiago Redondo critica tal decisão porque não se há realizado prova do real descolamento entre o ato empresarial e a lesão de direito fundamental que se invocou, assim defendendo sua posição:

> À vista de sua configuração, penso, a garantia toma corpo sempre que a decisão empresarial controvertida se desenvolva contra o exercício da ação. Aceita essa premissa, em minha opinião, a indenidade poderia obstaculizar não somente a reação repressiva direta e grosseira, mas igualmente as repercussões mais sutis, como aquelas que tenham por finalidade evitar os efeitos potenciais da ação ou dissuadir de seu exercício. Nesses casos a conexão entre medida empresarial e ação judicial poderia travar-se igualmente, declarando-se a lesão.
>
> Frente a tal, volvendo às decisões comentadas, não chega a convencer-me como argumento de neutralização que trabalhadores que nada propuseram sejam também prejudicados pela reação empresarial, pois estimo que isso não necessariamente excluiria que o motivo autêntico da decisão fora bloquear os efeitos dos pleitos deduzidos, repercutindo contra o exercício do direito fundamental à tutela judicial daqueles que os deduziram (e dissuadindo, ademais, a quem ainda não haja proposto as ação judicial).[371]

O verdadeiro debate acerca da motivação das dispensas e a tarefa de a desvelar nem sempre é fácil, sobretudo quando a sociedade empresária alega a existência (inegável) de uma orientação jurisprudencial refratária à subcontratação de serviços e é demandada por meio de ações judiciais que questionam diretamente a subcontratação que ela protagoniza. Excluindo-se a segunda causa, é de perguntar-se se a empregadora faria cessar os contratos, sem mais, à conta de respeitar a jurisprudência mas com ela não concordar. No âmbito daquele processo judicial, essa pergunta permanecerá sem resposta, pois a última resposta já foi dada pela instância derradeira.

8.1.2. A GARANTIA DE INDENIDADE ANTES DE INICIAR-SE O CONTRATO DE TRABALHO

Sobre os atos de represália que antecederiam a constituição mesma do vínculo laboral, o Tribunal Supremo da Espanha, em acórdão de 23 de junho de

---

(370) *Op. cit.*, p. 117.

(371) REDONDO, Santiago. *Op. cit.*, p. 698.

1997, estendeu implicitamente os efeitos da garantia de indenidade às fases prévias à contratação. A mencionada Corte assinalou que após a obtenção de uma decisão declarando improcedente a despedida do trabalhador e efetuada assim a opção do empregador pela indenização compensatória[(372)], o pagamento da quantia correspondente resolve o contrato para todos os efeitos, "mas o trabalhador não se queda, nem pode quedar-se, incapacitado para volver a ser contratado pelo mesmo empregador"[(373)]. Por conseguinte, Cabeza Pereiro, seguido por Valle Muñoz[(374)], afirmou que essa importante decisão, de modo definitivo, implicitamente estabelece o princípio de indenidade a favor de quem não é ainda trabalhador de uma empresa, que não pode prejudicá-lo emseusfuturos direitos frente a ela pelo fato de haver acionado judicialmente em defesa de seus interesses.

Ainda sobre o tema, mas com alguma singularidade, o Tribunal Constitucional, por meio da STC n. 54/1995, conheceu um caso em que os recorrentes alegavam violação do direito à tutela judicial efetiva em face de um empregador que, por represália a uma ação por eles movida contra sociedade sucedida, negava-se a contratá-los, como fizera com outros trabalhadores. O Tribunal tem enaltecido a garantia de indenidade, mas não a considerou aplicável ao caso por estimar que não era possível inferir a existência de ato de represália "como reação ou resposta ao exercício de ações judiciais pelo trabalhador, já que deve partir-se do fato de que se decidiu validamente extinta a anterior vinculação contratual dos autores sem subrogação por parte do novo empresário, e nessas condições não é possível imputar a vulneração do direito fundamental por represália à negativa do empresário de integrar em seu quadro de empregados o trabalhador, pois mal pode ser retaliado um trabalhador cuja relação laboral com a atual empresa não se há constituído ainda"[(375)]. Agregou o Tribunal que a ratificação judicial da extinção do contrato anterior predizia que "a empresa estava liberada para contratar novamente os citados trabalhadores"[(376)]. À vista das peculiaridades do caso, Rodriguez-Piñero critica o juízo, embora ressalvando sua conclusão:

---

(372) Vê-se que quando a Justiça decide, na Espanha, pela improcedência da despedida, o empregador pode optar pelo pagamento de indenização compensatória, em vez de reintegrar o empregado; quando se decide que a despedida é nula, a reintegração no emprego se impõe.

(373) Em espanhol: "pero el trabajador no queda, ni puede quedar, incapacitado para volver a ser contratado por el mismo empleador".

(374) *Op. cit.*, p. 31.

(375) Em espanhol: "como reacción o respuesta al ejercicio de acciones judiciales por el trabajador, ya que debe partirse del hecho de que la anterior vinculación contractual de los actores se estimó válidamente extinguida sin subrogación empresarial por parte del nuevo empresario, y en estas condiciones no es posible imputar la vulneración del derecho fundamental por represalia a la negativa del empresario a integrar en su plantilla al trabajador, pues mal puede ser represaliado un trabajador cuya relación laboral con la actual empresa no se ha constituido aún".

(376) Em espanhol: "la empresa quedaba liberada de contratar nuevamente a los citados trabajadores".

A sentença acresce um argumento, que se estava ante o exercício de ações distintas, de forma que não existe na decisão de não incorporar os trabalhadores nas condições do pacto um ato de represália, senão "um ato de liberdade que tem marco no âmbito da autonomia privada". O argumento é discutível porque na garantia de indenidade se trata sempre de dois processos distintos, um inicial que é o que incomoda o empresário, e um segundo em que se questiona uma decisão desse empresário a que se imputa ser um ato de represália pelo primeiro processo. No caso se tratava de denegar uma colocação a que, segundo a justiça laboral, não se tinha direito, de modo que essa negativa, mais que represália, era consequência do exercício pelo empresário de seu próprio direito à tutela judicial efetiva.

Mas a jurisprudência constitucional tem mudado, como destaca Casas Baamonde[(377)], em vista do precedente STC n. 87/2004. Trata-se de um caso no qual a trabalhadora propôs demanda sobre a sua dispensa frente à empresa pública que tinha finalizado um primeiro contrato para obra ou serviço determinado, demanda que foi decidida em favor de mencionada trabalhadora ao declarar-se a improcedência da despedida. Apenas quatro meses depois a mesma trabalhadora solicitou trabalho em uma das vagas abertas no âmbito da citada empresa pública, não sendo contratada como resultado dos "problemas" surgidos a partir da reclamação anterior.

O Tribunal Constitucional entendeu que havia "indícios mais que razoáveis de que a decisão de não contratar a demandante constituiu uma lesão de seus direitos fundamentais, aparência de discriminação que somente poderia ser destruída exigindo-se da Administração a prova de que sua decisão se baseou em fatos ou critérios legítimos ou razoavelmente alheios a todo móvel atentatório aos direitos fundamentais, o que em nenhum momento foi produzido"[(378)]. E isso independentemente de que também o direito de igualdade na aplicação da lei houvera sido violado "dado que frente aos critérios objetivos e razoáveis previamente considerados para desfazer o empate (entre os concorrentes) se opta por um critério diferente, vulnerador dos direitos fundamentais de um dos candidatos e, em consequência, arbitrário e discriminatório"[(379)].

---

(377) *Op. cit.*, p. 717. O relato do suposto é extraído do mesmo texto da autora citada.

(378) Em espanhol: "indicios más que razonables de que la decisión de no contratar a la demandante constituyó una lesión de sus derechos fundamentales, apariencia de discriminación que sólo podría haber sido destruida exigiendo del Ayuntamiento la prueba de que su decisión se basó en hechos o criterios legítimos o razonablemente ajenos a todo móvil atentatorio de los derechos fundamentales, lo que en ningún momento se ha producido".

(379) Em espanhol: "dado que frente a los criterios objetivos y razonables previamente considerados para deshacer el empate se opta por un criterio diferente, vulnerador de los derechos fundamentales de uno de los candidatos y, en consecuencia, arbitrario y discriminatorio".

Recentemente, o Tribunal Constitucional estimou uma demanda de tutela de direitos fundamentais interposta contra uma sociedade estatal que excluiu os demandantes das bolsas de contratação estabelecidas para o acesso à contratação por tempo determinado, pelo fato de haverem impugnado judicialmente a extinção de seus anteriores contratos de trabalho (STC n. 6/2011). O advogado do Estado requereu a denegação do recurso de amparo porque as regras de exclusão das bolsas de contratação dos trabalhadores despedidos, quando a despedida é julgada procedente ou opta o empregador pela indenização (sendo improcedente a despedida), estavam estabelecidas mediante uma norma convencional e possuíam, segundo ele, uma justificativa objetiva, razoável e proporcional, sem haver a intencionalidade lesiva que caracterizaria a vulneração do direito à tutela judicial efetiva. O Tribunal Constitucional decidiu:

> O que interessa ressaltar, definitivamente, é que a aplicação aos demandantes da causa de exclusão das bolsas de contratação tomada em consideração se produziu como consequência de haverem impug-nado ante os Tribunais a decisão empresarial de extinguir o antigo contrato. Ou, dito em outras palavras, que os trabalhadores que viram extintos os seus contratos de trabalho pelas mesmas causas que os demandantes de amparo e se aquietaram ante a decisão empresarial, sem impugná-la junto aos Tribunais, puderam manter sua situação nas listas de emprego visando a novas contratações a tempo certo.(380)

Acerca da ausência de intencionalidade lesiva, e com efeitos que transcendem o caso concreto, o Tribunal decidiu o seguinte:

> Com efeito, além das decisões empresariais que venham perfiladas por um ânimo ou motivação de reação contra o exercício prévio do direito fundamental à tutela judicial efetiva, atua também a tutela quando, não existindo ainda dito propósito, ocorre um prejuízo que esteja objetiva e causalmente vinculado ao mesmo. E é que, como temos dito, no caso concreto em relação com o direito de greve, não resulta admissível que se negue "a vulneração do direito fundamental alegado sobre a base da falta de intencionalidade lesiva do sujeito infrator, pois, como temos declarado em ocasiões anteriores, a vulneração de direitos fundamentais não está condicionada à concorrência de dolo ou culpa na conduta do sujeito ativo; isto é, à indagação de fatores psicológicos e subjetivos de árduo controle. Esse elemento intencional é irrelevante, bastando constatar a presença de um nexo de causalidade adequado entre o comportamento antijurídico e o resultado

(380) Em espanhol: "Lo que interesa resaltar, en definitiva, es que la aplicación a los demandantes de la causa de exclusión de las bolsas de contratación tomada en consideración se produjo como consecuencia de haber impugnado ante los Tribunales la decisión empresarial extintiva. O, dicho en otras palabras, que los trabajadores que vieron extinguidos sus contratos de trabajo por las mismas causas que los demandantes de amparo y se aquietaron a la decisión empresarial, sin impugnarla ante los Tribunales, pudieron mantener su situación en las listas de empleo de cara a ulteriores nuevas contrataciones temporales."

proibido pela norma" (SSTC ns. 11, de 13 de janeiro de 1998, fj. 6; 124, de 15 de junho de 1998, fj. 2; 126, de 15 de junho de 1998, fj. 2; 225, de 26 de novembro de 2001, fj. 4; e 66, de 21 de março de 2002, fj. 3)" (STC n. 80, de 4 de abril de 2005, fj. 5).[381]

Nessa segunda hipótese será preciso, para considerar afetado o direito fundamental, que concorram dois elementos, a saber: a conexão causal da medida empresarial e o exercício do direito de referência e a existência de um prejuízo laboral para quem o exercitou. Em outras palavras, haverá também lesão se, em razão exclusivamente do exercício do direito, causa-se um prejuízo efetivo e constatável no patrimônio jurídico do trabalhador.

Em suma, o art. 24.1 CE em sua vertente de garantia de indenidade resultará lesionado tanto se provada uma reação ou represália contra o exercício prévio do mesmo, como se constatado um prejuízo derivado e causalmente conectado, inclusive se não ocorre intencionalidade lesiva.

De uma vez por todas, o Tribunal Constitucional da Espanha afasta a necessidade de se comprovar que o empregador agiu com o objetivo de violar o direito fundamental de ação para que se o tenha por violado. Afastou, como elemento da conduta patronal que atrai a garantia de indenidade, a prova obreira da intencionalidade lesiva.

8.1.3. A GARANTIA DE INDENIDADE APÓS A CESSAÇÃO DO CONTRATO DE TRABALHO

Em um caso que o Tribunal de Luxemburgo[382] analisou, um empresário se negou a subministrar referências de uma antiga empregada como represália pelas reclamações judiciais realizadas contra a empresa. Com base na doutrina de

---

(381) Em espanhol: "En efecto, además de las decisiones empresariales que vengan perfiladas por un ánimo o motivación de reacción contra el ejercicio previo del derecho fundamental a la tutela judicial efectiva, actúa asimismo la tutela cuando, aun no existiendo dicho propósito, concurre un perjuicio que quede objetiva y causalmente vinculado al mismo. Y es que, como hemos dicho, en el caso concreto en relación con el derecho a la huelga, no resulta admisible que se niegue 'la vulneración del derecho fundamental alegado sobre la base de la falta de intencionalidad lesiva del sujeto infractor, pues, como hemos declarado en anteriores ocasiones, la vulneración de derechos fundamentales no queda supeditada a la concurrencia de dolo o culpa en la conducta del sujeto activo; esto es, a la indagación de factores psicológicos y subjetivos de arduo control. Este elemento intencional es irrelevante, bastando constatar la presencia de un nexo de causalidad adecuado entre el comportamiento antijurídico y el resultado prohibido por la norma (SSTC ns. 11, de 13 de enero de 1998, FJ 6; 124, de 15 de junio de 1998, FJ 2; 126, de 15 de junio de 1998, FJ 2; 225, de 26 de noviembre de 2001, FJ 4; y 66, de 21 de marzo de 2002, FJ 3)." (STC n. 80, de 4 de abril de 2005, FJ 5).'"

(382) O Tribunal de Luxemburgo é, em verdade, o Tribunal de Justiça da União Europeia, que decide a conformidade dos ordenamentos jurídicos nacionais e das decisões dos tribunais dos estados nacionais

Álvarez Alonso, é possível dizer que a resposta dada pelo tribunal europeu revela-se um importante reforço frente a represálias patronais no ordenamento comunitário, ao estender a garantia a todos os tipos de atos e condutas empresariais de revide ao exercício de ações judiciais pelo trabalhador, independentemente do momento em que se produzam essas ações, ocorram elas antes de iniciar-se o vínculo, durante ou após a relação laboral. O autor conclui:

> [...] isto que a comentada STJCE afirmou a propósito da negativa empresarial a dar referências, dada a pretendida generalidade de suas afirmações, deve predicar-se também em relação a outras condutas como a circulação de "listas negras" entre empresários, a exclusão dos trabalhadores "conflitivos" da previsão de complementos sociais assegurados pela empresa, a negação de determinadas vantagens ou benefícios que a empresa pudesse estabelecer para seus antigos empregados [...] ou, se se trata de uma empresa que oferece produtos ou serviços ao público em geral (banco, eletricidade, água), algum tipo de discriminação de acesso a eles.
>
> Desde a perspectiva de nosso ordenamento interno, embora não exista ainda jurisprudência constitucional a respeito, é razoável pensar que a garantia de indenidade também oferece sua cobertura frente a essas condutas repressivas que pudessem ter lugar depois de finalizada a relação contratual, pois seria dificilmente explicável que nossos juízes e tribunais ou o próprio Tribunal Constitucional adotassem um critério divergente do defendido pelo STJCE neste ponto.[383]

Ante os problemas que se apresentaram no que tange à reparação empresarial, dado que a violação da garantia de indenidade se produziu após a cessação do contrato de trabalho — inviabilizando-se assim a possibilidade de reintegração no emprego, uma vez que inexistiu dispensa de trabalhador — o Tribunal de Justiça da Comunidade Europeia entendeu que teria de se dar ou a reincorporação da pessoa discriminada ao seu posto de trabalho ou um ressarcimento econômico adequado que abarcasse a compensação integral dos prejuízos sofridos efetivamente em razão da conduta empresarial[384].

---

que integram a União Europeia com as normas comunitárias, em especial com as *directivas* da União Europeia.

(383) ALONSO, Álvarez. *Op. cit.*, p. 120.

(384) Cf. MUÑOZ, Valle. *Op. cit.*, p. 46.

8.1.4. *A GARANTIA DE INDENIDADE CONTRA ATOS PRÉVIOS NECESSÁRIOS PARA O EXERCÍCIO DA AÇÃO JUDICIAL*

No caso examinado por ocasião do precedente STC n. 14/1993, a indenidade reclamada tinha a ver com uma retaliação a uma denúncia de caráter administrativo, formulada ante a Inspeção do Trabalho, sem vinculação direta com a tutela judicial. A parte recorrida argumentava que a despedida somente é qualificável como lesiva ao direito de tutela judicial efetiva quando for efetuada depois de se haver apresentado demanda ante a jurisdição laboral. Contudo, o Tribunal Constitucional afirmou que "no tocante à natureza administrativa da reclamação há de pontuar-se que as garantias vinculadas ao direito fundamental de tutela se estendem igualmente aos atos preparatórios ou prévios necessários para o exercício da ação judicial"(385).

A importância dessa extensão da indenidade aos atos preparatórios da ação é maior em razão de o Tribunal Constitucional espanhol haver admitido que os condicionamentos prévios para o acesso à jurisdição — como a exigência na Espanha de submissão ao procedimento de conciliação, bem assim a submissão às comissões paritárias e o esgotamento de instâncias administrativas — seriam perfeitamente compatíveis com o direito à tutela judicial efetiva(386). Assim como ocorreu com a STC n. 14/1993 a propósito da reclamação administrativa, as SSTC ns. 140/1999 e 168/1999 aplicaram a garantia de indenidade em casos nos quais a conciliação prévia foi concebida como ato necessário ao exercício da ação judicial contra o empresário.

Apesar disso, e após examinar outros precedentes(387), Casas Baamonde adverte que "não há [...] uma resposta explícita na jurisprudência constitucional sobre o alcance preciso da garantia de indenidade no que concerne às denúncias formuladas pelos trabalhadores ante a Inspeção do Trabalho. A exclusão das autuações administrativas do direito à tutela judicial efetiva do art. 24.1 CE, afirmada reiteradamente pela jurisprudência constitucional, conduziria, em princípio, a excluir igualmente essas denúncias, autonomamente consideradas, da garantia de indenidade". A autora dá ao tema o remate que define a possível justificativa para a adoção da garantia de indenidade a partir da denúncia à Inspeção do Trabalho:

(385) Em espanhol: "en lo tocante a la naturaleza administrativa de la reclamación ha de puntualizarse que las garantías vinculadas al derecho fundamental de tutela se extienden asimismo a los actos preparatorios o previos necesarios para el ejercicio de la acción judicial."

(386) Casas Baamonde (*op. cit.*, p. 711) cita como precedentes a SSTC n. 198/2001 e Álvarez Alonso (*op. cit.*, p. 80) cita as SSTC n. 162/1989, STC n. 14/1994 e em especial a STC n. 217/1991.

(3897) A autora cita as SSTC ns. 101/2000, 144/2005 e a STC n. 182/2005.

> [...] esse ato de denúncia do trabalhador não poderia deixar de considerar-se conectada com a garantia de indenidade e o direito à tutela judicial efetiva se precedesse e se encaminhasse ao processo [...].

O fato de que a denúncia se endereça a um processo judicial é o critério sugerido, portanto. Além de esse capítulo dedicado à experiência jurídica na Espanha, uma interessante ilação seria a possibilidade de fazer indene o trabalhador que acode ao Ministério Público do Trabalho no Brasil, um órgão especializado que recebe as denúncias e as conduz à apreciação do Poder Judiciário sempre que percebe o caráter transcendente do interesse supostamente violado e não obtém a celebração de um acordo com o empresário, o assim intitulado termo de ajuste de conduta. Os trabalhadores que recorrem ao Ministério Público pretendem, alternativamente, a satisfação por acordo ou o cumprimento por imposição do juiz.

8.1.5. A garantia de indenidade contra atos prévios não necessários *ao exercício da ação judicial*

Há um precedente muito interessante do Tribunal Constitucional espanhol, a STC n. 55/2004, em que se examinou um caso no qual um trabalhador foi despedido depois de seu advogado remeter uma carta à direção da empresa afirmando estar ela explorando ilegalmente uma patente que correspondia, em verdade, a um invento do citado trabalhador. O advogado dizia, ainda na carta, que pretendia encontrar uma solução negociada do conflito que, caso contrário, seria objeto de ação judicial. Como resposta a essa carta e especialmente à desqualificação lançada contra aqueles que ali se imputava serem falsos inventores (pessoas da empresa que figuravam como titulares de mencionada patente), a empresa dispensou o trabalhador que assim reclamava a titularidade da patente e ele se insurgiu sob o argumento de que a empresa, agindo assim, vulnerava a garantia de indenidade(388).

O Tribunal reconheceu que não se estava frente ao exercício de uma ação judicial nem ante uma espécie de atos preparatórios *necessários* ao acesso à jurisdição, mas outorga o amparo afirmando o seguinte:

> Não é possível, sem embargo, deixar de valorar, nesse contexto, os benefícios que derivam de evitar os processos (SSTC ns. 217, de 4 de novembro de 1991, fj. 5; 12, de 28 de janeiro de 2003, fj. 5), como

---

(388) A descrição do suposto segue as linhas do relato de ALONSO, Álvarez. *Op. cit.*, p. 82.

> algo útil ou desejável, que é a finalidade pretendida por reclamações extrajudiciais prévias como a formulada pelo Advogado do Sr. Sánchez Romo. O objetivo de evitar um processo permite estender a garantia de indenidade a essa atividade prévia não imperativa, mas conveniente e aconselhável, quando do contexto, que se integra pelos atos anteriores, contemporâneos e posteriores, deduza-se sem dificuldade que aquela está diretamente encaminhada ao exercício do direito fundamental à tutela judicial efetiva.

Ante a aparente ampliação da dimensão objetiva da garantia de indenidade, Álvarez Alonso argumenta que tal medida deve tomar-se com cautela "levando-se em conta que a solução adotada pela comentada STC n. 55/2004 se enquadra no contexto dos muito concretos perfis e circunstâncias do caso"[(389)].

O estudo acerca da indenidade em casos que compreendem atos prévios não necessários para o exercício da ação judicial conduz a um debate atraente sobre a possibilidade de invocar-se a garantia quando os atos são preparatórios de procedimentos autônomos de solução de conflitos, alternativos ao processo judicial, especialmente a arbitragem. A matéria é analisada por Casas Baamonde desde a seguinte perspectiva:

> A arbitragem é um procedimento autônomo de solução de conflitos baseado na autonomia da vontade das partes, no exercício da qual [...] renunciam à tutela de Juízes e Tribunais; é, portanto, um procedimento que visa evitar o processo, *alternativo* a este, substitutivo do processo. Os direitos das partes na arbitragem "derivam da configuração legal mesma da arbitragem" e se desenvolvem no âmbito da legalidade ordinária, e não do art. 24.1 CE. O direito fundamental à tutela judicial efetiva [...] reaparece, em troca, para cobrir a impugnação judicial do laudo arbitral e sua execução forçada e, em consequência, a garantia de indenidade como direito fundamental à interdição das represálias empresariais frente àqueles atos do trabalhador que acode à tutela judicial e têm a arbitragem como origem.[(390)]

Igualmente, as denúncias ante a Inspeção do Trabalho também estariam excluídas do âmbito de proteção porque não concernem diretamente ao acesso a órgãos judiciais[(391)], não fosse a mitigação, há pouco comentada, que o Tribunal

(389) *Op. cit.*, p. 83.

(390) *Op. cit.*, p. 716.

(391) Cf. MUÑOZ, Valle. *Op. cit.*, p. 24/25. O autor também afirma que essas ações têm sido abordadas mediante outros instrumentos ou recorrendo a outros meios de fundamentação, incluindo o direito à liberdade de informação (STC n. 198/2001). O STC n. 198/2001 entendeu que as denúncias das irregularidades

Constitucional estabeleceu na STC n. 14/1993 e provocou certa crítica doutrinária, como a que provém de Igartua Miró:

> Parece-nos que o Tribunal Constitucional, em sua argumentação, em um afã algo desmedido por consagrar uma garantia global e universal, entendida de um modo mais que generoso, e por lograr uma ampliação da proteção do trabalhador a casos que, sem lugar a dúvidas, resultam dignos de tutela, está quiçá ignorando essa conexão com o conteúdo — por muito amplo que seja — do direito fundamental em jogo.(392)

Quando se refere a uma possível desconexão do direito fundamental de tutela judicial efetiva, Igartua Miró anota que se pode extrair das normas internacionais uma perspectiva ampla para a garantia sob exame, inclusive porque a Convenção n. 158 da OIT (art. 5º.c) não restringe a tutela a ações judiciais, pois abarca também as reclamações que se suscitam ante o próprio empresário(393). Mas a autora pondera:

> [...] neste caso o que se sanciona é a ilegitimidade da causa de despedir, com a consequente improcedência, não a nulidade. No caso de que agora nos ocupamos, e parece que isso em alguns momentos queda obscurecido por determinados fatores, a nulidade do ato empresarial deriva, precisamente, de sua vinculação com o direito fundamental subjacente, algo que entendemos veta a possibilidade de incluir sob o manto protetor da garantia de indenidade atos que careçam de conexão alguma com o mesmo.(394)

Entretanto, Casas Baamonde observa que o exercício do direito à tutela judicial efetiva não tem lugar até que se realizem os atos prévios ao processo,

---

cometidas em uma empresa pública possuem uma relevância que a torna protegida pelo direito à liberdade de informação, daí a questão das denúncias ante a Inspeção do Trabalho poder falar de um tipo de direito à tutela administrativa, diz Valle Muñoz. O mesmo autor e Álvarez Alonso (*op. cit.*, p. 79) citam o art. 5º, c) da Convenção n. 158 da OIT que exclui das causas lícitas de demissão a "apresentação de uma queixa ou participação em processos contra o empregador por supostas violações de leis ou regulamentos, ou recurso a autoridades administrativas competentes". Tradução livre.

(392) MIRÓ, Igartua. *La garantía de indemnidad en la doctrina social del tribunal constitucional*, p. 72.

(393) Igartua Miró (*op. cit.*, p. 79) aponta a existência também de uma recomendação da OIT (n. 130) adotada em 26 de junho do ano 1967 "donde se reconoce que el trabajador debería tener derecho a presentar una reclamación, a resolver en el seno de la empresa, sin que pueda resultar para el interesado ningún perjuicio por el hecho de haberla presentado (párrafo 2 a). Y todo ello, sin limitar el derecho del trabajador a acudir directamente sea a la autoridad competente en materia de trabajo, sea ante un Tribunal de trabajo o ante toda otra autoridad judicial, cuando la legislación nacional le reconozca tal derecho (párrafo 9). También, en alguna ocasión los Tribunales han amparado al trabajador que denuncia de forma interna la existencia de irregularidades en la gestión de la delegación de la empresa, si bien no en atención a la vulneración del derecho a la tutela judicial efectiva sino a la libertad de expresión". A autora se refere a sentença STSJ País Vasco 12 de julho de 2005 (AS 2858).

(394) *Op. cit.*, p. 77.

mas a garantia de indenidade, segundo a jurisprudência constitucional exposta (STC n. 55/2004), alcança os atos prévios funcionalmente dirigidos a pô-lo em marcha ou a evitá-lo. A autora distingue o caso examinado no precedente STC n. 326/2005 para explicar que é taxativa a jurisprudência constitucional ao excluir do âmbito da garantia de indenidade, nas palavras do Tribunal Constitucional, "a remissão a escritos ao empresário com a solicitação de melhores meios materiais", que "não se pode considerar o exercício de uma ação judicial uma reclamação administrativa ou um ato preparatório de uma ação judicial", encaminhado nesse sentido ao seu exercício, para efeito de enquadrá-los entre os casos aos quais "nossa doutrina tem estendido a garantia de indenidade derivada do exercício do direito à tutela judicial efetiva"[(395)].

Em realidade, a garantia de indenidade tem um efeito subjacente de enorme relevância que é o de revelar a área de conflito social. Em uma relação assimétrica como é a relação de emprego, a existência de dissenso é com frequência mascarada, pois maior é o medo de que qualquer insatisfação seja reprimida por meio de alguma das muitas manifestações do poder hegemônico. Como notou Tascón López[(396)], somente através da garantia de indenidade "pode falar-se de uma verdadeira igualdade de armas no processo social".

A garantia de indenidade dá a conhecer os fatos reais, em apoio à dignidade humana que se apresenta mais débil no ambiente de empresa. Se isso é verdade, a petição do trabalhador que visa à submissão do conflito à arbitragem, por exemplo, não pode deflagrar alguma retaliação patronal, pois a inviabilidade de encartar tal solicitação no âmbito da garantia inerente à tutela judicial efetiva não impede que se a enquadre na garantia de indenidade genérica[(397)], que protege qualquer direito fundamental, inclusive o exercício dos direitos sociais que possuem a característica constitucional da *fundamentalidade*.

8.2. A dimensão subjetiva da garantia de indenidade *stricto sensu*

A titularidade da garantia de indenidade é atribuída ao demandante de ação judicial que venha a somar a essa qualidade a de empregado, ou a de

---

(395) *Op. cit.*, p. 716. Os fragmentos entre aspas foram extraídos pela autora da sentença referida. Em espanhol: "la remisión de escritos al empresario en solicitud de mayores medios materiales", que "no puede considerarse el ejercicio de una acción judicial o una reclamación administrativa o un acto preparatorio de una acción judicial" o tendente a su evitación y, en tal sentido, encaminado a su ejercicio, "que son los supuestos a los que nuestra doctrina ha extendido la garantía de indemnidad derivada del ejercicio del derecho a la tutela judicial efectiva".

(396) *Apud* MIRÓ, Igartua. *Op. cit.*, p. 73.

(397) Independentemente de essa ser a postulação do autor do processo, dado que o TC tem aplicado o princípio *jura novit curia*, como fez, por exemplo, nas STC n. 98/2003 e STC n. 185/2003.

postulante dessa condição. Mas Casas Baamonde remata: "Que isso seja assim para os trabalhadores, [...] não impede [...] a inclusão no art. 24.1 CE das pretensões promovidas em conflitos coletivos [...] pelos sujeitos legitimados a essa promoção (sindicatos e órgãos de representação unitária ou sindical na empresa: art. 152, *a* e *c*, da LPL)".

Nesses casos, há "a cobertura da garantia de indenidade do exercício de tais pretensões coletiva tanto no que respeita aos sujeitos legitimados como, sendo o caso, no que respeita aos trabalhadores titulares dos interesses econômicos e sociais por aqueles defendidos"(398). Um exemplo dessa irradiação da tutela coletiva é o caso analisado pela STC n. 44/2006, no qual o Tribunal Constitucional proveu o recurso de amparo a alguns veterinários que haviam sido contratados anteriormente para diversas campanhas pela Administração e não foram renovados os seus contratos por haverem formulado denúncias e provocado a instauração de demanda de conflito coletivo, em verdade instaurada pela Confederação Intersindical Galega a favor dos mencionados veterinários. O raciocínio desenvolvido pelo Tribunal Constitucional não quedou imune à crítica rigorosa de Igartua Miró:

> Admitida pelo TC a interposição de uma demanda de conflito coletivo como integrante da garantia de indenidade, em uma nova mostra de sua corrida irrefreável no sentido da expansão da tutela, o passo seguinte será, obviamente, o questionar-se que há de suceder quando em lugar de uma atuação desse tipo se trate de uma iniciativa de conflito de caráter extrajudicial. [...] Sem que resulte de estranhar-se que o TC faça frente a tais questões no futuro, volvemos de novo a nos situarmos no complexo problema dos limites da garantia ou, o que é o mesmo, suas fronteiras móveis. E, outra vez, volta a reclamar nossa atenção a sentida necessidade de certa "autocontenção" por parte do Alto Tribunal.(399)

Contudo, e como sugeriu a mesma autora(400), o nó górdio da questão é a aprovação, ou não, da premissa segundo a qual a ação do sindicato estava diretamente voltada ao exercício do direito fundamental à tutela judicial efetiva em defesa de interesses laborais. Admitida essa ligação, releva-se a desconexão, meramente processual, entre o sujeito que exerce o direito e quem é o alvo da represália.

Quanto à legitimidade passiva para a garantia de indenidade, pode-se afirmar que "a garantia de indenidade atua frente ao empresário ou, segundo o tipo de

---

(398) *Op. cit.*, p. 718.
(399) *Op. cit.*, p. 97.
(400) *Op. cit.*, p. 96.

sociedade, frente a quem exerça os poderes diretivos através dos quais se canaliza a represália, ou inclusive frente a quem o deva ser ao haver-se iniciado já a relação de emprego ou o procedimento seletivo dirigido à contratação, em benefício do direito à tutela judicial efetiva do trabalhador"[(401)].

8.3. A imunidade a favor das testemunhas — Direito constitucional a comunicar informação veraz

Não bastaria proteger o trabalhador que exercesse o seu direito de ação se os meios de prova não fossem igualmente imunizados ante a ameaça sempre latente de interferência patronal. Especialmente a declaração testemunhal, que é a prova mais comum e acessível aos trabalhadores, há de quedar-se invulnerável para que eles possam exercitar, com o máximo de eficácia, seu direito à tutela judicial[(402)].

Ademais, a Convenção n. 158 da OIT, ratificada pela Espanha, protege, no que atine à despedida em represália, o trabalhador que *participa* de um procedimento contra o empregador, o que inclui tanto o próprio exercício da ação judicial quanto a mera declaração testemunhal, aponta Álvarez Alonso[(403)].

Havia um problema, porém, a ser resolvido pela jurisprudência: a eventual retaliação, sofrida pelo trabalhador em razão de seu depoimento, como testemunha, desfavorável aos interesses do empresário, não seria consequência do exercício de uma ação *sua* frente ao empregador, senão uma declaração testemunhal prestada em um processo no qual não foi parte. Em que pese existissem outras sugestões doutrinárias[(404)], o Tribunal Constitucional optou por afirmar, na STC n. 197/1998, que:

> [...] uma medida de represália empresarial motivada pela declaração testemunhal do trabalhador em um procedimento havido em instâncias de outros trabalhadores contra o empresário não lesionaria seu direito à tutela judicial efetiva, toda vez que o trabalhador despedido não houvesse exercitado alguma ação judicial contra o empresário.[(405)]

---

(401) BAAMONDE. *Op. cit.,* p. 719.

(402) Como observou Igartua Miró (*op. cit.,* p. 92), "en la mayoría de los casos, los intentos del trabajador de recabar la tutela judicial pueden verse hueros de contenido ante la imposibilidad de contar con quien testifique y apoye su argumentación".

(403) *Op. cit.,* p. 83.

(404) Igartua Miró (*op. cit.,* p. 93) sugere: "[...] lo correcto sería incardinarla en el ámbito de actuación de otros derechos fundamentales, acudiendo, además de al empleado por el TC y pese a las críticas recibidas, el de no discriminación — no ser discriminado por participar como testigo en un juicio".

(405) Em espanhol: "una medida de represalia empresarial motivada por la declaración testifical del trabajador en un procedimiento seguido a instancias de otros trabajadores contra el empresario no

Mas a mesma Corte deu um passo adiante para assentar que a prestação de depoimento na qualidade de testemunha, que constitui um dever sujeito à exigência de veracidade, está integrada e protegida pelo direito a comunicar informação veraz reconhecido no art. 20.1.d da Constituição da Espanha[(406)], a exemplo do que sucede na Constituição do Brasil[(407)].

Tem surgido alguma crítica a essa posição do Tribunal, pois se argumenta, em oposição, que a liberdade de informação opera exclusivamente "em um contexto relativo a meios de difusão informativa (imprensa, rádio, televisão etc.) e que, para que entre em jogo tal direito fundamental, é preciso que as informações transmitidas sejam de caráter noticiável ou de interesse público, o que não ocorria no caso de testemunho prestado em juízo pelo trabalhador"[(408)]. Ao inverso, e dizendo basear-se em entendimento que também é de Tascón López, rebate Álvarez Alonso:

> Mesmo se admitindo que a doutrina a que se está fazendo referência suscita alguma dúvida, esta última opinião não se pode compartilhar, e não somente porque se estime a proteção da testemunha como algo socialmente necessário [...], senão também porque os argumentos de fundo que se esgrimem se baseiam em uma concepção "elitista" da liberdade informativa absolutamente reducionista que viria a circunscrever a virtualidade de dito direito fundamental ao campo da informação jornalística e da *mass media*. Contudo, o direito a comunicar livremente informação veraz, reconhecido por nós, não é um privilégio exclusivo do mundo dos meios de comunicação social, como há destacado em alguma ocasião o TC (SSTC 6/1981, fj. 4; e

---

lesionaría su derecho a la tutela judicial efectiva, toda vez que el trabajador despedido no habría ejercitado ninguna acción judicial contra el empresario".

(406) Art. 20.1 CE — Se reconocen y protegen los derechos: a) A expresar y difundir libremente los pensamientos, ideas y opiniones mediante la palabra, el escrito o cualquier otro medio de reproducción; b) A la producción y creación literaria, artística, científica y técnica; c) A la libertad de cátedra; d) A comunicar o recibir libremente información veraz por cualquier medio de difusión. La ley regulará el derecho a la cláusula de conciencia y al secreto profesional en el ejercicio de estas libertades.

(407) O direito à informação está igualmente consagrado na Constituição do Brasil, podendo ser lembrados o art. 5º, XIV ("é assegurado a todos o acesso à informação e resguardado o sigilo da fonte, quando necessário ao exercício profissional"); o art. 93, IX ("todos os julgamentos dos órgãos do Poder Judiciário serão públicos e fundamentadas todas as decisões, sob pena de nulidade, podendo a lei limitar a presença, em determinados atos, às próprias partes e a seus advogados, ou somente a estes, em casos nos quais a preservação do direito à intimidade do interessado no sigilo não prejudique o interesse público à informação") e especialmente o art. 220 ("A manifestação do pensamento, a criação, a expressão e a informação, sob qualquer forma, processo ou veículo não sofrerão qualquer restrição, observado o disposto nesta Constituição. § 1º Nenhuma lei conterá dispositivo que possa constituir embaraço à plena liberdade de informação jornalística em qualquer veículo de comunicação social, observado o disposto no art. 5º, IV, V, X, XIII e XIV. § 2º É vedada toda e qualquer censura de natureza política, ideológica e artística").

(408) Cf. MELGAR, Montoya *apud* ALONSO, Álvarez. *Op. cit.*, p. 85.

6/1998, fj. 5), nem está exclusivamente a serviço das "questões de Estado" ou de interesse político-social para o conjunto da cidadania [...].[409]

O autor pondera, todavia, que "ao encontrar seu fundamento na liberdade de informação do art. 20.1.d CE, a indenidade da testemunha está submetida à exigência de veracidade, limite intrínseco da liberdade de informação, algo que, obviamente, não ocorre no caso da garantia vinculada ao art. 24.1, CE"[410]. Vale dizer que a testemunha deverá ser convincente para que suas declarações sejam admitidas como verdadeiras e esteja assim imune à vindita patronal.

Entretanto, tal não significa afirmar que a testemunha depende do sucesso de seu depoimento para não ser reprimida pelo seu empregador. A veracidade da informação não implica sua aceitação como uma informação verdadeira pelo juízo. Na mencionada STC n. 197/1998, o Tribunal Constitucional concedeu o amparo sobre a base do direito a comunicar informação veraz ante a circunstância de não haver prova de que o testemunho fosse inveraz[411]. Portanto, ao empresário incumbe provar, no processo instaurado pela testemunha, que a declaração testemunhal não correspondera à verdade, independentemente do resultado que se alcançou no processo em que se colheu o depoimento. No precedente STC n. 6/1998, a mesma Corte foi ainda mais precisa:

> Quando a Constituição requer que a informação seja *veraz* não está tanto privando de proteção as informações que possam resultar errôneas — ou simplesmente não provadas em juízo — mas estabelecendo um específico dever de diligência sobre o informador, a quem se pode e deve exigir que o que transmita como "fatos" haja sido objeto de prévio contraste com dados objetivos, privando-se, assim, da garantia constitucional a quem, subtraindo o direito de todos à informação, atue com menosprezo da veracidade ou falsidade do que comunica. O ordenamento não empresta sua tutela a tal conduta negligente, nem à de quem comunique como fatos simples rumores

---

(409) *Op. cit.*, p. 85, nota 210. Em igual sentido: MUÑOZ, Valle. *Op. cit.*, p. 28.

(410) *Idem*. Em igual sentido: REDONDO, Santiago. *Op. cit.*, p. 695; MIRÓ, Igartua. *Op. cit.*, p. 91; BRAVO-FERRER. *Op. cit.*, p. 652, que acrescenta: "El tema y su tratamiento recuerdan la doctrina norteamericana sobre los derechos del denunciante (*Whistleblower Rights*). [...] No es un principio constitucional ni una regla generalizada sino que deriva del establecimiento en ciertas legislaciones estatales o federales, para asegurar su eficacia, de mecanismos de protección de los *whistleblower* 'creíbles' contra represalias de sus empresarios mediante despidos o sanciones, por considerarse que silenciar a esos trabajadores sería contrario a los intereses 'americanos' y a eficacia de una *publice policy*. Esa protección, que puede ser civil o administrativa, se extiende en algunas leyes a la actuación como jurado, como testigo, o a ciertas denuncias o reclamaciones en defensa de derechos o intereses propios".

(411) Cf. BRAVO-FERRER. *Op. cit.*, p. 650.

ou, pior ainda, meras invenções ou insinuações insidiosas, mas sim ampara, em seu conjunto, a informação corretamente obtida e difundida, ainda quando sua total exatidão seja controvertida. Definitivamente, as afirmações errôneas são inevitáveis em um debate livre, de tal forma que, a impor-se *a verdade* como condição para o reconhecimento do direito, a única garantia da segurança jurídica seria o silêncio.(412)

A remissão ao direito constitucional de comunicar informação veraz serve, em última análise, à imunização do depoente, à sua indenidade. Por outro lado, e ainda que não ocorra a perfeita conexão objetiva entre o emprego da ação judicial e a hostilidade empresarial em razão de testemunhos dados pelo autor da ação em processo alheio, a máxima efetividade do direito à tutela judicial reclamaria um reforço do direito a comunicar informação útil e veraz ao órgão responsável pela prestação jurisdicional. Por que estimular a produção de prova oral? Sem a obtenção de informações verazes não se alcança uma decisão justa e efetiva.

8.4. A garantia não está condicionada ao êxito na demanda

Voltemos, então, à garantia de indenidade *stricto sensu* para relembrar que, ao proteger o trabalhador que encaminha o seu conflito à apreciação do Judiciário o protege para salvaguardar o "exercício legítimo do direito à tutela judicial efetiva", dado que está tal direito consagrado no art. 24.1 da Constituição da Espanha — igualmente se encapsulando no art. 5º, XXXV da Constituição do Brasil, como adiante se destacará. O termo "legítimo" traz a debate a inquietante questão sobre assegurar-se a imunização mesmo quando fracassa a demanda judicial que a faria incidir, ou se somente estaria protegido pela garantia sob exame, a garantia de indenidade, o empregado que obtivesse êxito em sua ação trabalhista.

---

(412) Em espanhol: "Cuando la Constitución requiere que la información sea 'veraz' no está tanto privando de protección a las informaciones que puedan resultar erróneas — o sencillamente no probadas en juicio — cuanto estableciendo un específico deber de diligencia sobre el informador, a quien se le puede y debe exigir que lo que transmita como 'hechos' haya sido objeto de previo contraste con datos objetivos, privándose, así, de la garantía constitucional a quien, defraudando el derecho de todos a la información, actúe con menosprecio de la veracidad o falsedad de lo comunicado. El ordenamiento no presta su tutela a tal conducta negligente, ni menos a la de quien comunique como hechos simples rumores o, peor aún, meras invenciones o insinuaciones insidiosas, pero sí ampara, en su conjunto, la información rectamente obtenida y difundida, aun cuando su total exactitud sea controvertible. En definitiva, las afirmaciones erróneas son inevitables en un debate libre, de tal forma que, de imponerse «la verdad» como condición para el reconocimiento del derecho, la única garantía de la seguridad jurídica sería el silencio".

Sobre o tema, Casas Baamonde sustenta que a jurisprudência constitucional, na Espanha, é iterativa[(413)] na direção de que "o direito de natureza processual à tutela judicial efetiva não ampara, obviamente, um direito ao acolhimento das pretensões processuais, nem sequer a uma decisão de fundo, bastando para sua satisfação decisões terminativas baseadas em causa legal, desde que motivadas e fundadas em Direito, sem que incorram em irrazoabilidade, arbitrariedade ou erro evidente nem desproporção"[(414)].

Segundo Rodríguez-Piñero, o precedente STC n. 5/2003 foi emblemático ao deixar claro que a garantia de indenidade se vincula ao exercício pelo trabalhador do direito de ação tendente ao reconhecimento de alguns direitos *de los que el trabajador se creía asistido*[(415)]. Ao interpretar essa passagem do acórdão, o autor remata que "com isso a qualificação de represália se desconecta do resultado concreto da ação judicial, seu êxito ou seu fracasso, pois o que trata de evitar são medidas dirigidas a impedir, coagir ou retaliar o exercício pelo trabalhador do direito de tutela judicial"[(416)].

Porém, é certo que o triunfo da pretensão deduzida pelo trabalhador pode ser um indício adequado para qualificar a conduta empresarial como ato de represália[(417)]. Em suma, o insucesso da demanda não deve embaçar a garantia de indenidade — a menos que uma decisão judicial determine o caráter ilegítimo do próprio direito de acesso à justiça mediante a qualificação de exercício abusivo, temerário ou de má-fé[(418)] — apesar do êxito processual revelar-se um valor instrumental na verificação dos indícios que evidenciariam a retaliação patronal.

---

(413) Além de outras sentenças referidas em nota posterior, a autora cita as SSTC ns. 81/2002, 93/2002, 179/2004, 21/2005 e 285/2005.

(414) *Op. cit.*, p. 724.

(415) Casas Baamonde (*op. cit.*, p. 725) observa que a mesma expressão já havia sido usada na SSTC 101/2000 e é reiterada nas SSTC ns. 87/2004, 38/2005, 144/2005, 171/2005 e ATC 350/2004. Em rigor, o fragmento da STC n. 5/2003 é o seguinte: "En el campo de las relaciones laborales, la garantía de indemnidad se traduce en la imposibilidad de adoptar medidas de represalia derivadas del ejercicio por el trabajador de la tutela de sus derechos (SSTC ns. 14, de 18 de enero de 1993, FJ 2; 54, de 24 de febrero de 1995, FJ 3; 197, de 13 de octubre de 1998, FJ 4; 140, de 22 de julio de 1999, FJ 4; 101, de 10 de abril de 2000, FJ 2; y 196, de 24 de julio de 2000, FJ 3), de donde se sigue la consecuencia de que una actuación empresarial motivada por el hecho de haber ejercitado una acción judicial tendente al reconocimiento de unos derechos de los que el trabajador se creía asistido, debe ser calificada como discriminatoria y radicalmente nula por contraria a ese mismo derecho fundamental (SSTC n. 7, de 18 de enero de 1993, FJ 3; y las ya citadas na. 54/1995, FJ 3; 101/2000, FJ 2; y 196/2000, FJ 3), ya que entre los derechos laborales básicos de todo trabajador se encuentra el de ejercitar individualmente las acciones derivadas de su contrato de trabajo [art. 4.2 g) del estatuto de los trabajadores]."

(416) *Op. cit.*, p. 659.

(417) Cf. BAAMONDE. *Op. cit.*, p. 724/725.

(418) Cf. BAAMONDE. *Op. cit.*, p. 723.

8.5. A boa-fé do empregado como limite da garantia

Uma preocupação comumente aventada toca à utilização abusiva do direito à tutela judicial por parte do trabalhador como um modo de blindar-se contra uma possível ou esperada sanção lícita do empregador. Por dizê-lo assim, seria "uma espécie de *guarda-chuva* com o qual os trabalhadores poderiam proteger-se das consequências de suas próprias infrações, mediante a propositura de alguma reclamação artificiosa"(419). A mesma boa-fé que se exige do empregador, a ponto de ele não poder usar medidas de represália contra o exercício de direitos fundamentais pelo trabalhador, impõe-se agora a este com vistas a impedir que proponha uma ação judicial como um modo engenhoso de esquivar-se do poder disciplinar exercido em seus justos limites(420).

Conforme Álvarez Alonso(421), assim sucederia, por exemplo, quando o trabalhador propusesse continuadamente ações injustificadas, ou mesmo quando o empregado formula uma denúncia penal absolutamente injustificada contra o empresário ou aquele que, em nome deste, exerce o poder diretivo. O autor se refere a Nicolás Franco, Roales Paniagua e Segalés Fidalgo quando afirma que, não obstante essa posição doutrinária, na jurisprudência constitucional sobre indenidade não existe caso algum em que o Tribunal Constitucional tivesse "que enfrentar um caso dessas características, o que não é de estranhar ante o caráter excepcional na prática desse tipo de comportamento"(422). A explicação de Casas Baamonde, com a autoridade de quem integrou e presidiu o Tribunal Constitucional, é de ordem formal:

> O exercício pelo trabalhador de ações judiciais com notória temeridade ou de má-fé contra o empresário ou para proteger-se ou blindar-se frente a suas possíveis decisões de cunho organizacional ou disciplinar se coloca extramuros do direito fundamental. [...] Como tem assentado a jurisprudência constitucional, a temeridade ou a má fé processuais são merecedoras de reproche e como tais recusáveis. Não é este, sem

---

(419) Cf. Álvarez Alonso. *Op. cit.*, p. 125.

(420) Em igual sentido, Álvarez Alonso (*op. cit.*, p. 91) recorda que o princípio da boa-fé "no sólo opera como modulador de la eficacia de los derechos fundamentales del trabajador en el ámbito laboral, sino también como condicionante decisivo del ejercicio de los derechos y poderes empresariales. En efecto, el deber de buena fe se opone a que el empresario pueda adoptar decisiones abusivas que lesionen la dignidad o los derechos de sus trabajadores, incluido el derecho básico que éstos les reconoce el art. 4.2.g) ET" — a saber, o direito "al ejercicio individual de las acciones derivadas de su contrato de trabajo".

(421) *Op. cit.*, p. 90.

(422) *Op. cit.*, p. 90. Casas Baamonde (*op. cit.*, p. 728) cita precedente (STC n. 315/1994) nos quais o Tribunal Constitucional, analisando um suposto que não se preocupa com o exercício do direito na tutela judicial efetiva por parte dos trabalhadores, disse que a imprudência ou má-fé processual são merecedores de censura e, como tal, questionáveis.

embargo, em meu critério, um problema de limitações ou modulações que ao exercício dos direitos fundamentais impõe o contrato de trabalho e, em concreto, as exigências recíprocas do princípio da boa-fé contratual, senão de limites, isto é, de delimitação do âmbito protegido pelo direito fundamental. O exercício ilegítimo do direito cai fora de seu âmbito constitucionalmente protegido e, por isso, do âmbito constitucionalmente protegido pela garantia de indenidade.

Enfim, o fracasso da ação judicial não contamina a garantia de indenidade, mas tem essa consequência a ação temerária ou de má-fé, desde que assim a classifique o órgão jurisdicional.

9. A CARGA DA PROVA RELATIVA À VIOLAÇÃO DA GARANTIA DE INDENIDADE

Antes já se disse que uma característica da garantia de indenidade em sentido estrito, aquela que concerne à tutela judicial efetiva, é o propósito de revide que move o empresário, não obstante seja prescindível a intencionalidade lesiva quando se constata um prejuízo derivado e causalmente conectado com o ato patronal(423). O fato singelo de a medida patronal sobrevir ao início da ação judicial não é o bastante para desafiar a mencionada garantia, pois a existência de outra motivação, que não seja o desejo de retaliar, pode legitimar a conduta empresarial.

A vinculação entre os temas *garantia de indenidade* e *ônus da prova* é, portanto, inquestionável, dado que não bastaria assegurar a invulnerabilidade do exercício do direito de ação se fosse atribuído ao trabalhador o ônus de provar a intenção (vingativa) do empresário. Igual ao que sucede com outros

---

(423) Em passagem anterior deste estudo, viu-se que no precedente STC n. 6/2011 o Tribunal Constitucional analisou hipótese em que se negava a intencionalidade lesiva, ou seja, a intenção do empregador de retaliar a ação judicial proposta pelo empregado, decidindo: "En efecto, además de las decisiones empresariales que vengan perfiladas por un ánimo o motivación de reacción contra el ejercicio previo del derecho fundamental a la tutela judicial efectiva, actúa asimismo la tutela cuando, aun no existiendo dicho propósito, concurre un perjuicio que quede objetiva y causalmente vinculado al mismo. Y es que, como hemos dicho, en el caso concreto en relación con el derecho a la huelga, no resulta admisible que se niegue la vulneración del derecho fundamental alegado sobre la base de la falta de intencionalidad lesiva del sujeto infractor, pues, como hemos declarado en anteriores ocasiones, la vulneración de derechos fundamentales no queda supeditada a la concurrencia de dolo o culpa en la conducta del sujeto activo; esto es, a la indagación de factores psicológicos y subjetivos de arduo control. Este elemento intencional es irrelevante, bastando constatar la presencia de un nexo de causalidad adecuado entre el comportamiento antijurídico y el resultado prohibido por la norma (SSTC ns. 11, de 13 de enero de 1998, FJ 6; 124, de 15 de junio de 1998, FJ 2; 126, de 15 de junio de 1998, FJ 2; 225, de 26 de noviembre de 2001, FJ 4; y 66, de 21 de marzo de 2002, FJ 3)" (STC n. 80, de 4 de abril de 2005, FJ 5).

direitos fundamentais, o móvel revanchista do ato patronal é comumente disfarçado, habitando os hemisférios mais recônditos do espírito humano.

Como assinala Álvarez Alonso, caso se faça recair inteiramente sobre o trabalhador a carga de provar eficientemente que a decisão impugnada responde a um propósito discriminatório se o estaria condenado a uma autêntica *prueba diabólica*, pois dele se exigiria uma prova de intenções que resultaria praticamente impossível[424].

Por isso, do trabalhador não se pode exigir mais que a prova indiciária, ou seja, a apresentação de indícios da conexão objetiva entre o surgimento da ação judicial e a medida empresarial. Em realidade, o Tribunal Constitucional tem ressaltado a importância da distribuição da carga probatória para a efetividade dos direitos fundamentais do trabalhador desde o precedente STC n. 38/1981, aquele que inaugurou essa tomada de posição e contém o argumento definitivo:

> A finalidade da prova indiciária não é senão a de evitar que a impossibilidade de revelar os verdadeiros motivos do ato empresarial impeça declarar que este resulta lesivo do direito fundamental.[425]

Essa compreensão foi estendida à garantia de indenidade pela STC n. 7/1993, cujo conteúdo é suficientemente explicativo:

> [...] este Tribunal vem declarando que quando o trabalhador alega que uma despedida é discriminatória ou lesiva de qualquer direito fundamental, aportando para tanto indícios que gerem uma razoável suspeita, aparência ou presunção em favor da alegação de discriminação, incumbe ao empresário a prova da existência de um motivo razoável para a despedida (SSTC ns. 38/1981, 55/1983, 104/1987, 114/1989, 135/1990 e 21/1992). Não se impõe ao empresário que prove a não discriminação ou a não lesão a direito fundamental, senão que comprove a existência dos fatos motivadores da decisão extintiva, assim como sua relevância desde o ponto de vista da medida disciplinar adotada. Dita relevância há de ser interpretada não no sentido de que a atividade ou comportamento irregular do trabalhador tenha que configurar um descumprimento pleno e total, susceptível de alcançar a sanção da despedida, senão no sentido de que tenha base real e ofereça suficiente consistência, restando bem entendido que não é qualquer motivo que serve para justificar a despedida, porque, do contrário, o empresário poderia muito bem encobrir uma despedida discriminatória sob o pretexto de pequenos descumprimentos contratuais. A decisão empresarial será, assim, válida, ainda quando não complete os requisitos para autorizar o poder de punir em seu grau

(424) *Op. cit.*, p. 127.

(425) Em espanhol: "La finalidad de la prueba indiciaria no es sino la de evitar que la imposibilidad de revelar los verdaderos motivos del acto empresarial impida declarar que éste resulta lesivo del derecho fundamental".

máximo, mas se apresente alheia a todo móvel discriminatório ou atentatório de um direito fundamental.[426]

Os órgãos de competência normativa, não somente na Espanha, têm seguido essa mesma senda, o que se percebe facilmente nas regras de distribuição da carga probatória que surgiram desde as últimas décadas do século XX.

Com efeito, apesar de não se referir precisamente ao direito à tutela judicial efetiva, o art. 96 da Lei de Procedimentos Laborais (RDL n. 2/1995) prescreve:

> Naqueles processos em que das alegações da parte autora se deduza a existência de indícios fundados de discriminação por razão de sexo, origem racial ou étnica, religião ou crença, incapacidade, idade ou orientação sexual, corresponderá ao demandado o aportamento de uma justificativa objetiva e razoável, suficientemente provada, das medidas adotadas e de sua proporcionalidade.[427]

Quanto ao direito de liberdade sindical, o art. 179.2 da Lei de Procedimentos Laborais é igualmente claro:

> No ato de julgar, uma vez constatada a concorrência de indícios de que se há produzido violação da liberdade sindical, corresponderá ao demandado o aportamento de uma justificativa objetiva e razoável, suficientemente provada, das medidas adotadas e de sua proporcionalidade.[428]

Não por acaso, o Tribunal Constitucional considerou tal dispositivo *la transposición de nuestra reiterada jurisprudencia* (STC n. 101/2000). Por sua

---

(426) Em espanhol: "este Tribunal viene declarando que cuando se invoque por el trabajador que un despido es discriminatorio o lesivo de cualquier derecho fundamental, aportando para ello indicios que generen una razonable sospecha, apariencia o presunción en favor del alegato discriminatorio, incumbe al empresario la prueba de la existencia de un motivo razonable del despido (SSTC ns. 38/1981, 55/1983, 104/1987, 114/1989, 135/1990 y 21/1992). No se impone al empresario que pruebe la no discriminación o la no lesión del derecho fundamental, sino que acredite la existencia de los hechos motivadores de la decisión extintiva, así como su entidad desde el punto de vista de la medida disciplinaria adoptada. Dicha entidad ha de ser interpretada no en el sentido de que la actividad o comportamiento irregular del trabajador tenga que configurar un incumplimiento pleno y total, susceptible de alcanzar la sanción de despido, sino en el de que tenga base real y ofrezca suficiente consistencia, en el bien entendido que no cualquier motivo sirve para justificar el despido, porque, de lo contrario, el empresario podría muy bien encubrir un despido discriminatorio bajo el pretexto de pequeños incumplimientos contractuales. La decisión empresarial será, así, válida, aun cuando sin completar los requisitos para aplicar la potestad sancionadora en su grado máximo, se presenta ajena a todo móvil discriminatorio o atentatorio de un derecho fundamental".

(427) Em espanhol: "En aquellos procesos en que de las alegaciones de la parte actora se deduzca la existencia de indicios fundados de discriminación por razón de sexo, origen racial o étnico, religión o convicciones, discapacidad, edad u orientación sexual, corresponderá al demandado la aportación de una justificación objetiva y razonable, suficientemente probada, de las medidas adoptadas y de su proporcionalidad".

(428) Em espanhol: "En el acto del juicio, una vez constatada la concurrencia de indicios de que se ha producido violación de la libertad sindical, corresponderá al demandado la aportación de una justificación objetiva y razonable, suficientemente probada, de las medidas adoptadas y de su proporcionalidad".

vez, o art. 181 da mesma LPL estende a idêntica regra a todos os direitos fundamentais:

> As demandadas de tutela dos demais direitos fundamentais e liberdades públicas, incluída a proibição de tratamento discriminatório e do assédio, que se suscitem no âmbito das relações jurídicas atribuídas ao conhecimento da ordem jurisdicional social, tramitarão conforme as disposições estabelecidas neste capítulo. Em ditas demandas se expressarão o direito ou direitos fundamentais que se aleguem infringidos.[(429)]

Não se olvida, a propósito, um aspecto interessante de ordem processual, denunciado pela doutrina em relação à substituição pelo Tribunal Constitucional da convicção do magistrado de instância ordinária pela sua própria. A denúncia parece açodada, como se extrai da advertência de Igartua Miró:

> Esta "possível incursão" no terreno dos fatos provados resulta, como é sabido, vetada pelo art. 44.1.b LOTC que exige o pleno respeito daqueles. Não obstante, o próprio TC em algumas ocasiões justifica sua atuação e vem afirmar que mesmo que não possa revisar a valoração da prova efetuada pelos juízes e Tribunais ordinários, função privativa sua que não pode ser deslocada, nada obsta que possa alcançar uma interpretação própria do relato factual conforme os direitos e valores constitucionais em presença.[(430)]

Saindo do sistema espanhol, podemos verificar, por exemplo, que o art. 23.3 do Código de Trabalho de Portugal atribui ao empregador a prova nos casos em que se alegue violação de direito fundamental de um empregado[(431)]. Mesmo em países que adotam o sistema de precedentes, encontra-se na jurisprudência estadunidense uma célebre decisão da Suprema Corte acerca da carga da prova em hipótese de discriminação racial, a saber, o caso Mc Donnel Douglas Corp. v. Green, 411 U.S. 792 (1973)[(432)].

Mais adiante, será discutida a disseminação também no Brasil e com alguma repercussão jurisprudencial, da mesma tese de apenas a prova indiciária

(429) Em espanhol: "Las demandas de tutela de los demás derechos fundamentales y libertades públicas, incluida la prohibición de tratamiento discriminatorio y del acoso, que se susciten en el ámbito de las relaciones jurídicas atribuidas al conocimiento del orden jurisdiccional social, se tramitarán conforme a las disposiciones establecidas en este capítulo. En dichas demandas se expresarán el derecho o derechos fundamentales que se estimen infringidos."

(430) *Op. cit.*, p. 115/116. A autora cita, por todas, a STC n. 41, de 13 de fevereiro de 2006 (BOE 16 março).

(431) Art. 23.3. Cabe a quem alegar a discriminação fundamentá-la, indicando o trabalhador ou trabalhadores em relação aos quais se considera discriminado, incumbindo ao empregador provar que as diferenças de condições de trabalho não assentam em nenhum dos fatores indicados no n. 1.

(432) Disponível em: <http://caselaw.lp.findlaw.com/cgi-bin/getcase.pl?friend=nytimes&court=us&vol=411&invol=792>.

ser exigível das supostas vítimas de direitos fundamentais, quando estão em juízo para alegar que o são. Tal distribuição da carga probatória é assim resumida por Álvarez Alonso, que ao se expressar transcreve parte do *leading case* STC n. 7/1993:

> [...] o demandante não está exonerado de toda atividade probatória, pois, para que tenha lugar o deslocamento da carga da prova para que esta onere a parte empresarial não basta a mera alegação da suposta violação de direitos fundamentais, senão que é necessário que o trabalhador aporte indícios razoáveis que gerem uma razoável suspeita, aparência ou presunção a favor de dita alegação, um princípio de prova dirigido a revelar o motivo oculto do ato ou prática empresarial impugnada [...]. Por isso, sói sinalar-se que não se trata de uma autêntica inversão da carga da prova, senão de um certo "debilitamento", "alívio" ou "facilitação" da carga probatória que de ordinário caberia ao demandante e uma correlativa "sobrecarga" da posição do empresário demandado neste terreno.(433)

Mas uma pergunta seria inevitável: que indícios se exigiriam como razoáveis, racionais e suficientes para incumbir-se o empresário da carga de provar que sua conduta resultou alheia a todo propósito atentatório de direito fundamental? A doutrina tenta responder a essa pergunta, como se verá em seguida.

9.1. A prova indiciária da violação de direito fundamental

Valle Muñoz(434) observa que a jurisprudência ordinária tem delimitado casuisticamente os indícios de violação do direito fundamental à tutela judicial efetiva, destacando os seguintes:

> a) O indício mais importante é a própria falta de prova absoluta, sequer tentada pela empresa, dos fatos imputados ao trabalhador para justificar a decisão de despedi-lo;
>
> b) O indício de que tenham entrado em jogo os atos preparatórios ou prévios à atuação judicial (exemplos: uma prévia notificação por escrito do trabalhador ao empresário ou uma queixa ao chefe de pessoal na

(433) Em espanhol: "el demandante no queda exonerado de toda actividad probatoria, pues, para que tenga lugar el desplazamiento de la carga de la prueba hacia la parte empresarial no basta con la mera alegación de la supuesta violación de derechos fundamentales, sino que es necesario que el trabajador aporte indicios racionales que generen una razonable sospecha, apariencia o presunción a favor de dicha alegación, un principio de prueba dirigido a poner de manifiesto el motivo oculto del acto o práctica empresarial impugnado. [...] Por eso, suele señalarse que no se trata de una auténtica inversión de la carga de la prueba, sino, más bien, de un cierto 'debilitamiento', 'alivio' o 'facilitación' de la carga probatoria que de ordinario le correspondería al demandante y una correlativa 'sobrecarga' de la posición del empresario demandado en este terreno".

(434) *Op. cit.*, p. 34/37.

qual se comunique uma pretensão, também as advertências prévias à empresa de que se pretende iniciar alguma demanda, a apresentação da papeleta de notificação solicitando o reconhecimento de um direito, ou ainda uma reclamação administrativa prévia ou uma denúncia ante a Inspeção do Trabalho);

c) O indício de que os fatos invocados pela empresa para justificar sua decisão não tenham relevância suficiente ou transcendência necessária, ou mesmo a desinformação sobre causa econômica, técnica ou disciplinar que justifique a dispensa;

d) A coincidência temporal entre a reclamação do trabalhador e a medida de represália empresarial, especialmente se somada a outros indícios;

e) O indício de a reclamação judicial apresentada em face da empresa anteriormente tenha sido resolvida em sentido favorável ao trabalhador;

f) O fato de a empresa haver sido punida pela Inspeção do Trabalho previamente e pelo mesmo motivo;

g) O descumprimento pela empresa, sistemático e contumaz, de decisões judiciais prévias exaradas em procedimentos instaurados pelo mesmo trabalhador;

h) O indício de que a medida empresarial, *grosso modo*, afete exclusivamente o trabalhador supostamente retaliado.

Todos esses indícios se somam à mera afirmação, na própria notificação da medida, de que esta se vincula ao exercício pelo trabalhador de seu direito de ação e correspondem a precedentes jurisprudenciais citados por Valle Muñoz, que pontua ainda ser desnecessário que se conte com um *tertium comparationis:* a violação da indenidade, à semelhança do que ocorre aos outros direitos fundamentais, "não requer, para ser apreciada, verificar que a outros trabalhadores se tenha concedido um trato distinto e melhor que ao acionante"(435).

Por outro lado, e na esteira do que sustenta Casas Baamonde(436) ao transcrever fragmento da STC n. 7/1993, nas despedidas pluricausais o

(435) *Op. cit.*, p. 37.
(436) *Op. cit.*, p. 732.

empregador pode provar "tanto que sua medida é razoável e objetiva, quanto que não encobre uma conduta contrária a um direito fundamental, devendo alcançar necessariamente dito resultado probatório, sem que baste tentá-lo"(437). Sobre o tema, ponderam Baylos e Pérez:

> A pluricausalidade da despedida é uma noção profundamente equivocada pois, em pureza, a despedida não pode ter uma dupla causa como motivação, máxime quando um dos motivos que guiam a atitude extintiva empresarial consiste em atentar contra os direitos constitucionais do trabalhador. Nesses casos o comportamento inconstitucional prima absolutamente sobre qualquer outra justificativa que deixa por isso mesmo de ter eficácia extintiva alguma, ainda que em condições normais — se não concorresse para atentar contra direitos constitucionais — houvesse servido para justificar a terminação do contrato de trabalho. A isso se refere com sumo acerto o TC quando adverte que "a declaração de procedência da despedida não permite descartar — em todos os casos e sem exceção — que este seja lesivo de direitos fundamentais". E isso implica, portanto, que a prova empresarial será suficiente para contra-arrestar os indícios aportados pelo trabalhador quando, apesar de que se prove plenamente um descumprimento de relevância bastante para pôr fim ao contrato com justa causa, não logre convencer o juiz de que com a despedida não se produz algum resultado atentatório dos direitos fundamentais do trabalhador.(438)

O indício não é uma regra da experiência, ou a observação do que ordinariamente acontece, mas sim um "fenômeno que permite conhecer ou inferir a existência de outro não percebido", como o descreve o Dicionário da Real Academia Espanhola, ou a "circunstância que possui relação com o fato delituoso, possibilitando a construção de hipóteses com ele relacionadas sobre a autoria e seus demais aspectos, e que pode ser utilizada como prova em processo judicial", como esclarece, com propriedade, o *Dicionário Eletrônico Houaiss da Língua Portuguesa*, 2009.

A prova indiciária retrata um fato que sugere fortemente a ocorrência do fato descrito na norma como fato gerador de direito subjetivo. Portanto, a conexão indiciária é uma relação de presumida causalidade, não de subsunção. A

---

(437) Em espanhol: "tanto que su medida es razonable y objetiva, como que no encubre una conducta contraria a un derecho fundamental, debiendo alcanzar necesariamente dicho resultado probatorio, sin que baste intentarlo".

(438) GRAU, A. Baylos; REY, J. Pérez. *El despido o la violencia del poder privado*. Madrid: Trotta, 2009. p. 126. A sentença do TC mencionada pelos autores é a STC n. 138/2006, FJ 7º, citando por sua vez o FJ 7º STC 14/2002.

coincidência temporal entre a medida empresarial e a ação judicial, ou ainda a conduta costumeiramente reprovável do empresário são, *exempli gratia*, circunstâncias factuais que conduzem a uma ilação possível a propósito da intenção do empregador. O trabalhador deve provar tal circunstância, ou seja, o indício, quedando isento apenas de provar a intenção de retaliar, pois assim se consolidou a jurisprudência constitucional[(439)].

9.2. A conduta empresarial regular e sua prova

Ao empresário ou à sociedade empresária incumbe provar a existência de causa alheia ao intento de violar o direito fundamental. Referindo-se a vários precedentes do Tribunal Constitucional, Casas Baamonde conclui que "os critérios ou causas da decisão do empresário devem enunciar-se e provar-se e hão de explicar-se 'objetiva, razoável e proporcionalmente por si mesma a decisão adotada, eliminando toda suspeita' de lesão do direito fundamental, de modo que o julgador alcance a convicção de que referidas causas terão sido as únicas determinantes da decisão empresarial 'que se houvera produzido verossimilmente em qualquer caso à margem de todo propósito vulnerador de direitos fundamentais'"[(440)].

Entre as situações que concorrem para destruir a prova indiciária alegada pelo autor e que às vezes justificariam a medida empresarial, Valle Muñoz[(441)] enumera as seguintes:

a) O fato de que o trabalhador demandante não logre aportar qualquer indício;

b) A prova por parte da empresa de que a medida por ela adotada é alheia a qualquer móvel discriminatório;

c) O caso de denúncia total e absolutamente temerária;

d) O fato de o trabalhador incorrer em conduta qualificável como muito grave e por isso passível de sanção;

e) O fato de que tenha transcorrido um tempo considerável entre a medida empresarial que se pretende anular e a ação judicial;

---

(439) Sobre o tema, Casas Baamonde (*op. cit.*, p. 733) cita as STC ns. 140/1999 e 298/2005 para afirmar, acerca do indício, que "su mera alegación no es bastante, menos la mera alegación de la vulneración constitucional; ha de estar probado cumplidamente y no meramente alegado".

(440) *Op. cit.*, p. 732. A autora cita as SSTC ns. 101/2000, 87/2004, 144/2005, 171/2005 e 267/2000.

(441) *Op. cit.*, p. 38/42.

f) O fato de as pretensões anteriormente deduzidas pelo trabalhador se tenham resolvido mediante conciliação, judicial ou extrajudicialmente, ou simplesmente tenham sido atendidas;

g) O fato de a Administração extinguir a vaga que teria negado ao servidor que antes ajuizara a ação, ou de a ter provido com funcionário público efetivo, sempre que o faz para cumprir o princípio da legalidade;

h) O fato de a reação empresarial atender a alguma nova vertente jurisprudencial, e não ao desejo de retaliar o exercício do direito de ação, como se decidiu no caso já citado dos locutórios (STC ns. 196, 197 e 199/2000);

i) O fato de existir uma relação entre as partes comprovadamente deteriorada, crispada e complicada;

j) Quando a decisão extintiva adotada é enquadrável na política empresarial de contratação, previsto em norma coletiva;

k) Quando a empresa adota a medida com base em uma decisão de reestruturação de pessoal, tendo em vista, ilustrativamente, as funções de confiança desempenhadas;

l) O fato de a medida ter sido deliberada, não pelo empregador, mas pelo tomador de seus serviços, em hipótese de terceirização;

m) O fato de a medida adotada afetar não somente o trabalhador que se imagina retaliado, senão a todos os trabalhadores da empresa, independentemente de haverem ou não proposto ação judicial.

O autor traz novamente à colação os precedentes jurisprudenciais que confirmam a aceitação desses fatos como justificadores da conduta empresarial, impedindo que se restabeleça o vínculo de emprego com base na garantia de indenidade, que concerne ao direito de tutela judicial efetiva.

A bem dizer, a jurisprudência constitucional parece condensada, afinal, em um fragmento valioso da STC n. 138/2006, que se reproduz:

> Tratando-se da tutela frente a atos lesivos de direitos fundamentais, temos sublinhado de forma reiterada a importância que em relação à mesma tem a regra da distribuição da carga da prova. Com o objetivo de precisar com nitidez os critérios aplicáveis em matéria probatória quando estão em jogo possíveis vulnerações de direitos fundamentais no âmbito das relações laborais, resulta oportuno remeter-se ao sinalado em nossa STC n. 87, de 10 de maio de 2004 (fj 2). Dizíamos ali, sistematizando e resumindo nossa reiterada doutrina anterior, que a necessidade de garantir que os direitos fundamentais do trabalhador não sejam desconhecidos pelo empresário, sob a cobertura formal do exercício por

este dos direitos e faculdades reconhecidos pelas normas laborais para organizar as prestações de trabalho, passa por considerar a especial dificuldade que em não poucas ocasiões há na operação de desvelar a lesão constitucional, encoberta sob a legalidade só aparente do ato empresarial, nos procedimentos judiciais correspondentes. Uma necessidade tanto mais forte quanto maior é a margem de discricionariedade com que operam no contrato de trabalho as faculdades de organização e de disciplina do empregador. Precisamente, a prevalência dos direitos fundamentais do trabalhador e as especiais dificuldades probatórias de sua vulneração naqueles casos, constituem as premissas sob as quais a jurisprudência constitucional tem aplicado a específica distribuição da carga da prova nas relações de trabalho, hoje reconhecida nos arts. 96 e 179.2 da Lei de Procedimento Laboral (LPL).[442]

A finalidade da prova indiciária não é senão a de evitar que a impossibilidade de revelar os verdadeiros motivos do ato empresarial impeça declarar que este resulta lesivo do direito fundamental (STC n. 38, de 23 de novembro de 1981, fj 2 e 3), finalidade em torno à qual se articula o duplo elemento da prova indiciária. O primeiro, a necessidade de o trabalhador aportar um indício razoável de que o ato empresarial lesiona seu direito fundamental (STC n. 38, de 21 de março de 1986, fj 2), princípio de prova dirigido a revelar, sendo o caso, o motivo oculto daquele; um indício que, como vem pondo em relevo a jurisprudência deste Tribunal, não consiste na mera alegação da vulneração constitucional, senão que deve permitir se deduza a possibilidade de que aquela vulneração se tenha produzido (assim, SSTC ns. 114, de 22 de junho de 1989, fj 5, e 85, de 6 de junho de 1995, fj 4). Somente quando atendido esse primeiro e inescusável pressuposto, pode-se fazer recair sobre a parte demandada a carga de provar que sua atuação tem causas reais absolutamente estranhas à pretendida vulneração de direitos fundamentais, assim como aquelas que tiveram relevância suficiente para adotar a decisão, único meio de destruir a aparência de lesividade criada pelos indícios. Trata-se de uma autêntica carga probatória e não de um mero intento de negar a vulneração de

---

(442) Em espanhol: "Tratándose de la tutela frente a actos lesivos de derechos fundamentales, hemos subrayado de forma reiterada la importancia que en relación con la misma tiene la regla de la distribución de la carga de la prueba. Con objeto de precisar con nitidez los criterios aplicables en materia probatoria cuando están en juego posibles vulneraciones de derechos fundamentales en el ámbito de las relaciones laborales, resulta oportuno remitirse a lo señalado en nuestra STC n. 87, de 10 de mayo de 2004 (FJ 2). Decíamos allí, sistematizando y resumiendo nuestra reiterada doctrina anterior, que la necesidad de garantizar que los derechos fundamentales del trabajador no sean desconocidos por el empresario bajo la cobertura formal del ejercicio por parte de éste de los derechos y facultades reconocidos por las normas laborales para organizar las prestaciones de trabajo, pasa por considerar la especial dificultad que en no pocas ocasiones ofrece la operación de desvelar en los procedimientos judiciales correspondientes la lesión constitucional, encubierta tras la legalidad sólo aparente del acto empresarial. Una necesidad tanto más fuerte cuanto mayor es el margen de discrecionalidad con que operan en el contrato de trabajo las facultades organizativas y disciplinarias del empleador. Precisamente, la prevalencia de los derechos fundamentales del trabajador y las especiales dificultades probatorias de su vulneración en aquellos casos, constituyen las premisas bajo las que la Jurisprudencia constitucional ha venido aplicando la específica distribución de la carga de la prueba en las relaciones de trabajo, hoy recogida en los arts. 96 y 179.2 de la Ley de procedimiento laboral (LPL)".

direitos fundamentais — o que claramente deixaria inoperante a finalidade da prova indiciária (STC n. 114, de 22 de junho de 1989, fj 4) —, que deve levar à conclusão do julgador de que tais causas terão sido as únicas que motivaram a decisão empresarial, de sorte que esta se teria produzido de qualquer forma e à margem de todo propósito vulnerador de direitos fundamentais. Trata-se, definitivamente, de que o empregador prove que tais causas explicam objetiva, razoável e proporcionalmente por si mesmas sua decisão, eliminando toda suspeita de que aquela ocultou a lesão de um direito fundamental do trabalhador (SSTC ns. 38, de 23 de novembro de 1981, fj 3, e 136, de 23 de julho de 1996, fj 6, por exemplo). A ausência de prova transcende deste modo o âmbito puramente processual e determina, em última análise, que os indícios apresentados pelo demandante deflagrem toda sua operatividade para declarar a lesão do próprio direito fundamental (SSTC ns. 197, de 29 de novembro de 1990, fj 4; 136, de 23 de julho de 1996, fj 4).[443]

Definitivamente, o demandante que invoca a regra de inversão da carga da prova deve desenvolver uma atividade locucionária suficientemente precisa e concreta em torno dos indícios da existência de discriminação. Alcançado, sendo o caso, o anterior resultado probatório, sobre a parte demandada recairá a carga de provar a existência de causas suficientes, reais e sérias para qualificar de razoável e alheia a todo propósito lesivo do direito fundamental a decisão ou prática empresarial questionada, único meio de destruir a aparência de lesividade criada pelos indícios

---

(443) Em espanhol: "La finalidad de la prueba indiciaria no es sino la de evitar que la imposibilidad de revelar los verdaderos motivos del acto empresarial impida declarar que éste resulta lesivo del derecho fundamental (STC n. 38, de 23 de noviembre de 1981, FFJJ 2 y 3), finalidad en torno a la cual se articula el doble elemento de la prueba indiciaria. El primero, la necesidad por parte del trabajador de aportar un indicio razonable de que el acto empresarial lesiona su derecho fundamental (STC n. 38, de 21 de marzo de 1986, FJ 2), principio de prueba dirigido a poner de manifiesto, en su caso, el motivo oculto de aquél; un indicio que, como ha venido poniendo de relieve la jurisprudencia de este Tribunal, no consiste en la mera alegación de la vulneración constitucional, sino que debe permitir deducir la posibilidad de que aquélla se haya producido (así, SSTC ns. 114, de 22 de junio de 1989, FJ 5, y 85, de 6 de junio de 1995, FJ 4). Sólo una vez cubierto este primer e inexcusable presupuesto, puede hacerse recaer sobre la parte demandada la carga de probar que su actuación tiene causas reales absolutamente extrañas a la pretendida vulneración de derechos fundamentales, así como que aquéllas tuvieron entidad suficiente como para adoptar la decisión, único medio de destruir la apariencia lesiva creada por los indicios. Se trata de una auténtica carga probatoria y no de un mero intento de negar la vulneración de derechos fundamentales — lo que claramente dejaría inoperante la finalidad de la prueba indiciaria (STC n. 114, de 22 de junio de 1989, FJ 4) —, que debe llevar a la convicción del juzgador que tales causas han sido las únicas que han motivado la decisión empresarial, de forma que ésta se hubiera producido verosímilmente en cualquier caso y al margen de todo propósito vulnerador de derechos fundamentales. Se trata, en definitiva, de que el empleador acredite que tales causas explican objetiva, razonable y proporcionadamente por sí mismas su decisión, eliminando toda sospecha de que aquélla ocultó la lesión de un derecho fundamental del trabajador (SSTC ns. 38, de 23 de noviembre de 1981, FJ 3, y 136, de 23 de julio de 1996, FJ 6, por ejemplo). La ausencia de prueba trasciende de este modo el ámbito puramente procesal y determina, en último término, que los indicios aportados por el demandante desplieguen toda su operatividad para declarar la lesión del propio derecho fundamental (SSTC n. 197, de 29 de noviembre de 1990, FJ 4; 136, de 23 de julio de 1996, FJ 4)."

(SSTC ns. 90, de 6 de maio de 1997, fj 5, e 29, de 11 de fevereiro de 2002, fj 3, por todas).(444)

Maria Emilia Casas Baamonde foi a relatora da decisão acima transcrito e por ela o Tribunal Constitucional pôde garantir a efetividade dos direitos fundamentais à tutela judicial e à liberdade sindical(445). Acerca do tema, Baylos e Pérez aduzem que "ao empresário não basta, para escapar à sanção de nulidade ante os indícios de trato discriminatório ou de conduta lesiva de direitos fundamentais, provar a existência dos fatos alegados como causa da despedida, seja esta disciplinar ou objetiva, senão que há de estar em condições de criar no juiz a convicção de que a despedida é absolutamente estranha a uma conduta relacionada com o exercício de um direito fundamental"(446).

Ademais, tem surgido algum debate sobre a possibilidade de estender a todos os casos de violação de direitos fundamentais a regra inicialmente prevista para os direitos de conciliação da vida familiar e laboral(447) segundo a qual:

> O trabalhador deve simplesmente limitar-se a atestar o fundamento factual-normativo — a gravidez ou o exercício do direito —, o que é mais fácil que o aportamento de indícios que seria necessário se tratados esses fatos pela via genérica da despedida discriminatória ou contrária a direitos fundamentais que antes se analisou. Provada tal circunstância, a despedida torna-se automaticamente nula sem maiores considerações e dessa qualificação o empresário somente pode se subtrair quando conseguir demonstrar a procedência da despedida.(448)

Como ensinam Baylos e Pérez, nesses casos de despedidas objetivamente nulas o legislador descarta que a improcedência seja uma qualificação aceitável:

---

(444) Em espanhol: "En definitiva, el demandante que invoca la regla de inversión de la carga de la prueba debe desarrollar una actividad alegatoria suficientemente precisa y concreta en torno a los indicios de la existencia de discriminación. Alcanzado, en su caso, el anterior resultado probatorio, sobre la parte demandada recaerá la carga de probar la existencia de causas suficientes, reales y serias para calificar de razonable y ajena a todo propósito lesivo del derecho fundamental la decisión o práctica empresarial cuestionada, único medio de destruir la apariencia lesiva creada por los indcios (SSTC ns. 90, de 6 de mayo de 1997, FJ 5, y 29, de 11 de febrero de 2002, FJ 3, por todas)".

(445) Disponível em: <http://www.tribunalconstitucional.es/jurisprudencia/Stc2006/STC2006-138.html>.

(446) GRAU, A. Baylos; REY, J. Pérez. *El despido o la violencia del poder privado*. Madrid: Trotta, 2009. p. 125.

(447) Cf. GRAU; REY. *Op. cit.*, p. 135, as hipóteses são refletidas no art. 55.5 ET (sua correspondência processual no art. 108.2 LPL) para o despedimento disciplinar e no art. 53.4 ET (no âmbito adjetivo art. 122.2 LPL) para o despedimento objetivo, considerando nulas as separações dos trabalhadores durante o período de suspensão do contrato de trabalho por maternidade, risco durante a gravidez, risco durante a amamentação, enfermidades causadas pela gravidez etc.

(448) GRAU; REY. *Op. cit.*, p. 136.

> Noutros termos, ou a despedida é nula ou, provando o descumprimento ou circunstância obstativa alheia a qualquer intenção de represália empresarial pelo exercício dos direitos de conciliação, declara-se procedente. Não há soluções intermediárias que resultem na despedida indenizada e eficaz, isto é, na despedida improcedente.(449)

Os citados autores extraem dessa inovação legislativa que, observados alguns limites, as hipóteses de nulidade previstas no Estatuto dos Trabalhadores não seriam substancialmente diferentes daquelas previstas para a despedida discriminatória ou contrária a direitos fundamentais. E reparam, ainda sobre o tema, que "os preceitos mencionados introduzem, além da prescindibilidade do aportamento de indícios, um elemento adicional de proteção frente ao regime geral que consiste em descartar a improcedência da despedida como qualificação possível"(450).

A leitura do próximo capítulo permitirá compreender melhor de que tratam Baylos e Pérez quando se referem aos possíveis resultados do processo em que se discute a validade da despedida (decidindo-se ao final pela procedência, improcedência ou nulidade desta).

---

(449) GRAU; REY. *Op. cit.*, p. 136.

(450) GRAU; REY. *Op. cit.*, p. 137/138.

III — Proteção contra a Despedida na Espanha e no Brasil

10. Conceitos e regras comuns acerca da despedida

A garantia de indenidade *stricto sensu* tutela o trabalhador, como tantas vezes visto, quanto aos possíveis atos de desagravo contra o exercício legítimo do direito de ação, sobretudo do mais comum deles, que é induvidosamente a despedida. Portanto, a regulamentação da despedida na Espanha e no Brasil deve ser investigada, ainda que sem a profundidade de um escrito específico sobre o tema, senão para efeito de confrontação em aspectos que concernem à necessidade de ser imunizado o trabalhador despedido. Tendo em perspectiva essa linha de pesquisa, a extinção contratual que em seguida será estudada deverá restringir-se àquela que ocorre nos contratos por tempo indefinido, não parecendo adequada a incursão na grave problemática da temporalidade.

Acerca dos contratos sem prazo, os ordenamentos jurídicos nacionais se assemelham em vários tópicos, mas é falso imaginar que as semelhanças se achem em pontos essenciais. O que parece comum está no esquema geral de quase todos os ordenamentos ocidentais, especialmente no que toca às modalidades de finalização do contrato. Entretanto, as normas mais expressivas, ao menos para que percebamos o nível de proteção trabalhista em cada um dos sistemas nacionais, são inquestionavelmente aquelas que garantem efetividade aos princípios informantes da ordem jurídica iniludivelmente tuitiva. Como se verá adiante, essas normas de efetividade da proteção são desse-melhantes.

Quanto às similitudes, pode-se dizer que em ambos os sistemas jurídicos, brasileiro e espanhol, estão previstas a extinção do contrato por cumprimento ou realização do contrato a termo, a cessação contratual por vontade dos sujeitos em hipóteses legais, a rescisão indireta e a extinção por caducidade, incluída a morte e, no caso da Espanha, a aposentadoria do empregado (art. 49.1.f do Estatuto dos Trabalhadores).

Às vezes os pontos de convergência são iguais apenas em aparência. Por exemplo: a doutrina espanhola e brasileira se refere ao distrato, ou resilição unilateral, que seria a dissolução do contrato engendrada por ambos os sujeitos. Em uma divagação puramente especulativa, entretanto, um sinal de que se apresentaria maior o grau de subordinação ou dependência no Brasil — por razões econômicas, culturais ou jurídicas — está na circunstância de a resilição por vontade conjunta ou bilateral ter previsão legal no Estatuto dos Trabalhadores (art. 49.1.a), na Espanha, sem que a ordem jurídica brasileira trate do tema ou sinta falta dessa prescrição legal. Em verdade, a matéria (término consensual do contrato de emprego) parece, no Brasil, somente de matiz acadêmico.

Na Espanha, e ainda sobre a extinção do contrato por mútuo acordo, há frequente e intensa alusão à exigência de um documento intitulado *recibo de finiquito*, pelo qual o trabalhador afirma concordar com as condições ali expressas, após a liquidação das quantidades devidas[(451)]. Para os espanhóis, "o princípio da indisponibilidade de direito do art. 3.5 não afeta a extinção do contrato por mútuo dissenso (STS de 13 de outubro de 1989, Ar/7174, entre várias). O que pode afetar realmente o princípio da indisponibilidade de direitos é a liquidação de haveres que possa figurar também no *recibo de finiquito*"[(452)]. Em suma, o direito não se torna indisponível simplesmente por ser objeto de negociação ao fim do contrato.

O contraste entre os sistemas conduz a uma conjectura: se é crível a afirmação do trabalhador espanhol, quando diz ele que pretende extinguir o contrato em conjunto com o empresário, e não é verossímil igual declaração do trabalhador brasileiro, porque parece em fraude à lei, daí se extrai, em princípio, que há uma normatização excessiva das despedidas sem justa causa no Brasil, a ponto de não ser viável que o empregado promova meios para a terminação pactuada do contrato se ele poderia, na primeira manifestação de descontentamento, ser despedido, sem mais. Uma pergunta é, em tal contexto, inevitável: pode o empresário brasileiro despedir sem causa específica um empregado?

---

(451) Cf. VIDA; MONEREO; MOLINA. *Op. cit.*, p. 628; VALVERDE, Martín; GUTIÉRREZ, Rodríguez-Saudo; MURCIA, García. *Op. cit.*, p. 741, afirmando estes que o consentimento mútuo, "según jurisprudencia reiterada, es negocio válido siempre que su objeto sea lícito, que no lesione preceptos de derecho necesario y que no entrañe renuncia de derechos en los términos del artículo 3.5 ET (TS 27 de junho de 1984, 25 de março de 1991, 30 de setembro de 1992 e 28 de fevereiro de 2000)".

(452) Segundo MONTESINOS, Camps Ruiz Albiol; GANDÍA, López; FRANCO, Sala. *Op. cit.*, p. 448.

A resposta estaria, *a priori*, no art. 7º, I, da Constituição brasileira, por cujo preceito se tutela a relação de emprego contra a despedida arbitrária ou sem justa causa, mas reclama regulamentação por lei complementar que incluiria a indenização compensatória e, enquanto tal regulamentação não sobrevém, é regulamentado por dispositivos[(453)] que universalizam uma contribuição patronal de 8% — arrecadada para conta vinculada ao trabalhador no Fundo de Garantia do Tempo de Serviço, incidente sobre a remuneração do trabalhador — e autorizam o empresário, não propriamente a dispensar, mas sim, e com igual efeito prático, a pagar indenização de valor equivalente a 40% do saldo na conta vinculada do empregado no FGTS, nos casos de despedidas sem justa causa.

Daí resulta que a proteção constitucional se realiza de modo contraditório: o empresário, embora sob a regência de norma jurídica pretensamente inibidora da despedida, possui a faculdade de dispensar imotivadamente o empregado, desde que pague a indenização citada. O custo extraordinário da despedida, para o empresário, limita-se ao desembolso de 40% do saldo do empregado no FGTS, pois lhe cabe recolher a contribuição de 8% para esse fundo em qualquer circunstância, durante todo o vínculo.

A tendência no sentido da civilidade[(454)] no ambiente de trabalho, ao menos no que tange à regulamentação da despedida e não obstante as interferências da Comissão Europeia visando à *flexiseguridad*[(455)], parece mais avançada em alguns países da Comunidade Europeia como Espanha[(456)],

---

(453) Apartado III do art. 7º da Constituição, art. 10 do ADCT e Lei n. 8.036/1990.

(454) Expressão de Antonio Baylos (*Derecho del trabajo:* modelo para armar. Madrid: Editorial Trotta, 1991. p. 91).

(455) Ver por todos REY, Joaquín Pérez. La modernización del régimen del despido: el debate europeo. *Revista de Derecho Social Latinoamérica*, Buenos Aires: Bomarzo Latinoamericana, v. 4-5, p. 59, 2008. O autor se refere sobre tudo ao Libro Verde acerca da modernização do Direito Laboral para afrontar os desafios do século XXI e então afirma (p. 62): "El Libro Verde acoge sin reservas la noción de flexiseguridad como concepto de síntesis mediante el cual inspirar reformas que incrementen la flexibilidad en la disciplina jurídico laboral aplicable a las empresas, garantizando a su vez seguridad para los trabajadores. [...] en el trasfondo de muchas de las propuestas a favor de la flexiseguridad se refleja una cierta admiración por el sistema anglo-sajón de despido *ad nutum* y su virtualidad para la creación de empleo. Hasta tal punto es esto así que no creo descartado afirmar que el ideal de flexiseguridad que está en el fondo de las consideraciones de la Comisión no es otro que aquél en el que la protección frente al despido languidece cuando no desaparece, incrementando así la flexibilidad laboral de las empresas sobre todo por lo que a la adaptación cuantitativa de las plantillas se refiere".

(456) Vamos tratar do regime de demissão na Espanha, mas vale a pena transcrever os apontamentos de César Arese (Principio de igualdad o no discriminación, derecho de defensa y acceso a la justicia en el contrato de trabajo. *Cadernos da Amatra IV*, Porto Alegre, año IV, n. 10, p. 92, jan./mar. 2009): "El Estatuto de los Trabajadores atribuye al empleador la potestad sancionatoria de acuerdo a las disposiciones legales o en el convenio colectivo, debiendo notificar al trabajador en forma escrita en los casos de faltas graves y muy graves haciendo constar la fecha y los hechos que los motivan (art. 58). El Comité de Empresa debe ser informado de las sanciones impuestas por faltas muy graves y sus integrantes y los representantes sindicales poseen garantías especiales frente al poder disciplinario. Los incumplimientos contractuales motivantes del despido disciplinario requieren de un incumplimiento

Itália[457], França[458] e Alemanha[459]. Entretanto, o processo de democratização das relações laborais, que a elas ofereceria um claro conteúdo de equidade e dignidade, guarda estreita correspondência com a constitucionalização do contrato de trabalho, inclusive no âmbito do poder disciplinar em que se investe o empregador. Como sustenta Arese:

> O que poderia chamar-se o "estado de direito empresário" tende a compreender a aplicação dos princípios da legalidade e da tipicidade durante o exercício dos poderes sancionadores, similar mas não idêntico ao do Estado. Gera-se uma "legalidade" de empresa como produto da incursão da ordem pública legal e da negociação coletiva. No micromundo empresarial se reflete crescentemente o mundo social ou democrático com a carga da civilidade do direito.[460]

As leis trabalhistas evoluíram em alguns países latino-americanos ainda que gradualmente, na direção de alcançar um nível de maior civilidade na regulamentação da despedida. Na Argentina, diversamente do que se encontra no Brasil, a despedida com justa causa requer, por exemplo, "a expressão suficientemente clara dos motivos em que se funda a ruptura do contato" (art.

---

grave y culpable y se encuentran tipificados en seis supuestos (art. 54). El despido disciplinario debe respetar las formas estabelecidas en el ET, entre las que se destacan la participación del sindicato al que se encuentra filiado el trabajador (art. 55). Los despidos discriminatorios, contrarios a los derechos fundamentales o libertades públicas del trabajador y por causa de embarazo o maternidad, son nulos y traen aparejada la readmisión del trabajador (art. 56)".

(457) César Arese (*op. cit.*, p. 96) nota: "La constitución italiana contiene una referencia genérica pero central al trabajo y al trabajador (arts. 1º a 4º) de la que se derivaron, pasando por las reglas de protección civil y proceso penal (arts. 24 a 27), las previsiones del Estatuto de los Trabajadores en orden a la equidad en el proceso laboral sancionatorio intraempresario. En efecto, el art. 7º introdujo en la empresa un sistema de administración de justicia que a través de límites sustanciales y procesales ha restituido al trabajador la misma dignidad del ciudadano puesto de frente a la justicia del Estado. En concreto la obligación de establecer un código disciplinario, el derecho del trabajador a ser oído en su defensa antes de la sanción, contestar la sanción y de la intervención sindical. Las reglas sustanciales y procesales aseguran los principios de legalidad y contradictorio en el tratamiento disciplinario. En síntesis el derecho de defensa".

(458) Nota Arese (*op. cit.*, p. 96) que "a partir de 1982 con las reformas de las leyes Auroux, aquellas que se implantaron bajo la consigna del 'Ciudadano en la ciudad, los trabajadores deben serlo también en la empresa', se incorporaron al Código Francés reglas procesales y sustanciales que conforman el 'Derecho Disciplinario'. Si bien no implicaron el trasvasamiento del principio de la legalidad al contrato de trabajo, aseguran protección contra la discriminación, la obligación de convocatoria al trabajador, derecho de asistencia sindical y posibilidad de recurso judicial efectivo (art. L. 122-33 y sig.)".

(459) Arese (*op. cit.*, p. 96) observa que "la Ley de Consejos de Empresa de Alemania obliga a la necesaria consulta previa de esos organismos en caso de modificaciones del contrato de trabajo y de despido disciplinario, en este caso bajo sanción de nulidad. Tiene facultades para oponerse en caso de verificarse cinco hipótesis legales, en su mayoría dirigidas a evitar buscar alternativas a la pérdida del puesto de trabajo. Estas disposiciones se entienden en el marco de la fuerte cultura de conservación de empleos e implicación de los trabajadores en el destino de la empresa".

(460) *Op. cit.*, p. 95.

242 da Lei de Contrato de Trabalho). Também no Chile, se o empresário põe fim ao contrato de trabalho com justa causa, deve comunicá-lo por escrito ao trabalhador "expressando a ou as causas invocadas e os fatos em que se funda" (art. 162 do Código do Trabalho).

Cabe observar que Argentina e Chile exigem a *carta de dispensa* sem embargo de não terem ratificado a Convenção n. 158 da OIT, que exige a notificação prévia sobre a causa da terminação do contrato. O aspecto é de relevo e tem a ver com a causalidade e também com o direito à tutela jurisdicional, como apontam Baylos e Pérez:

> A necessária causalidade da despedida implica, por sua vez, o conhecimento adequado por parte do trabalhador dos motivos que justificam a ruptura unilateral de seu contrato de trabalho, assim como a necessária atribuição ao juiz das faculdades necessárias para revisar a "justa causa" a que apela o empresário. Tudo isso expressa, ademais, uma direta relação com o direito à tutela judicial efetiva do art. 24 CE, como lógica consequência da função garantista que a Constituição assina à revisão jurisdicional do ato de despedida.[461]

Acerca do caminho para a flexibilidade laboral em matéria de despedida, talvez caiba a síntese de Umberto Romangnoli em prólogo a livro[462] de Antonio Baylos e Joaquín Pérez Rey: "se está assentando a opinião segundo a qual o melhor incentivo legal para criar postos de trabalho consiste em permitir a destruição dos existentes por parte dos operadores econômicos". O paradoxo é evidente.

11. FGTS no Brasil e FOGASA na Espanha

Para que se compreendam as consideráveis diferenças entre os sistemas brasileiro e espanhol, é necessário que se reflita, inicialmente, sobre a diferença entre o FGTS e o FOGASA.

Conforme já visto, o FGTS é um custo regular do empresário brasileiro e um direito de todos os empregados que se apresenta, em rigor e na perspectiva do trabalhador, como salário diferido. Foi instituído em 1966 para conciliar o interesse de reduzir o custo trabalhista — até então, o empregador pagava aos trabalhadores dispensados sem justa causa uma indenização que variava segundo o tempo de vigência do contrato — com o incremento de uma política de governo interessada em prover, financeiramente, a construção de moradias.

---

(461) GRAU, A. Baylos; REY, J. Pérez. *El despido o la violencia del poder privado*. Madrid: Trotta, 2009. p. 54.

(462) Prefácio do livro de GRAU; REY. *Op. cit.*, p. 11.

As contas titularizadas pelos trabalhadores são individuais e o saldo pode ser retirado em casos de despedida sem justa causa, expiração de contrato a termo, força maior, morte do empregado, aposentadoria, algumas enfermidades, aquisição de moradia etc.(463). Mas se o empregador não recolhe a mensalidade, o fundo nada paga ao empregado esquecido.

Por sua vez, o FOGASA — *Fondo de Garantía Salarial* — é um órgão autônomo, vinculado ao Ministério do Trabalho e Assuntos Sociais do Governo da Espanha, dotado de personalidade jurídica e plena capacidade para agir com vistas ao cumprimento de seus fins. Arrecada cotização dos empresários (0,2% sobre salários) para "pagar aos trabalhadores o importe dos salários pendentes nos casos de falência ou concurso de credores dos empresários e também o importe de certas indenizações reconhecidas oficialmente aos trabalhadores nos casos de crise ou reestruturação de empresas"(464). O fundo lhes paga o salário justamente porque o empresário se acha em estado de insolvência temporária ou definitiva, subrogando-se nos direitos e ações (inclusive judiciais) dos trabalhadores.

Os empregadores espanhóis têm um encargo de caráter realmente extraordinário quando descumprem o princípio da estabilidade, do que é tributário o princípio da justificação. Desde essa perspectiva, o empregador não pode desistir unilateralmente do contrato sem prazo, salvo quando esteja em curso o período de prova. E o fundamento dessa proibição está na Constituição, notando Vida, Monereo e Molina(465) que a "limitação da liberdade empresarial [...] em atenção à segurança do trabalhador no emprego é justificada pelo Tribunal Constitucional como uma realização da garantia constitucional do direito ao trabalho (STCo n. 22, 2 julho de 1981, fj 8)(466).

Não obstante esse fundamento constitucional do direito à estabilidade no emprego, a doutrina espanhola percebe uma mudança de paradigma, no nível da lei ordinária, desde o *Decretazo* de 2002. O tema, nesta tese, será revisitado após a análise das regras gerais da despedida no Brasil e na Espanha.

12. *Algumas questões preliminares — perspectiva de êxito, caducidade e tipologia da despedida*

Um primeiro aspecto relevante é o diferente panorama divisado pelos legisladores brasileiro e espanhol no que afeta ao conflito processual. No Brasil,

(463) *V.* Lei n. 8.036/1990.

(464) Cf. VIDA; MONEREO; MOLINA. *Op. cit.*, p. 579, não sublinhado no original.

(465) *Op. cit.*, p. 647.

(466) Em espanhol: "limitación de la libertad empresarial [...] en atención a la seguridad en el empleo del trabajador es justificada por el Tribunal Constitucional como una realización de la garantía constitucional del derecho al trabajo (STCo 22, 2 de julio de 1981, fj. 8)".

a falsidade da causa alegada para a despedida importa a *improcedência* (parcial ou total) dos pedidos formulados na ação judicial proposta pelo trabalhador. Já na Espanha, o insucesso do empregador que não prova a causa da despedida implica a *improcedência da despedida.*

Por outro lado, o prazo de prescrição trabalhista no Brasil é de cinco anos contados da lesão, desde que não extrapole o prazo de dois anos contado a partir da cessação do contrato. Portanto, a prescrição que cabe acerca de matérias relacionadas com a despedida é de dois anos. É o mesmo que dizer: o trabalhador pode questionar em juízo, no prazo de dois anos, a veracidade da justa causa que haveria motivado a sua dispensa.

Até a conquista do direito à indenização, em virtude do êxito no processo judicial, nada é devido ao trabalhador brasileiro, não se fala de salários de tramitação. Já para o trabalhador espanhol, o prazo de caducidade para ele apresentar sua ação judicial com vistas a obter o salário de tramitação e possível reintegração é de vinte dias, podendo ser interrompido pela solicitação de conciliação perante o órgão público de mediação, arbitragem e conciliação competente[(467)].

Ademais, e à exceção do trabalhador integrante da CIPA — Comissão Interna de Prevenção de Acidentes[(468)], no Brasil não se conhecem outras modalidades de despedida por justa causa que não a despedida por motivo disciplinar. Tendo em conta a facilidade de despedir o empregado mediante o pagamento de uma indenização, faz-se desnecessária a permissão para despedir por outros motivos. Na Espanha, a lei também prevê a despedida coletiva e a despedida por causas objetivas, como adiante se verá.

13. Despedida no Brasil

A este estudo interessa a extinção do contrato por iniciativa do empresário. No Brasil, temos visto que a Constituição (art. 7º, I) protege o trabalhador da despedida arbitrária ou sem justa causa, mas não a proíbe verdadeiramente. Os empresários podem, na prática, dispensar os empregados que não possuam alguma das garantias circunstanciais de emprego[(469)], contanto que lhes paguem

(467) Assim, em conformidade com o art. 59.3 ET; por regra geral, a prescrição em relação ao desempenho econômico é de um ano a partir do próximo contratual — art. 59.1 ET.

(468) Os empregados escolhidos para compor a CIPA são estáveis no emprego até um ano ao final de seus mandatos e por isso não devem ser despedidos, salvo em razão de causas econômicas, financeiras, técnicas ou disciplinares (art. 163 DA CLT).

(469) Em razões de gravidez, de representação sindical ou dos trabalhadores na comissão voltada para a prevenção contra acidentes de trabalho, enfermidade ou incapacidade laboral causada por acidente de trabalho etc.

a indenização de valor equivalente a 40% do saldo devido em sua conta-vinculada de FGTS.

A indenização não tem efeito predominantemente inibitório, apresentando-se em rigor como um mero custo trabalhista. A taxa de rotatividade no emprego (dez. 2010 a dez. 2011)(470) o demonstra:

CAGED ESTABELECIMENTO				
Admissões e Desligamentos Agregados 13 meses com Estoque em 1º de janeiro				
Total Brasil				
Mês/Ano	**Total de Estab. Declarantes**	**Total de Admissões**	**Total de Desligamentos**	**Saldo**
12.10	670.160	1.230.563	1.638.073	-407.510
1.11	771.183	1.650.372	1.498.281	152.091
2.11	780.627	1.797.217	1.516.418	280.799
3.11	825.759	1.765.922	1.673.247	92.675
4.11	779.811	1.774.378	1.502.153	272.225
5.11	837.044	1.912.665	1.660.598	252.067
6.11	809.976	1.781.817	1.566.424	215.393
7.11	798.846	1.696.863	1.556.300	140.563
8.11	825.133	1.830.321	1.639.875	190.446
9.11	809.820	1.763.026	1.553.948	209.078
10.11	782.348	1.664.566	1.538.423	126.143
11.11	777.122	1.620.422	1.577.687	42.735
12.11	720.101	1.305.051	1.713.223	-408.172

O art. 482 da CLT enumera os casos de justa causa que autorizam a despedida sem qualquer indenização. Se há, por exemplo, uma conduta do trabalhador que denote improbidade, desídia, indisciplina, insubordinação ou deslealdade, o empregador pode dispensá-lo de imediato, sem dizer-lhe porque o faz (não há exigência de carta de dispensa) e sem indenizá-lo.

Por tal razão, há uma intensa expectativa com respeito à ratificação da Convenção n. 158 da OIT, à conta de esse normativo exigir uma causa para a

(470) Tabela disponível no *site* do Ministério do Trabalho e Emprego. Disponível em: <http://bi.mte.gov.br/cagedestabelecimento/pages/consulta.xhtml> Acesso em: 5.1.2012.

despedida e também a notificação prévia pelo empregador, informando o motivo da dispensa. Em verdade, a citada convenção foi ratificada pelo Estado brasileiro e depois denunciada pelo governo federal, aguardando-se a decisão do Supremo Tribunal Federal sobre a constitucionalidade da denúncia ocorrida sem a prévia audiência do Congresso Nacional.

Muita vez, o real motivo da despedida por motivo disciplinar somente é conhecido no foro judicial, após o trabalhador exercer o direito de ação judicial, pois não há, como já se explicou, a obrigação de o empregador proceder à comunicação prévia. E se o empresário não realiza a prova de que é verdadeira a causa da dispensa, a condenação se limita a transmudá-la em dispensa sem justa causa, impondo-se a indenização adequada. As invectivas lançadas no processo pelo empregador — quando imputou ao empregado conduta cuja existência ou gravidade não teriam existido ou não estaria apto a provar — são esquecidas, a pretexto de a alegação de justa causa ser um direito inerente ao contraditório.

Diversamente do que sucede na Espanha, não existe, ademais, um processo judicial típico para a investigação da causa da dispensa, observando-se o procedimento comum a todos os processos do trabalho: o trabalhador deduz a sua pretensão de obter as prestações concernentes à dispensa sem justa causa e sua demanda é exitosa quando o empregador não faz a prova do motivo atribuído à despedida.

Ao fim deste texto, o tema será retomado para assentar-se que a jurisprudência brasileira tem ordenado a reintegração do trabalhador quando a despedida é discriminatória, porquanto a Lei n. 9.029/1990 prescreve a reintegração ou o pagamento dos salários em dobro em tal caso.

14. A despedida na Espanha

Anotam Baylos e Pérez que no sistema jurídico laboral da Espanha rege, antes de tudo, um princípio geral de limitação legal da dispensa. Eles assinalam que a resilição unilateral do contrato de emprego pelo empregador deve necessariamente cumprir três requisitos de validade: "o ato de despedida há de ter uma causa, cumprir uma formalidade determinada, como ato receptício, e, enfim, há de ser submetido a um controle jurisdicional posterior que verifique a correção da conduta empresarial"[(471)].

(471) GRAU, A. Baylos; REY, J. Pérez. *El despido o la violencia del poder privado*. Madrid: Trotta, 2009. p. 26. Os autores citam Rodríquez-Piñero e Bravo-Ferrer: "desde el terreno doctrinal, la importancia clave del controle judicial posterior del acto de despido se reafirma si se considera que, 'entre nosotros

A despedida se situa no centro do debate na Comunidade Europeia e assim se dá, segundo Pérez Rey:

> [...] mediante instrumentos atípicos, juridicamente não vinculantes, mas capazes de alentar reformas nacionais de inspiração comunitária, que logram, ademais, produzir [...] doses de desresponsabilização dos estados que ao não assumir nenhum tipo de compromisso jurídico, senão e apenas a responsabilidade política no nível comunitário, podem seguramente manter no âmbito nacional propostas controvertidas transferindo sua adoção para instâncias alheias.(472)

O autor se refere sobretudo ao Método Aberto de Coordenação (MAC) e ao Livro Verde da Comissão Europeia em cujas proposições "a despedida e seu regime jurídico tem uma importância decisiva no intento de modernizar o direito laboral para ajustá-lo às estratégias da *flexiseguridade*"(473).

Em rigor, a ideia central é a seguinte: "a flexibilização das tutelas tradicionais, se vão acompanhadas de adequados sistemas de proteção social, não devem concitar rechaço, pois os trabalhadores se sentem mais protegidos por um sistema de auxílio ao desemprego que pela legislação sobre proteção do emprego". Pérez Rey explica o raciocínio subjacente a tal proposta:

> [...] algo assim como entender que facilitar a despedida pode ser algo compartilhado pelos trabalhadores se vem acompanhado de uns sistemas de subsídios de desemprego bem desenhados e de políticas ativas do mercado de trabalho.(474)

Sem embargo, as incursões da Comissão Europeia têm olvidado que, acerca da despedida, as linhas mestras de sua configuração institucional aparecem

---

no se crea el derecho del trabajador a la readmisión o a la indemnización, sino sólo el derecho a reclamar (demandar) contra el despido que se estime injustificado. La modificación no la realiza el trabajador al ejercitar la acción, sino la decisión del órgano competente a través de una sentencia constitutiva'". Entretanto, Baylos e Pérez advertem que "en la cultura iuslaboralista española parece afianzarse una concepción des despido más cercana al desistimiento unilateral del empleador que a un modo de resolución judicial del vínculo laboral. Ello implica 'el carácter autónomo y constitutivo del acto mismo del despido, que ni siquiera se desvirtúa en los casos de despido nulo' (STS, de 7 de diciembre de 1990, A. 9760 o STS de 21 de octubre de 2004, A. 7029)".

(472) REY, J. Pérez. *La modernización del régimen del despido: el debate europeo*, p. 65.

(473) *Op. cit.*, p. 63. O autor explica que não é somente o Livro Verde o que de forma discursiva sugere o relaxamento do regime de proteção contra o despedimento, no interesse de estratégias de flexisegurança, pois trabalhos posteriores da Comissão insistem neste caminho como acontece especialmente com a Comunicação de 27 de junho de 2007 intitulada "Hacia los principios comunes de la flexiguridad: más y mejor empleo mediante la flexibilidad y la seguridad" (p. 65).

(474) *Op. cit.*, p. 64. Entre aspas, Pérez Rey acrescenta que em um documento posterior a Comissão expõe que os 72% dos cidadãos europeus afirmam que deveriam flexibilizar os contratos de trabalho para fomentar a criação de emprego.

normalmente condicionadas pela ordem constitucional. O professor da Universidade de Castilla la Mancha observa, com apoio em manifestações do Tribunal Constitucional Europeu acerca da "rescisão do contrato laboral", que o importante art. 30 da Carta de Direitos Fundamentais da União Europeia (Carta de Niza) eleva a proteção frente à despedida à categoria de direito fundamental nos seguintes termos:

> Todo trabalhador tem direito fundamental à proteção em caso de despedida não justificada, em conformidade com o Direito da União e com as legislações e práticas nacionais.

Em dezembro de 2007, o Tratado de Lisboa surgiu para substituir a fracassada Constituição Europeia de 2004 e modificou o art. 6º do Tratado da União Europeia para conceder à Carta de Niza o mesmo valor jurídico que aos tratados, inscrevendo-a formalmente como direito originário da União Europeia. Após assentar a importância de tal mudança jurídica, Pérez Rey acresce que na Carta de Niza existe, ademais, uma anotação específica sobre como uma despedida é considerada carente de justificação[475].

A par disso, o debate comunitário entre maior liberdade de despedir e compensação pela via da proteção social não deve ser dissociado da premissa segundo a qual "o regime da despedida se insere numa lógica de igualdade substancial", como explica Pérez Rey:

> É preciso compreender que por muito que a perda de trabalho relacionada com a despedida se compense e inclusive se remedeie através de uma adequada proposta dos sistemas de proteção social, isso não é o único valor a que a proteção frente à dispensa se dirige: antes, junto à proteção do posto de trabalho, o regime da extinção do contrato de trabalho cumpre um papel compensador da posição vicarial do trabalhador no intercâmbio contratual e é garantia de desfrute do conjunto de direitos laborais, cujo exercício se liga à não privação arbitrária do emprego. Nesse sentido, não parece errado advertir que a proteção frente à despedida dispensada no marco da relação contratual de trabalho constitui uma condição para o reconhecimento do status de cidadania na empresa.[476]

(475) *Op. cit.*, p. 70/71.

(476) *Op. cit.*, p. 73. Ou seja, como afirma o autor na p. 74, que "la posición del trabajador en la empresa y su sometimiento más o menos agravado a la dirección de la misma depende en gran medida del reconocimiento de dicha estabilidad. No basta entonces sustituir, como si elementos intercambiales fueran, la estabilidad concreta en el puesto de trabajo por un especie de estabilidad en el ámbito más amplio del mercado; no se consiguen resultados equivalentes desde el momento en que, insistimos, el despido no solo despoja de un empleo sino que es la máxima expresión del desequilibrio contractual".

Com respeito ao ordenamento espanhol e à dimensão constitucional da despedida, Pérez Rey sublinha três premissas dedutíveis da interpretação que o Tribunal Constitucional da Espanha emprestou ao direito ao trabalho, reconhecido no art. 35 da Constituição:

> Em primeiro lugar, a afirmação da causalidade da despedida: o direito a não ser despedida sem causa (STC n. 22/1981)(477); em segundo, a caracterização formal do ato de despedida e, finalmente, a existência de "uma reação adequada contra a despedida ou cessação do contrato" (STC n. 20/1994).(478)

Portanto, cabe indicar os tipos legais que autorizam a extinção dos contrato sem prazo na Espanha. Em suma, deve a dispensa do empregado configurar-se como *despedida coletiva*, como *despedida por motivo disciplinar* ou *extinção por causas objetivas*.

14.1. A despedida coletiva

A despedida coletiva se configura quando o empregador extingue unilateralmente o contrato em virtude de causas supervenientes de caráter econômico, técnico, organizativo ou de produção, sempre que ele tenha recebido prévia autorização da autoridade laboral competente e tenha promovido consultas aos representantes legais dos trabalhadores (arts. 49.i e 51.2 do Estatuto dos Trabalhadores). Quanto aos seus fundamentos político-jurídicos, cabe reiterar as observações de Vida, Monereo e Molina:

> Atualmente os fundamentos político-jurídicos da regulação jurídica das despedidas ocorridas por crises na empresa se resolvem em um intento de busca de um equilíbrio entre os princípios da continuidade e viabilidade da empresa e os de estabilidade no emprego ou de proteção do trabalhador [...]. Trata-se de um marco jurídico que não se dirige unicamente à regulação de situações "patológicas" empresariais de corte crítico (*v. g.* situações de insolvência, procedimentos concursais(479)), senão de um regime que favorece e pondera a própria reorganização empresarial como "interesse protegido". Desde a lógica interna ao sistema legal, trata-se de proteger o mitificado "interesse

(477) Em espanhol: "En primer lugar la afirmación de la causalidad del despido: el derecho a no ser despedido sin causa (STC n. 22/1981)".

(478) *Op. cit.*, p. 71. Em espanhol: "en segundo término, la caracterización formal del acto de despido y, finalmente, la existencia de 'una reacción adecuada contra el despido o cese' (STC n. 20/1994)".

(479) A Lei Concursal (Lei n. 196/2004), na Espanha, determina "las funciones en materia de aplazamientos de pago de deudas, reintegros de prestaciones indebidamente percibidas, compensación, devolución de ingresos indebidos, reembolso del coste de las garantías, desistimiento, convenios o acuerdos en procedimientos concursales y anuncios de subastas en Boletines Oficiales".

objetivo da empresa", com a pretensão de objetivá-lo em consideração à pluralidade de interesses implicados dentro da organização produtiva, propiciando a utilização da técnica de ponderação dos interesses em jogo.(480)

Segundo o Tribunal Supremo(481), a despedida coletiva se compõe de três elementos: a existência de causa, a amortização do posto de trabalho e a funcionalidade das despedidas. Se atende a essas exigências, está validamente autorizada pela autoridade laboral e foi devidamente comunicada, a despedida possibilita a extinção do contrato. Para obviar os efeitos da despedida coletiva, o art. 51.8 do Estatuto dos Trabalhadores assegura:

> Os trabalhadores cujos contratos se extingam em conformidade com o disposto no presente artigo terão direito a uma indenização de vinte dias de salário por ano de serviço, *prorrateando-se* por meses os períodos de tempo inferiores a um ano, observado o máximo de doze mensalidades.(482)

Porque é relevante aos fins deste estudo analisar o caráter imperativo das normas garantistas, cabe dizer que a jurisprudência já versou exaustivamente sobre o assunto, havendo assinalado precedente do Tribunal Supremo da Espanha (STS de 12 de setembro de 1989) que o preceito "não se configura norma de direito necessário absoluto, isto é, normas imperativas absolutas, subtraídas à negociação, senão que contempla a possibilidade de acordo e por isso seu caráter modificável"(483). Na prática judicial, têm-se aceitado pactos relativos ao aprazamento, ao fracionamento e ao cálculo da indenização, sempre que o valor efetivamente pago não seja inferior ao mínimo legal(484).

A solicitação à autoridade laboral instaura procedimento que pode terminar em um acordo coletivo ou em uma resolução da autoridade acolhendo ou rejeitando, no todo ou em parte, a solicitação referida. O acordo extrajudicial não basta, pois o art. 124 da Lei de Procedimentos Laborais prescreve que "o órgão judicial declarará nulo, de ofício ou a pedido da parte, o acordo empresarial de extinção coletiva de contratos de trabalho por causas econômicas, técnicas,

(480) VIDA; MONEREO; MOLINA. *Op. cit.*, p. 632.

(481) VIDA; MONEREO; MOLINA. *Op. cit.*, p. 632, referem-se à sentença SSTS. 24 de abril de 1996.

(482) Em espanhol: "Los trabajadores cuyos contratos se extingan de conformidad con lo dispuesto en el presente artículo tendrán derecho a una indemnización de veinte días de salario por año de servicio, prorrateándose por meses los periodos de tiempo inferiores a un año, con un máximo de doce mensualidades".

(483) Em espanhol: "no configura norma de derecho necesario absoluto, esto es, normas imperativas absolutas, substraídas a la negociación, sino que contempla la posibilidad de acuerdo y por ello su carácter modificable".

(484) Cf. VIDA; MONEREO; MOLINA. *Op. cit.*, p. 643.

organizativas ou de produção, força maior ou extinção da personalidade jurídica do empresário se não houver obtido a prévia autorização administrativa, nos casos em que esteja legalmente prevista".

14.2. A DESPEDIDA POR MOTIVO DISCIPLINAR

A despedida por motivo disciplinar provoca a resolução do contrato de trabalho quando esteja baseada em um descumprimento grave e culpável pelo trabalhador (art. 54.1 ET). Como observam Vida, Monereo e Molina(485), "a proibição da dispensa *ad nutum* [...] é coerente com o regulado na Convenção da OIT n. 158 (ratificado pela Espanha em 18 de fevereiro de 1985)".

Os casos de descumprimentos de contrato que geram a resolução estão enumerados no art. 54.2 do Estatuto dos Trabalhadores(486). Na Espanha, diversamente do que vigora no Brasil, a dispensa deverá ser notificada por escrito ao trabalhador, constando os fatos que a motivam e a data a partir da qual se fará efetiva (art. 55.1 ET).

O efeito resolutório da dispensa por motivo disciplinar é imediato, mas o trabalhador pode recorrer ao órgão judicial dentro dos vinte dias úteis seguintes, operando-se a caducidade de seu direito quando não observe tal prazo(487). De sua parte, a autoridade judicial poderá qualificar a dispensa como procedente (se o empregador atuou licitamente)(488), improcedente (quando não resulte provado o descumprimento alegado ou não se observe a forma legal)(489) ou nulo

---

(485) *Op. cit.*, p. 647. O Brasil também ratificou a Convenção n. 158 da OIT, mas a denunciou em seguida.

(486) As violações previstas são faltas repetidas e injustificadas de assistência ou pontualidade no trabalho; a indisciplina ou desobediência no trabalho; as ofensas verbais ou físicas ao empregador ou às pessoas que trabalham na empresa ou aos familiares que convivam com eles; a transgressão da boa fé contratual, assim como a quebra de confiança no desempenho do trabalho; a diminuição continuada e voluntária no rendimento de trabalho normal ou pactuado; a embriaguez habitual ou a dependência de drogas se repercutem negativamente no trabalho; o assédio moral em razão de origem racial ou étnica, religião ou crença, deficiência física, idade ou orientação sexual contra o empregador ou as pessoas que trabalham na empresa.

(487) Ensinam VIDA; MONEREO; MOLINA. *Op. cit.*, p. 652, que o prazo é de caducidade também para a despedida tácita (rescisão indireta), a partir dos fatos conclusivos demonstrativos da vontade de despedir do empregador (STS ns. 20, de janeiro de 1991; 14 de abril de 2000). É importante ainda observar que o art. 63, LPL prevê como requisito prévio para a tramitação do processo judicial a tentativa de conciliação no órgão administrativo correspondente ou no órgão que assuma estas funções, que poderá se constituir mediante acordos interprofissionais ou por acordos coletivos.

(488) Sem direito a indenização ou a salário de tramitação. Entretanto, o trabalhador poderá receber seguro-desemprego.

(489) A dispensa defeituosa pode ser objeto de correção ou retificação, realizando uma nova dispensa pelos mesmos feitos dentro do prazo de sete dias desde a notificação da sentença judicial (art. 110.4 LPL).

(nas hipóteses em que a dispensa revela-se lesiva de direitos fundamentais ou liberdades públicas de cunho laboral e, particularmente, quando discriminatória).

Se a dispensa é tida por improcedente, o empregador[(490)] pode optar, em cinco dias, entre a reintegração do trabalhador ou o pagamento de uma indenização[(491)]. Em ambos os casos, o empregador deverá pagar ao trabalhador os salários de tramitação, ou seja, uma quantia igual à soma dos salários não recebidos desde a data da dispensa e intercorrentes ao processo judicial, até a notificação da sentença condenatória (ou até que o empregado encontre novo emprego), salvo se o empregador optar por antecipar o pagamento da indenização citada (devida nos casos de improcedência da despedida, conforme art. 55.2 ET)[(492)]. A decisão deve ser ditada até sessenta dias contados do início da demanda judicial, pois caso contrário o empregador pode reclamar ao Estado o valor correspondente aos salários de tramitação do tempo excedente.

A dispensa é qualificada como nula quando tenha como motivo alguma das causas de discriminação proibidas na Constituição ou em lei, ou ainda quando se produza em violação de direitos fundamentais e liberdades públicas do trabalhador (art. 54.5 ET). Também pode ser assim categorizado se ocorrido em período de suspensão do contrato de trabalho ou durante a gravidez que a antecede (art. 55.a e 55.b ET), sempre que a dispensa esteja relacionada com a gestação[(493)].

À diferença do que sucede na despedida improcedente, os salários de tramitação que são devidos na despedida nula se revestem de natureza salarial (a doutrina se inclina por atribuir-lhes natureza indenizatória nas dispensas improcedentes), e a decisão condenatória conterá a ordem incondicionada de reintegração no emprego, devendo ser cumprida em caráter liminar, ainda que seja objeto de recurso obreiro ou patronal (art. 113 LPL).

No caso de o empregador não dar cumprimento à ordem de reintegração, o juiz lhe impõe que continue pagando o salário do trabalhador e, se o empregado é um representante dos trabalhadores, o juiz lhe assegura a prerrogativa de continuar desenvolvendo as funções e atividades próprias desse encargo. Concluem Vida, Monereo e Molina[(494)] que "é esta uma manifestação de execução na forma específica *in natura* da obrigação de reintegrar o trabalhador que exerce funções representativas, conferindo-lhe uma tutela realmente efetiva em termos jurídicos".

---

(490) Se o trabalhador é representante legal dos trabalhadores a opção será sua (art. 56.4 ET).

(491) Indenização de quarenta e cinco dias de salário por ano de serviço, rateando por meses os períodos de tempo inferiores a um ano e até um máximo de quarenta e dois meses (art. 56.1.a ET).

(492) Cf. VIDA; MONEREO; MOLINA. *Op. cit.*, p. 653.

(493) Cf. VIDA; MONEREO; MOLINA. *Op. cit.*, p. 654.

(494) *Op. cit.*, p. 655.

14.3. A EXTINÇÃO DO CONTRATO POR CAUSAS OBJETIVAS

As causas objetivas são aquelas que não importam o descumprimento do contrato pelo trabalhador, mas se embasam em uma incompatibilidade objetiva entre o trabalhador e o posto de trabalho (inépcia do trabalhador, falta de adaptação a modificações técnicas, faltas ao trabalho justificadas mas intermitentes)[495] ou na necessidade de reduzir postos de trabalho por razões técnicas, econômicas ou de organização em número inferior ao que seria permitido no caso de dispensa coletiva[496] (art. 55, a, b, c, d ET). Quando a administração pública é a empregadora, a insuficiência de previsão orçamentária se configura causa objetiva, igualmente, para a extinção do contrato (art. 52 e ET).

A extinção por causa objetiva se realiza por meio de uma decisão unilateral, tratando-se, por tal razão, de despedida. O art. 53 do Estatuto dos Trabalhadores exige uma comunicação escrita ao trabalhador expressando a causa da dispensa, o pagamento de uma indenização[497] de vinte dias por ano de serviço (*pro rata* em períodos menores) até o máximo de doze mensalidades. Deve ser observado um pré-aviso com prazo de trinta dias (com licença de seis horas semanais para a busca de novo emprego), computado desde a entrega da comunicação da causa ao trabalhador, com cópia ao representante legal dos empregados.

Contra a decisão extintiva, pode o trabalhador recorrer como se fosse uma dispensa por motivo disciplinar (art. 53.3, ET) e ao empregador cabe provar a veracidade da causa que alegou para a extinção contratual. O prazo para acudir ao órgão judicial é de vinte dias úteis contados a partir da data da despedida, ainda que o trabalhador possa impugnar a decisão empresarial desde a data do pré-aviso.

Como na dispensa por motivo disciplinar, a qualificação judicial da dispensa pode ser a de procedente (quando o empregador prova a veracidade da causa alegada), improcedente (se não provada a causa da dispensa, com o consequente direito de perceber a indenização prevista para as dispensas por motivo disciplinar, ou quando não se observa a preferência a favor dos representantes dos trabalhadores) e nulo (por descumprimento de requisitos formais, se não se disponibiliza

(495) Sobre as faltas ao trabalho, inclusive as justificadas, mesmo que intermitentes, dizem VIDA; MONEREO; MOLINA. *Op. cit.*, p. 662: "En efecto, de una parte esta habilitación legal faculta al empresario para extinguir una relación que le resulta poco rentable como consecuencia de una excesiva morbilidad. Pero de otra, tras este precepto subyace la facultad de sancionar un comportamiento fraudulento del trabajador articulado a través de bajas de escasa duración pero reiteradas en el tiempo, por lo que las dificultades de comprobación empresarial se solucionarían con una suerte de presunción legal cuando concurren ciertos presupuestos cuantitativos y temporales, lo que no deja de ser muy discutible jurídicamente pues el fraude no se presume".

(496) *Vid.* VALVERDE, Rodríguez-Sanudo Gutiérrez Martín; MURCIA, García. *Op. cit.*, p. 714.

(497) Cf. VIDA; MONEREO; MOLINA. *Op. cit.*, p. 664.

a indenização, quando há lesão de direitos fundamentais ou fraude à lei afastando a incidência das normas estabelecidas para a dispensa coletiva)[(498)].

Quando a despedida por causa objetiva é declarada nula, condena-se o empregador nos mesmos termos estabelecidos para a despedida por motivo disciplinar (art. 123.2, LPL), ou seja, reintegração imediata do trabalhador com o pagamento dos salários de tramitação, sem que possam deduzir-se os correspondentes ao período de aviso-prévio[(499)].

15. O processo judicial especial para a despedida na Espanha

Sem semelhança com o que se dá no Brasil, na Espanha há um capítulo da Lei de Procedimento Laboral (LPL) que rege especificamente as demandas alusivas à despedida e, como já mencionado, o trabalhador pode reclamar contra a dispensa no prazo de vinte dias úteis seguintes àquele em que se produziu a dispensa, prazo esse de caducidade para todos os efeitos (art. 103). Na decisão judicial, também se viu que o juiz qualificará a despedida como procedente, improcedente ou nula (art. 108).

Noutro fragmento deste texto, restou esclarecido que a despedida motivada pelo desejo de vingança do empregador ante a propositura de ação judicial pelo empregado padece de nulidade radical. É assim porque o art. 108.2 da LPL prescreve:

> Será nula a dispensa que tenha como móvel alguma das causas de discriminação previstas na Constituição e na lei, ou se produza com violação de direitos fundamentais e liberdades públicas do trabalhador.[(500)]

Por sua vez, e de modo a afastar a possibilidade de se cogitar de indenização nos casos de despedida qualificada como nula, o art. 113 da LPL acresce o mais importante:

> Se a despedida for declarada nula se condenará à imediata reintegração do trabalhador com abono dos salários que se deixou de perceber. A sentença será executada de forma provisória nos termos estabelecidos pelo art. 295, tanto quando for objeto de recurso pelo empresário quanto o for pelo trabalhador.[(501)]

---

(498) Diferentemente da dispensa por causa objetiva, as dispensas coletivas exigem períodos de consultas aos representantes dos trabalhadores e autorização administrativa.

(499) Cf. MONTESINOS, Camps Ruiz Albiol; GANDÍA, López; FRANCO, Sala. *Op. cit.*, p. 432.

(500) Em espanhol: "Será nulo el despido que tenga como móvil alguna de las causas de discriminación previstas en la Constitución y en la ley, o se produzca con violación de derechos fundamentales y libertades públicas del trabajador".

(501) Em espanhol: "Si el despido fuera declarado nulo se condenará a la inmediata readmisión del trabajador con abono de los salarios dejados de percibir. La sentencia será ejecutada de forma provisional

Se é verdade que não se põe em dúvida a inserção da tutela judicial efetiva como um direito fundamental, é certo que a doutrina associa aos direitos fundamentais, às vezes, também outros fundamentos postos em decisões várias que tratam de dispensa por motivo disciplinar. Sustenta, a respeito, Pedrajas Moreno:

> [...] a relevância da posição que os direitos fundamentais ostentam com respeito à despedida por motivo disciplinar se evidencia em atenção, quando menos, a três distintos momentos ou circunstâncias: a) à etiologia da dispensa, determinando que resulte privada de legitimidade toda causa de dispensa que, de forma patente ou encoberta, vulnere os direitos fundamentais, que se convertem, desse modo, em limite material da decisão empresarial de despedir; b) à preparação ou instrumentação, e à formalização da despedida, limitando as possíveis atuações ou práticas que o empresário tente realizar de modo a que se possam constatar as circunstâncias factuais com que ele pretende fundamentar sua decisão, assim como as possibilidades de explicitação de tais circunstâncias na formalização mesma de tal decisão; c) à oposição à despedida, aparecendo como causa material desta, ao mesmo tempo em que se faculta ao trabalhador diversos instrumentos adjetivos de especial significado no processo que se produzirá se ele decide não aquietar-se ante a decisão empresarial de despedi-lo.(502)

Uma questão inquietante se refere à exigência, prevista no art. 53.2 da Constituição espanhola, de o procedimento adequado aos processos judiciais voltados à tutela das liberdades públicas e dos direitos fundamentais seja baseado nos princípios da preferência e da sumariedade. Ao que parece, o rito processual com tais características seria aquele previsto nos arts. 175 a 182 da LPL, no capítulo dedicado à defesa dos direitos de liberdade sindical.

O art. 181 assenta que a tutela de outros direitos fundamentais se dê segundo as disposições estabelecidas naquele capítulo da LPL, mas o art. 182 ressalta que "as demandas por despedida e por outras causas de dissolução do contrato de trabalho, as relativas ao gozo de férias, as de matéria eleitoral, as de impugnação de estatutos de sindicatos ou de sua modificação e as de impugnação de convenções coletivas em que se invoque lesão da liberdade sindical ou outro direito fundamental tramitarão, inevitavelmente, com base na modalidade

---

en los términos establecidos por el artículo 295, tanto cuando fuera recurrida por el empresario como por el trabajador".

(502) MORENO, A. Pedrajas. *Despido y derechos fundamentales:* estudio especial de la presunción de inocencia. Madrid: Trotta, 1992. p. 142.

processual correspondente"[503]. À vista disso, Baylos, Cruz e Fernández fazem a crítica apropriada:

> Como se pode comprovar à simples vista, a lista é tão ampla que chega a abarcar quase a totalidade dos processos especiais e tanto quantitativa quanto qualitativamente abarca um número bem significativo do conjunto de pretensões que se pode promover na ordem social relativas à tutela dos direitos fundamentais. O resultado prático dessa solução legal pode chegar a ser que, na prática, o presente processo possa ter um sentido bem mais marginal, pois a maioria dos processos relativos à tutela tanto da liberdade sindical quanto do resto dos direitos fundamentais chegam a tramitar por modalidades distintas do processo *ad hoc* previsto para os mesmos.[504]

Para os mencionados autores, a aplicação do rito processual estabelecido na Lei de Procedimento Laboral, na Lei de Bases de Procedimento Laboral e na Lei Orgânica de Liberdade Sindical, e baseado sempre nos princípios de preferência e sumariedade implica, além de outras consequências[505], as seguintes: a) a intervenção no processo do Ministério Público; b) a intervenção do sindicato como coadjuvante; c) a preferência em relação a todos os que tramitem no juizado ou tribunal e sua tramitação urgente com o encurtamento dos prazos processuais, incluindo a dispensa da conciliação pré-processual e da reclamação administrativa prévia; d) as regras específicas sobre a carga da prova[506].

Sobre a distribuição da carga probatória, os autores sustentam que "a própria LPL reconhece regras de flexibilização da carga probatória em caso de discriminação por razão de sexto (art. 96); sem embargo, [...], a conjunção desse texto com a doutrina constitucional obriga a estender dito preceito a qualquer outra alegação de lesão de um direito fundamental, qualquer que seja este"[507]. Na mesma direção, a matéria é tratada em outras passagens deste texto.

---

(503) Em espanhol: "las demandas por despido y por las demás causas de extinción del contrato de trabajo, las de disfrute de vacaciones, las de materia electoral, las de impugnación de estatutos de los sindicatos o de su modificación y las de impugnación de convenios colectivos en que se invoque lesión de la libertad sindical u otro derecho fundamental se tramitarán inexcusablemente, con arreglo a la modalidad procesal correspondiente".

(504) GRAU, A. Baylos; VILLALÓN, J. Cruz; LÓPEZ, M. F. Fernández. *Instituciones de derecho procesal laboral.* Madrid: Trotta, 1992. p. 200.

(505) Os autores mencionam também "la posibilidad de suspender la efectividad del acto contrario al derecho fundamental en supuestos previstos en el art. 177.1" e "el contenido y eficacia del fallo, que se prevé, una vez más, tanto en la LBPL (Ley de Bases de Procedimiento Laboral) como en la LOLS (Ley Orgánica de Libertad Sindical)".

(506) *Op. cit.*, p. 201.

(507) *Idem.*

16. A mudança na Espanha — o Decretazo — que a aproximou do modelo brasileiro

Não obstante o já mencionado art. 30 da Carta de Niza, também se disse sobre a atual e contraditória influência da Comunidade Europeia no sentido de investir-se na *flexiseguridad*, o que confirma a nota de Baylos e Pérez acerca de a despedida poder ser definida como uma "zona sísmica" do direito do trabalho:

> Esta singularidade se revela por várias circunstâncias. A primeira é possivelmente a mais conhecida, tem sua origem na progressiva "orientação para o emprego" do direito laboral a partir da crise econômica e destruição dos postos de trabalho nos anos oitenta do século passado, que induz à chamada "culpabilização" do sistema jurídico normativo laboral segundo a qual o sistema de garantias articulado sobre o emprego estável seria a causa direta da eliminação de empregos e da incapacidade da iniciativa econômica para produzir outros novos em tempos de crise.
>
> [...]
>
> Nesse contexto, coloca-se em lugar central o custo da despedida como elemento orientador dos processos econômicos que favorecem ou desfiguram o mercado de trabalho e a criação de emprego. Nessa determinação predominantemente economic(ist)a, a despedida se mede em função de suas repercussões sobre o mercado de trabalho e sobre a vontade performática do empresário como sujeito geral a quem se confia a criação de riqueza. A despedida resulta submersa literalmente nos mecanismos econômicos de regulação do mercado [...].
>
> [...]
>
> Como é característico do sistema de economia de mercado, a situação pessoal do trabalhador despedido não tem qualquer relevância frente a uma "realidade brutal" que por certo resulta indiferente a qualquer projeto político, e sobrevém apenas um elemento do "ambiente" no qual se produzem as interações automáticas do mercado definido em termos de custo monetário.(508)

Os citados autores associam essa relação entre emprego e redução de custos derivados da eliminação de postos de trabalho a um tipo de regulação que, acerca da despedida, realiza-se na Espanha e em outros países, inspirando três tendências típicas:

---

(508) *Op. cit.*, p. 30/31.

> De forma esquemática se poderia condensar uma linha que parte da despedida, assim compreendida como uma *desistência empresarial livre* e que fundamentalmente repousa na *descausalização* da despedida ou flexibilização dos motivos da mesma, uma segunda tendência que [...] insiste sobretudo no custo indenizatório da despedida para reduzi-lo, e, enfim, uma terceira proposta que de forma convergente com a primeira se esforça para imunizar a decisão empresarial frente a qualquer tipo de controle posterior, coletivo ou judicial.(509)

Considerando o que sucede na Espanha, Baylos e Pérez assinalam que o ordenamento daquele país vem de ser receptivo à primeira influência — a da *descausalização* da extinção do contrato — no marco dos fenômenos de *deslaboralização* ou desregulamentação (especialmente por meio da figura dos *trade* previstos na Lei n. 20/2007 do Estatuto do Trabalho Autônomo), assim sucedendo no âmbito de regulação das relações laborais especiais e sobretudo por meio da introdução de um princípio de temporalidade sem causa(510) mediante a contratação para fomento do emprego durante os primeiros vinte anos que se seguiram à transição para a democracia (1978-1997). A segunda linha de inserção economicista foi protagonizada pelos ritos legislativos contraditórios (reforma de 1994 e redirecionamento em 1997), à vista de que a principal característica do contrato de fomento do emprego era a redução da indenização pela despedida que se julgava improcedente, nos casos de despedidas por causas objetivas.

O exemplo mais chamativo da terceira tendência — aquela que visa à imunização do poder empresarial — seria, segundo Baylos e Pérez, a possibilidade que se introduziu na legislação de o empregador reconhecer unilateralmente a improcedência da despedida, com repercussão sobre os salários de tramitação que derivariam da impugnação do ato da despedida(511). A regra de obrigar o empresário espanhol a pagar os salários de tramitação provoca um efeito prático e inclusive educativo muito importante, pois é certo que, em tal caso, interessa ao empresário, mais que ao trabalhador, a celeridade do processo judicial. Entretanto, o sistema normativo que impunha os salários de tramitação foi modificado de modo traumático pelo RDL n. 5/2002, que permitiu ao empresário reconhecer de pronto a improcedência da despedida e oferecer ao trabalhador uma indenização de quarenta e cinco dias de salário por ano de serviço, observados os limites legais(512).

---

(509) *Op. cit.*, p. 31.

(510) Os autores se referem aos contratos por tempo determinado que foram, por certo tempo, autorizados, mesmo sem uma causa específica que justificasse o aprazamento, a não ser a política de fomento ao emprego.

(511) *Op. cit.*, p. 32/33.

(512) Cf. VIDA; MONEREO; MOLINA. *Op. cit.*, p. 653, que complementam: "No obstante, y como manifestación suavizada del intento de eliminación de estos salarios de tramitación por el RDLey n. 5/2002

Cantueso Sánchez[(513)] descreve o procedimento: (i) se o trabalhador aceita a indenização oferecida pela empresa, a extinção do contrato de trabalho surte efeito desde o momento da despedida e não se pagam salários de tramitação; (ii) se o empregado não aceita a indenização oferecida, a empresa deve depositá-la em juízo, à disposição do trabalhador e dando a este conhecimento do depósito; (iii) se a despedida é declarada improcedente, os salários de tramitação resultam limitados ao período desde a data da despedida até a do depósito, salvo quando este se tenha realizado nas quarenta e oito horas seguintes à da dispensa, caso em que nada mais se deverá.

Analisando essa reforma, o magistrado Rentero Jover enfatizou que "ao contrário do que seria sem dúvida mais justo e razoável, fazer mais gravosa a extinção do contrato carente de causa legal, mais ainda quando já existiria uma intervenção judicial a afirmá-lo, dulcifica-se (a extinção do contrato), ao revés, quanto à sua transcendência econômica, em troca do 'caramelo envenenado' de que já se pode iniciar a cobrança do seguro-desemprego pelo trabalhador desde o momento mesmo da despedida"[(514)].

Após um forte rechaço sindical e depois da primeira reação desfavorável da doutrina, a apenas sete meses da entrada em vigor do RDL n. 5/2002 (o alcunhado *Decretazo*) sancionou-se a Lei n. 45/2002, que provocou uma nova reforma na disciplina dos salários de tramitação. Cantueso explica:

> Formalmente, a Lei n. 45/2002 implica a reaparição dos salários de tramitação; sem embargo, a nova redação do inciso 2 do art. 56 do Estatuto dos Trabalhadores estabelece um procedimento que a empresa pode utilizar desde a data da dispensa até o ato de conciliação, cuja finalidade é a de limitar a obtenção do salário de tramitação e, inclusive, impedir que sejam eles obtidos.[(515)]

O citado art. 56 do Estatuto dos Trabalhadores é suficientemente explicativo:

Art. 56. Despedida improcedente.

1. Quando a despedida for declarada improcedente, o empregador, no prazo de cinco dias a partir da notificação da sentença, poderá optar entre a reintegração

— 'Decretazo' de reforma del desempleo —, el empresario podrá liberarse de esta obligación de pagar los salarios de tramitación si, en los despidos improcedentes — porque así lo declare el juez o lo reconozca el empresario en los términos del art. 56.2, § 1º ET —, el empresario deposita la indemnización correspondiente (45 días) 'en las cuarenta y ocho horas siguientes al despido', pues en ese caso 'no se devengará cantidad alguna' por salarios de tramitación (art. 56.2 ET)".

(513) SÁNCHEZ, M. Cantueso. *La nueva reforma de los salarios de tramitación.* Disponível em: <http://www.togas.biz/articulos/Derecho-Laboral/Laboral/La-nueva-reforma-de-los-salarios-de-tramitacion.html>.

(514) JOVER, J. Rentero. Algunos aspectos de la nueva regulación del despido. *Revista de Derecho Social*, Albacete: Bomarzo, n. 25, p. 9/30, jan./mar. 2004.

(515) *Idem.*

do trabalhador, com o pagamento dos salários de tramitação previstos no parágrafo b deste inciso 1, ou o pagamento das seguintes percepções econômicas que deverão ser fixadas naquela:

a. Uma indenização de quarenta e cinco dias de salário, por ano de serviço, calculando-se *pro rata* os períodos de tempo inferiores a um ano até o máximo de quarenta e duas mensalidades.

b. Uma quantia igual à soma dos salários que se deixou de perceber desde a data da despedida até a notificação da sentença que declarasse a improcedência ou até que se obtenha novo emprego, se tal colocação for anterior a dita sentença ou provar-se pelo empregador o valor recebido, a fim de que se o desconte dos salários de tramitação.

2. No caso de a opção entre reintegração ou indenização caber ao empregador, o contrato de trabalho será extinto na data da despedida, se o empregador houver reconhecido a improcedência da despedida e oferecido a indenização prevista no parágrafo a) do apartado anterior, depositando-a no Juizado Social à disposição do trabalhador e pondo-o ciente da realização do depósito.

Quando o trabalhador aceitar a indenização ou quando não a aceitar e a despedida for declarada improcedente, a quantia a que se refere o parágrafo b) do apartado anterior resultará limitada aos salários devidos desde a data da despedida até a do depósito, salvo quando o depósito se realize nas quarenta e oito horas seguintes à despedida, caso em que não se deverá quantia alguma.

Para todos os efeitos, o reconhecimento da improcedência poderá realizar-se pelo empregador desde a data da despedida até a da conciliação.[516]

---

(516) Em espanhol: "Art. 56. Despido improcedente. 1. Cuando el despido sea declarado improcedente, el empresario, en el plazo de cinco días desde la notificación de la sentencia, podrá optar entre la readmisión del trabajador, con abono de los salarios de tramitación previstos en el párrafo b) de este apartado 1, o el abono de las siguientes percepciones económicas que deberán ser fijadas en aquélla: a) Una indemnización de cuarenta y cinco días de salario, por año de servicio, prorrateándose por meses los períodos de tiempo inferiores a un año hasta un máximo de cuarenta y dos mensualidades. b) Una cantidad igual a la suma de los salarios dejados de percibir desde la fecha de despido hasta la notificación de la sentencia que declarase la improcedencia o hasta que hubiera encontrado otro empleo, si tal colocación fuera anterior a dicha sentencia y se probase por el empresario lo percibido, para su descuento de los salarios de tramitación. 2. En el supuesto de que la opción entre readmisión o indemnización correspondiera al empresario, el contrato de trabajo se entenderá extinguido en la fecha del despido, cuando el empresario reconociera la improcedencia del mismo y ofreciese la indemnización prevista en el párrafo a) del apartado anterior, depositándola en el Juzgado de lo Social a disposición del trabajador y poniéndolo en conocimiento de éste. Cuando el trabajador acepte la indemnización o cuando no la acepte y el despido sea declarado improcedente, la cantidad a que se refiere el párrafo b) del apartado anterior quedará limitada a los salarios devengados desde la fecha del despido hasta la del depósito, salvo cuando el depósito se realice en las cuarenta y ocho horas siguientes al despido, en cuyo caso no se devengará cantidad alguna. A estos efectos, el reconocimiento de la improcedencia podrá ser realizado por el empresario desde la fecha del despido hasta la de la conciliación".

A reforma pretendeu estabelecer uma drástica redução do custo da despedida, eliminando, segundo Pérez Rey, um direito tão capital e tradicional da legislação espanhola como são os salários de tramitação. O autor esclarece que "em troca de tal redução o regime da prestação por desemprego se alterou para permitir sua cobrança antecipada ao tempo da despedida, suprindo assim a ausência dos salários de tramitação, e se introduziram no regime das prestações teóricas, medidas ativas para facilitar a busca de um novo emprego para o trabalhador desocupado"(517).

Contudo, o intercâmbio entre a eliminação do salário de tramitação e as políticas sociais a favor do desempregado não foi equilibrado porque deu lugar à antecipação da prestação por desemprego sem a ampliar, de modo que se iniciava antes seu usufruto mas também a sua extinção. Ademais, "a prestação recebida era de quantia inferior ao que se suporia a título de salários de trâmite com o que, definitivamente, outra coisa não se produziu senão uma redução dos custos empresariais e uma redução global das prestações dos trabalhadores"(518).

Rentero adverte que durante o trâmite do processo legislativo que resultou na Lei n. 45/2002, o *Decretazo*, promoveu-se o que pareceu uma forte reação contra parte do retrocesso por ela veiculado, mas lamenta que "se havendo retificado algum dos aspectos mais espetacularmente negativos da norma de urgência convalidada-reformada, tenha-se mantido, sem embargo, e em todo caso, a tendência claramente regressiva da regulação inicial"(519). O autor remata que a nova regulação introduzida pela Lei de 12 de dezembro de 2002, ao modificar o art. 56.2 do Estatuto dos Trabalhadores, "não é senão uma instauração legal, embora sob a cobertura de uma aparência distinta, da despedida sem causa e com um baixo custo econômico"(520). Agrega Pérez Rey:

> [...] na reforma de 2002, plasmada no RDL n. 5/2002 e parcialmente corrigida pela Lei n. 45/2002, pode-se comprovar um exemplo paradigmático dos excessos a que pode dar lugar a *flexiseguridad* e o intercâmbio entre a flexibilidade na relação laboral e segurança na proteção social que a mesma predica; é também este processo normativo um cenário especialmente bom para observar como no âmbito interno podem aproveitar-se as indicações precedentes do *soft law* comunitário.(521)

---

(517) *Op. cit.*, p. 80.
(518) REY, Joaquín Pérez. *La modernización del régimen del despido:* el debate europeo, p. 80.
(519) *Op. cit.*, p. 18.
(520) *Op. cit.*, p. 19.
(521) REY, Joaquín Pérez. *La modernización del régimen del despido:* el debate europeo, p. 79.

Em síntese, os sistemas brasileiro e espanhol se aproximam quando adotam o modelo jurídico que tolera a despedida mediante indenização substitutiva como uma faculdade do empresário. Vale a pena reproduzir o lamento de Carlos Toselli, magistrado da Sala Décima do Trabalho de Córdoba, sobre o tema:

> [...] esse direito industrial ou direito novo, como o chamam seus precursores, ou direito obreiro, como o definem seus mais enfáticos defensores colocando o eixo sobre o sujeito protegido, borra com um plumacho conceitos tradicionais, quase sacros, tais como a igualdade das partes e a autonomia da vontade. E é assim já que de qual igualdade se está falando se uma das partes detém a faculdade de rescisão unilateral mediante o simples pagamento de uma indenização transacional e tarifada, que da noite para o dia pode terminar com os projetos e expectativas geradas no trabalhador e que sem dúvida pode afetar profundamente sua futura subsistência em um mercado altamente competitivo e volátil em épocas normais de emprego e marcadamente escasso em épocas de crises conjunturais ou estruturais.(522)

Sem embargo, a jurisprudência, na Espanha e no Brasil, tem afirmado, a bom passo, o direito de reintegração sempre que o poder de despedir é exercido abusivamente, como nos casos de despedidas discriminatórias. Em rigor, a aproximação entre os sistemas apenas revela a possibilidade de uma entidade jurídica importante e transcendente como a garantia de indenidade migrar, sem traumas, desde um até o outro sistema de proteção ao trabalho.

---

(522) TOSELLI, C. A. Los principios del derecho del trabajo y su aplicación jurisdiccional. *Cadernos da Amatra IV*, Porto Alegre, ano IV, n. 10, p. 143, jan./mar. 2009.

IV — A Adoção da Garantia de Indenidade no Brasil

17. O perfil dos usuários da *Justiça do Trabalho no Brasil*

Há no Brasil um ramo da jurisdição que surgiu como órgão vinculado ao Ministério do Trabalho e foi definitivamente integrado ao Poder Judiciário em 1946, um ramo que se dedica inteiramente à solução de conflitos inerentes às relações de trabalho: a Justiça do Trabalho. Até 2004, as causas submetidas à sua análise eram sempre relativas ao emprego, com poucas exceções, sendo que a maioria dessas causas correspondia a reclamações atinentes a atribuições econômicas.

Desde a edição da Emenda Constitucional n. 45/2004, conhecida como a Reforma do Poder Judiciário, agregaram-se à competência da Justiça do Trabalho as causas concernentes a outras relações de trabalho, distintas do emprego, nela se concentrando todos os conflitos relativos ao direito de greve, também os danos morais sofridos no âmbito da relação laboral, inclusive aqueles que derivam de acidentes de trabalho, além das questões que remetem a conflitos intersindicais e entre sindicatos e sujeitos da relação de emprego. Atualmente, todas as ações que respeitam ao trabalho humano, com suas várias dimensões, interferências e desdobramentos, submetem-se à apreciação da Justiça do Trabalho.

O acesso a esse braço da organização judicial é gratuito para o trabalhador e ostenta hoje um avanço notável, graças ao uso de meios eletrônicos, tanto pela sua estrutura funcional como para a consulta e movimentação dos processos em curso.

Um órgão de cúpula, o Tribunal Superior do Trabalho, é a última instância laboral, pois ali culmina o julgamento de processos que não envolvem matéria constitucional — confiados ao julgamento intercorrente do TST e à apreciação derradeira do Supremo Tribunal Federal. Há ainda vinte e quatro tribunais regionais do trabalho situados em vinte e três estados da Federação, além de milhares de varas do trabalho que atuam como órgãos de primeira instância e se acham distribuídas por todo o país.

Mas toda essa organização não tem intimidado empregadores que com frequência descumprem suas obrigações laborais, dado que é imensa a quantidade de novos processo a cada ano, a ela acorrendo sempre em escala progressiva[(523)]. Uma característica preocupante dos processos trabalhistas é que eles são notoriamente protagonizados por trabalhadores que já perderam seus postos de trabalho em razão de dispensas sem justa causa, o que denuncia o grau de precariedade da proteção normativa e não disfarça o receio da perda do emprego pelos trabalhadores que ainda estão laborando. Os conflitos, não raro latentes nas relações assimétricas de trabalho, são suportados pelo empregado, inclusive quando ele é posto à rua e tem a seu favor o prazo de prescrição para decidir se enfrenta aquele que dispensou os seus talentos e capacidade produtiva.

Uma maneira encontrada para permitir o acesso dos empregados ao Poder Judiciário durante a existência do conflito, ou seja, antes da extinção do contrato, é a coletivização das ações, quer por meio da substituição sindical[(524)], quer por iniciativa do Ministério Público[(525)], que tem um ramo especializado em causas laborais com capilaridade por todo o território nacional.

---

(523) Segundo a estatística disponível no sítio www.tst.jus.br, no ano 2000 foram recebidos 2.266.403 novos processos (foram resolvidos 2.398.884 e continuaram pendentes 1.131.046); em 2001, 2.272.312 novos processos (2.380.741 foram resolvidos e 1.062.341 continuaram pendentes); em 2002 foram recebidos 2.113.533 (2.104.820 resolvidos e 1.072.390 pendentes); 2.299.764 novos processos em 2003 (2.195.470 resolvidos e 1.188.766 pendentes); 2.197.675 novos processos em 2004 (2.180.078 resolvidos e 1.224.818 pendentes); 2.400.364 novos processos em 2005 (2.268.279 resolvidos e 1.314.642 pendentes); 2.456.318 novos processos em 2006 (2.368.212 resolvidos e 1.391.769 pendentes); 2.636.798 novos processos 2007 (2.580.396 resolvidos e 1.418.029 pendentes). Em 2006, as demandas judiciais tiveram as seguintes origens: indústria 21,3%; comércio 13,8%; transporte 5,6%; comunicação 1,7%; agricultura e pesca 4,6% etc.

(524) EMBARGOS EM RECURSO DE REVISTA. ACÓRDÃO PUBLICADO NA VIGÊNCIA DA LEI N. 11.496/ 2007. SUBSTITUIÇÃO PROCESSUAL. LEGITIMIDADE DO SINDICATO PARA POSTULAR HORAS EXTRAS EM FAVOR DE SEUS FILIADOS. ORIGEM COMUM DO DIREITO REIVINDICADO. CARACTERIZAÇÃO. Cinge-se a controvérsia a se saber se o Sindicato tem ou não legitimidade para postular, como substituto processual, horas extras em favor de seus filiados. Em primeiro lugar, deve-se salientar que esta e. Subseção vem reiteradamente decidindo que a substituição processual de que trata o art. 8º, III, da Constituição Federal de 1988 diz respeito a direitos ou interesses individuais homogêneos. Por outro lado, em decisão recente de que fui Relator (TST-E-ED-RR-88900-77.2004.5.09.0022, SBDI-1, DEJT 21.5.2010), foi adotada a tese de que são direitos individuais homogêneos aqueles que — têm origem comum no contrato de trabalho —, o que inequivocamente aplica-se às horas extras. Há de ser lembrada ainda a premissa, também consagrada por esta e. Subseção, de que o mero fato de o direito postulado na presente ação importar, se acaso procedente, valores díspares para os indivíduos integrantes da categoria não é suficiente, por si só, para alterar sua natureza jurídica, pois a homogeneidade do direito prevista pela jurisprudência diz respeito apenas à titularidade em potencial da pretensão, e não à sua expressão monetária (TST-E-ED-RR-521504-02.1998.5.17.5555, minha relatoria, DEJT 28.11.2008).

Contudo, nem sempre os sindicatos conseguem atuar sem denunciar, ainda que involuntariamente, o empregado que lhe apresentou a queixa, nem o Ministério Público lograr intervir sem permitir a identificação, igualmente involuntária, dos trabalhadores que lhe denunciaram o descumprimento pelo empregador de normas laborais, expondo assim esses empregados insatisfeitos à vendeta empresarial. Se é verdade que a garantia de indenidade seria um direito instrumental de todos os direitos fundamentais, é certo concluir que sua adoção no Brasil significaria um claro resgate de cidadania a favor dos trabalhadores que, enquanto submetidos ao poder empresarial, quedam fora da proteção jurisdicional.

A indenidade do suposto devedor é uma contradição em termos, pois não é possível ser e não ser obrigado a alguma prestação, ao mesmo tempo. Até quando comparadas com os casos legais de isenção, a circunstância de que os empregadores estão de fato imunes à ação judicial durante a relação de trabalho, expondo-se a ela em seguida, causa estranheza, pois as isenções fiscais ou as imunidades materiais, estas no âmbito penal, são, por exemplo, asseguradas por toda a vida, ou melhor, são asseguradas enquanto subsiste a relação jurídica que justifica o privilégio de não responder pelo ato ilícito que com ela guarda correspondência. O desenlace da relação jurídica não faz retroceder a incidência da norma tributária ou penal, rompendo porventura o estado anterior de absoluta isenção. No vínculo laboral, o empregador permanece dissimuladamente isento de qualquer queixa ou ação judicial enquanto protagoniza o conflito, precisamente quando é ele quem o promove. A lei laboral, na prática, incide depois de exaurir-se o conflito, sem incomodá-lo antes.

Sob a dimensão pragmática, a indenidade que realmente existe é a que protege o empregador da ação judicial. Há uma inversão de valores que denuncia a ineficácia do processo como instrumento e, por conseguinte, da norma de direito material ou substantivo. Após a extinção do vínculo de emprego, a invulnerabilidade empresarial que não existia na lei, senão de fato, reduz-se sem desaparecer, pois há os empresários que se unem, protegidos por misteriosa áurea de impunidade, com vistas a segregar os trabalhadores que judicializam suas questões laborais. Faz tempo que o TST excluiu de seus registros disponíveis

---

Nesse contexto, e não obstante as horas extras postuladas ensejem, ao fim e ao cabo, certas complexidades procedimentais — que, de resto, já foram superadas no presente feito por meio de provas documentais e periciais —, impõe-se prestigiar a solução coletiva de conflitos como forma de uniformidade e celeridade na prestação jurisdicional, bem como de redução da sobrecarga do Poder Judiciário. Recurso de embargos parcialmente conhecido e não provido (TST, E-RR n. 44600-58.2004.5.03.0099, Relator Ministro: Horácio Raymundo de Senna Pires, Data de Julgamento: 30.9.2010, Subseção I Especializada em Dissídios Individuais, Data de Publicação: 15.10.2010).

(525) *Vid.* TST, 3ª Turma, RR 186700-23.2001.5.03.0008, Rel. Min. Carlos Alberto Reis de Paula, DJ 21.10.2005 e TST, 2ª Turma, RR 148840-63.2005.5.03.0067, Rel. Min. Renato de Lacerda Paiva, DJ 16.6.2010.

via internet os nomes dos trabalhadores demandantes, recomendando igual cautela aos tribunais regionais, porquanto se formavam *listas negras* de reclamantes com base nesses registros eletrônicos, no âmbito das empresas e com circulação entre estas[(526)].

O que inquieta agora é perceber que tal estado de coisas impõe a providência jurisdicional que, como se viu, nasceu na Espanha a partir do precedente STC n. 7/1993 e se difundiu como garantia de indenidade. Um mantra? Uma quimera? Um dado metafísico? Nesta parte final do trabalho, pretende-se de-monstrar que também no Brasil está em vigor o princípio da tutela judicial efetiva, não obstante sejam incipientes os estudos que a associam à eficácia horizontal dos direitos fundamentais com a finalidade fazer indene o empregado que exerce tal direito frente ao empregador.

Surgem a passos largos as decisões que protegem o trabalhador brasileiro de outros tipos de represália patronal, distintos da despedida, e já é possível afirmar que a ausência de estabilidade no emprego não é um obstáculo, segundo a jurisprudência que emana do TST, contra a declaração de nulidade das despedidas que violem direitos fundamentais. Em suma, os juízes e tribunais brasileiros se encontram na contingência de adotar, se o desejam, a garantia de indenidade em sentido estrito, ou seja, aquela que há florescido como uma vertente do direito à tutela judicial efetiva.

18. O FUNDO CONSTITUCIONAL DO DIREITO À TUTELA JUDICIAL EFETIVA

A garantia de indenidade *stricto sensu* é a garantia dada ao trabalhador de que sua eventual ação judicial não poderá ser objeto de sanção por parte do empregador. Tal sucede porquanto a propositura de uma demanda laboral é um direito fundamental que se pode exercer sem medo de represália e está previsto nos seguintes dispositivos das constituições espanhola e brasileira:

> Art. 24.1 CE — Todas as pessoas têm direito a obter tutela efetiva dos juízes e tribunais no exercício de seus direitos e interesses legítimos, sem que, em nenhum caso, possa produzir-se a ausência de proteção.[(527)]
>
> Art. 5º, XXXV CRFB — A lei não excluirá da apreciação do Poder Judiciário a lesão ou ameaça a direito.

---

(526) Sobre o tema referido às listas negras, ver acórdão do TST no AIRR n. 461/2004-091-09-40, DJ 24.8.2007.

(527) Em espanhol: "Art. 24.1, CE. Todas las personas tienen derecho a obtener tutela efectiva de los jueces y tribunales en el ejercicio de sus derechos e intereses legítimos, sin que, en ningún caso, pueda producirse indefensión".

Em primeiro lugar, poder-se-ia argumentar, de maneira superficial, que o dispositivo espanhol está prenhe de significados[(528)] e que o brasileiro não avançaria na direção da efetividade e negativa da *indefensión*, vocábulo que aqui se traduz como "ausência de proteção". A crítica não seria justa, pois além de esse argumento expressar, *a contrario sensu*, a defesa talvez involuntária de uma justiça não efetiva ou indolente, cabe sinalar que a literalidade dos dispositivos constitucionais não esgota seu sentido e alcance, sobretudo se são interpretados de modo insulado, fora de sua função sistêmica.

O direito à tutela judicial efetiva não deve ser compreendido como um mero direito instrumental, sem transcendência maior que aquela sugerida por sua rasa dicção. Ao revés, Valdes Dal-Ré e Casas Baamonde sustentam que "a existir um *direito-estrela no firmamento constitucional*, esse título haveria de corresponder, com todo merecimento, ao direito à tutela jurisdicional que o art. 24.1 CE enuncia, erigido, desde a promulgação do Código Político, à verdadeira norma de encerramento do processo de aplicação de todo o ordenamento jurídico e à garantia para o real desfrute dos direitos".

No Brasil, é certo que o art. 5º, § 1º, da Constituição prediz textualmente que as normas definidoras de direitos e garantias fundamentais têm aplicação imediata e, em seguida, o art. 7º enumera direitos com índole laboral sublimados à condição de direitos fundamentais, inclusive os direitos a um salário mínimo mensal, irredutibilidade de salário, jornada máxima, adicional noturno, décimo terceiro salário, convenções coletivas, proteção contra riscos inerentes ao trabalho, férias anuais e descanso semanal.

Não em vão, a doutrina científica afirma que "a análise da Constituição brasileira em vigor aponta vários dispositivos a caracterizar a tutela constitucional da ação e do processo", concluindo:

> A própria Constituição incumbe-se de configurar o direito processual não mais como um mero conjunto de regras acessórias de aplicação do direito material, mas, cientificamente, como instrumento público de realização da justiça.[(529)]

---

(528) DAL-RÉ, F. Valdes; BAAMONDE, M. E. Casas. *Tutela judicial, competencia de la jurisdicción social y acceso al proceso de trabajo.* Disponível em: <http://dialnet.unirioja.es/servlet/articulo?codigo=1426760>. Os autores observam que são as causas que podem razoavelmente explicar a indiscutida liderança alcançada por este direito: A) a primeira causa deriva da localização do direito à proteção judicial efetiva na sistemática dos direitos e deveres fundamentais reconhecidos na Constituição (CE) e da assim atribuição ao mesmo do sistema de proteção especialmente reforçada dispensado a alguns dentre esses direitos (art. 53.2, CE); B) a segunda causa é a generalizada extensão de seus mandatos normativos, pois a sua disciplina se sujeita à atuação da totalidade dos órgãos integrados no Poder Judicial.

(529) CINTRA, A. C. de A.; GRINOVER, A. P.; DINAMARCO, C. R. *Teoria geral do processo.* São Paulo: Malheiros, 1999. p. 80.

A aplicação imediata de direitos fundamentais, inclusive dos direitos sociais, implica a pré-compreensão do processo como instrumento de realização desses direitos. A vontade que a norma revela induz à máxima efetividade do princípio assecuratório da tutela judicial, sem embargo de ser esta uma tendência de todos os princípios e direitos fundamentais.

Igual ao ocorrido em países europeus nos quais a ausência de normas de hierarquia inferior que imunizassem os demandantes não tem impedido a elaboração e execução da garantia de indenidade, no Brasil a omissão legislativa é irrelevante, dado que se acha "superada a fase em que (a Constituição) era tratada como um conjunto de aspirações políticas e uma convocação à atuação dos Poderes Públicos", como assinalou Luís Roberto Barroso[530]. Na sequência, o autor recorda que a especificidade das normas constitucionais, com seu conteúdo próprio, sua abstração e superioridade jurídica, exigiram o desenvolvimento de novos métodos hermenêuticos e de princípios igualmente específicos de interpretação constitucional.

Nessa toada, à sociedade brasileira não faz falta uma garantia constitucional de tutela judicial efetiva, de direitos fundamentais, diversa daquela que se esboça na Carta Política em vigor. Mas não basta afirmar a efetividade da tutela judicial, pois é indispensável indagar se a jurisprudência tem acatado, no Brasil, a força normativa dos princípios constitucionais e dos direitos fundamentais, sua eficácia imediata e direta frente a particulares, além disso é importante verificar se há campo fértil na Justiça brasileira para os avanços na compreensão da indenidade e para viabilizar a ordem de reintegração de empregados não estáveis que acaso sofram alguma represália em desacordo com a normativa constitucional.

Aos dois últimos temas citados — a amplitude da indenidade e os efeitos da nulidade das despedidas que violam direitos fundamentais — serão dedicados os capítulos seguintes. Quanto à horizontalidade dos direitos fundamentais (ou, melhor dizendo, à sua eficácia *inter privatos*), quando estudamos as emanações da doutrina do *Drittwirkung* no Brasil recordamos que o Supremo Tribunal Federal assentou: "As violações a direitos fundamentais não ocorrem somente no âmbito das relações entre o cidadão e o Estado, mas igualmente nas relações travadas entre pessoas físicas e jurídicas de direito privado. Assim, os direitos fundamentais assegurados pela Constituição vinculam diretamente não apenas os poderes

---

(530) BARROSO, L. R. Fundamentos teóricos e filosóficos do novo direito constitucional brasileiro. In: V.V.A.A. BARROSO, Luís Roberto (org.). *A nova interpretação constitucional:* ponderação, direitos fundamentais e relações privadas. Rio de Janeiro: Renovar, 2006. p. 43. O último fragmento em português: "De outra parte, embora se insira no âmbito da interpretação jurídica, a especificidade das normas constitucionais, com seu conteúdo próprio, sua abertura e superioridade jurídica, exigiram o desenvolvimento de novos métodos hermenêuticos e de princípios específicos de interpretação constitucional".

públicos, estando direcionados também à proteção dos particulares em face dos poderes privados"[531].

Em realidade, é menor a controvérsia sobre a eficácia imediata e direta das normas constitucionais que asseguram direitos fundamentais de primeira geração ou dimensão, os direitos de liberdade. O amadurecimento da jurisprudência constitucional brasileira pode ser aquilatada pela afirmação de que mesmo os direitos sociais, que definem prestações, também obrigam *prontamente*. Em caso no qual o demandante pretendia a distribuição gratuita de medicamentos pelo Poder Público, o Supremo Tribunal Federal decidiu:

> O caráter programático da regra inscrita no art. 196 da Carta Política — que tem por destinatário todos os entes públicos que compõem, no plano institucional, a organização federativa do Estado brasileiro — não pode converter-se em promessa constitucional inconsequente, sob pena de o Poder Público, fraudando justas expectativas nele depositadas pela coletividade, substituir, de maneira ilegítima, o cumprimento do seu impostergável dever por um gesto irresponsável de infidelidade governamental ao que determina a própria Lei Fundamental do Estado".[532]

Além de indicar a máxima efetividade de todos os direitos fundamentais, ao menos como *mandamentos de otimização* que não permitem o retrocesso de conteúdo normativo sempre que as normas definidoras desses direitos avancem no sentido da maior concretização dos mesmos[533], o Supremo Tribunal Federal tem evoluído em sua posição a propósito do alcance do mandado de injunção, a ponto de compreender que se trata de uma ferramenta útil à realização de direitos sociais quando não existe a devida regulamentação por lei ordinária. Fora o que se vira no capítulo deste texto dedicado à jurisdição constitucional.

19. A GARANTIA DE INDENIDADE EM NORMAS DE DIREITO INTERNACIONAL

Quando analisada a evolução da garantia de indenidade na Europa, especialmente na Espanha, pôde-se perceber que seu surgimento, como criação

---

(531) STF, RE 201819/RJ, Rel. Min. Gilmar Mendes (relatora originaria Min. Ellen Gracie), DJ 27.10.2006, p. 64.

(532) STF, AGRRE n. 271286/RS, Rel. Min. Celso de Mello, DJU 24.11.2000. Em igual sentido: Claudio Pereira de Souza Neto (SOUZA NETO, C. P. de. *Fundamentação e normatividade dos direitos fundamentais:* uma recomposição à luz do princípio democrático, citado em BARROSO, Luís Roberto (org.). *A nova interpretação constitucional:* ponderação, direitos fundamentais e relações privadas. Rio de Janeiro: Renovar, 2006. p. 297): arestos convergentes: AGRAG n. 238328/RS e AGRRE n. 255627/RS.

(533) *Vid.* por todos: SARLET, Ingo Wolfgang. *A eficácia do direito fundamental à segurança jurídica*: dignidade da pessoa humana, direitos fundamentais e proibição de retrocesso social no direito constitucional brasileiro. Disponível em: <http://www.mundojuridico.adv.br>.

jurisprudencial, não impede sua normatização por meio da Convenção n. 158 da OIT e igualmente por várias diretivas da União Europeia.

O art. 5º, § 3º, da Constituição brasileira, acrescido ao texto pela Emenda Constitucional n. 45/2004, prediz que "os tratados e convenções internacionais sobre direitos humanos que forem aprovadas, em cada Casa do Congresso Nacional, em dois turnos, por três quintos dos votos dos respectivos membros, serão equivalentes às emendas constitucionais". Sem perder de vista a importância desse dispositivo, que incorpora à Constituição o conteúdo jurídico dos tratados e convenções internacionais, vale a pena investigar a possível incidência, no Brasil, da Convenção n. 158 da OIT e da Convenção Americana sobre Direitos Humanos (Pacto de San José), as quais asseguram, cada qual a seu modo, a garantia de indenidade relacionada com a tutela judicial efetiva.

19.1. A garantia de indenidade com base na Convenção n. 158 da OIT

O art. 5º.c da Convenção n. 158 da OIT, ratificada pela Espanha em 1985[534] e pelo Brasil em 1996[535] (não obstante sua controvertida denúncia em momento posterior), estabelece que não se constitui causa justificada para a terminação da relação laboral apresentar uma queixa ou participar de um procedimento instaurado contra um empregador por supostas violações de leis ou regulamentos.

Uma entidade patronal acudiu ao STF suscitando a inconstitucionalidade da Convenção, porque o art. 7º, I, da Constituição prescreve a indenização compensatória como modo de impedir a despedida injustificada ou arbitrária, prevendo ainda a regulamentação da matéria por lei complementar[536], ao passo em que a Convenção proibiria, simplesmente, a despedida não justificada.

O STF admitiu que a matéria (estabilidade no emprego) estava reservada à regulamentação por lei complementar, mas decidiu que o caráter meramente programático da Convenção n. 158 da OIT impedia que se lhe fosse atribuído o vício da inconstitucionalidade, pois seu texto conteria apenas princípios ou diretrizes que seriam observados, a seu tempo, pela lei complementar prometida pelo art. 7º, I, da Constituição. A norma convencional não teria embaçado a

(534) Mediante instrumento publicado no BOE em 29 de junho de 1985.

(535) Mediante Decreto n. 1.855, de 10.4.1996, DOU 11.4.1996.

(536) O argumento das associações patronais era que "o Brasil não pode, internamente, dar vigência a tratados sobre matéria que a sua Constituição reserva à lei complementar, porque os acordos e convenções, sobretudo os de caráter normativo, incorporam-se ao direito interno como leis ordinárias, bastando a observância das condições de rito contidas no decreto legislativo que os aprova e no decreto executivo que os promulga e os dão publicidade".

predileção do texto constitucional pela indenização compensatória nos casos de despedidas injustificadas ou arbitrárias.

Em decisão liminar, o STF afirmou que seria inconstitucional qualquer interpretação da mencionada convenção da OIT que não considerasse essas premissas(537). Mas o mais relevante foram as duas passagens da decisão nas quais o Tribunal se referiu ao art. 5º.c da Convenção n. 158, o dispositivo que disciplina a garantia de indenidade. A exegese, pelo STF, assim se revela:

> O art. 5º da Convenção n. 158/OIT, por sua vez, relaciona motivos que não constituirão causa justificada para o término da relação de trabalho: a) a filiação a um sindicato ou a participação em atividades sindicais fora das horas de trabalho ou, com o consentimento do empregador, durante as horas de trabalho; b) ser candidato a representante dos trabalhadores ou atuar ou ter atuado nessa qualidade; c) apresentar uma queixa ou participar de um procedimento estabelecido contra um empregador por supostas violações de leis ou regulamentos, ou recorrer perante as autoridades administrativas competentes; d) a raça, a cor, o sexo, o estado civil, as responsabilidades familiares, a gravidez, a religião, as opiniões políticas, ascendência nacional ou a origem social; e) a ausência do trabalho durante a licença-maternidade.

O ordenamento jurídico brasileiro, quando proclamou a declaração de direitos sociais da classe trabalhadora — incorporando ao seu texto expressivas conquistas, consagradas em documentos internacionais de grande importância, como a Carta Interamericana de Garantias Sociais aprovada em Bogotá em 1948 (art. 26) e o Pacto Internacional dos Direitos Econômicos, Sociais e Culturais aprovado em 1966 pela 21ª Assembleia Geral da ONU (arts. 7º e 8º) —, instituiu um sistema articulado de proteção destinado a impedir a ruptura abusiva e arbitrária do contrato individual de trabalho, por iniciativa do empregador.

Em seguida, o STF detalha alguns casos de estabilidade provisória no emprego prevista na própria Constituição (gestantes, dirigentes sindicais, membros das comissões internas de prevenção de acidentes), nas leis ordinárias (trabalhadores acidentados, diretores de cooperativas) e refere-se enfim a precedente do mesmo STF em que se afirmou a nulidade da dispensa motivada por restrição a filiação sindical, para concluir:

Vê-se, portanto, que as hipóteses previstas no art. 5º da Convenção n. 158 da OIT constituem situações já previstas no ordenamento positivo interno do Brasil, tanto no plano constitucional, como na esfera meramente legal ou jurisprudencial.

---

(537) ADI-MC 1480/DF, DJ 18.5.2001, p. 429. Disponível em: <http://www.stf.gov.br/portal/jurisprudencia/listarJurisprudencia.asp>.

Considerando que o art. 5º da Convenção n. 158 da OIT prevê que entre os motivos que não constituem causa justificada para a terminação da relação de trabalho se inclui o de haver o empregado apresentado queixa ou participado de procedimento instaurado contra o empregador para verificar a violação de norma trabalhista, e se considerado ainda que o STF afirmou a validade de tal regra no Brasil, induz-se que a garantia de indenidade *stricto sensu* está em conformidade com a ordem jurídica brasileira, integrando-a sem que dela propriamente se dê conta.

Quando sobreveio a denúncia da Convenção n. 158 da OIT pelo governo brasileiro[(538)], uma agremiação sindical acorreu ao STF pedindo a inconstitucionalidade da mencionada denúncia, porquanto deveria ser ela antecedida de autorização do Congresso Nacional, assim como se exige para a ratificação das normas internacionais.

A decisão faz pouco referida, aquela em que o STF analisou a eficácia direta e imediata da Convenção n. 158 para negá-la, assinalando inclusive o caráter programático de seus preceitos, talvez tenha reduzido o interesse da doutrina pelo julgamento que se prenunciou quando questionada a inconstitucionalidade da sua denúncia. O STF decidirá se é válida a denúncia da Convenção n. 158, mas são auspiciosas as perspectivas de que a Corte não a respaldará, pois os autos permanecem em vista, porém três de seus ministros já se manifestaram no sentido de ser inválida a denúncia, enquanto apenas um, dos quatro ministros que apresentaram voto, entendeu por sua validade.

Por ora, nada há que impeça a seguinte inferência: a Convenção n. 158 estaria em vigor, inclusive porque uma maioria se forma, no âmbito do STF, contra a validade de sua denúncia, e o art. 5º.c da referida Convenção, incorporada assim ao ordenamento constitucional, traz à realidade jurídica brasileira o debate acerca de a tutela judicial efetiva projetar-se na garantia de imunização daqueles que dela se valem, a garantia de indenidade. É de se aguardar que a teoria irradie-se na experiência.

19.2. A garantia de indenidade com base na Convenção Interamericana sobre Direitos Humanos

Após enumerar os direitos e garantias fundamentais, a Convenção Americana sobre Direitos Humanos (Pacto de San José) trata das garantias judiciais. O art. 8.1 tem o teor seguinte:

(538) Tornando pública a denúncia por meio do Decreto n. 2.100, de 20 de dezembro de 1996.

> Toda pessoa tem direito a ser ouvida, com as devidas garantias e dentro de um prazo razoável, por um juiz ou tribunal competente, independente e imparcial, estabelecido anteriormente por lei, na apuração de qualquer acusação penal formulada contra ela, ou para que se determinem seus direitos ou obrigações de natureza civil, trabalhista, fiscal ou de qualquer outra natureza.

A garantia que se pode assegurar à pessoa que postula a definição de seus direitos laborais por um juiz ou tribunal é seguramente a garantia de invulnerabilidade frente ao empregador demandado.

Por outro lado, o advento do art. 5º, § 3º, da Constituição — dispositivo que equipara a emenda constitucional aos tratados internacionais de direitos humanos que sejam aprovados por dois turnos de três quintos das casas congressuais — tem exercido clara influência na jurisprudência constitucional, pois não existe razão para compreender os tratados de direitos humanos ratificados ou reconhecidos pelo Brasil no mesmo patamar das leis ordinárias. Em *habeas corpus* apreciado em 5 de junho de 2007, o Supremo Tribunal Federal reviu posição anteriormente contrária[539] à proibição de prisão por dívida civil — autorizada pela Constituição, mas vedada pelo Pacto de San José — e proclamou então a supralegalidade de tais normas internacionais, como se pode extrair de fragmento do voto condutor:

> Entendo que, desde a ratificação, pelo Brasil, sem qualquer reserva, do Pacto Internacional dos Direitos Civis e Políticos (art. 11) e da Convenção Americana sobre Direitos Humanos — Pacto de San Jose da Costa Rica (art. 7º, 7), ambos no ano de 1992, não há mais base legal para a prisão civil do depositário infiel, pois o caráter especial desses diplomas internacionais sobre direitos humanos lhes reserva lugar específico no ordenamento jurídico, estando abaixo da Constituição, porém acima da legislação interna. O *status* normativo supralegal dos tratos internacionais de direitos humanos subscritos pelo Brasil, dessa forma, torna inaplicável a legislação infraconstitucional com ele conflitante, seja ela anterior ou posterior ao ato de ratificação.

Portanto, o Supremo Tribunal Federal reconhece a normatividade da Convenção Americana sobre Direitos Humanos a ponto de fazer vigorar seu preceito ainda quando a norma constitucional dispõe em sentido menos favorável. No âmbito da garantia de indenidade, trata-se de defender a adoção de uma garantia constitucional, em conformidade, por igual, com as normas de direito internacional que asseguram garantias judiciais a favor dos titulares de direitos fundamentais.

---

(539) Precedente n. 691 da jurisprudência do STF: "Não compete ao Supremo Tribunal Federal analisar habeas corpus impetrado contra decisão do Relator que, em *habeas corpus* requerido ao tribunal superior, rejeita a liminar". Precedentes recentes em igual sentido: RHC n. 90759/MG, j. 22.6.2007; RE n. 345345/SP, j. 25.2.2003; RE n. 344585/RS, j. 25.6.2002 e HC n. 81319/GO, j. 24.4.2002.

20. A IDEIA DE INDENIDADE NO BRASIL

O propósito de fazer indene a pessoa que exerce um direito fundamental não é propriamente novo no Brasil, não obstante o seja o termo *indenidade*. Entretanto, o uso de palavras que sintetizam um conceito, ou o significado de um conceito, ganha relevância quando se quer introduzir ou plasmar uma postura mais segura e coerente dos intérpretes e agentes do Direito ante casos que, por sua semelhança, merecem o mesmo tratamento.

Indenidade é a palavra a expressar, no Brasil como antes o fora na Europa, a ideia de imunização, blindagem, proteção. E se a ideia é singular, a sua expressão não deve ser ambígua, mas incisiva, apta a distinguir um instrumento jurídico que é surpreendentemente útil e se oferece à absorção cultural. Ainda mais quando o código linguístico é de fácil compreensão também por não letrados, cidadãos leigos que não tardaram a incorporar ao seu vocabulário, por exemplo, a palavra *inconstitucionalidade* para indicar a ofensa a direito fundamental que se supunha existir, ou o signo boa-fé que revelaria a inapetência para perceber a fraude subjacente a algum negócio jurídico, ou ainda a radiosa expressão *dignidade humana* com vistas a delimitar o mínimo existencial que não pode ser perturbado por forças hegemônicas.

Conferir identidade ao termo que distingue a proteção, contra eventual represália, àquele que defende um direito fundamental, ademais de difundir essa palavra como um símbolo de emancipação, com acento em seu sentido expandido — o que alcança também a salvaguarda do direito a exigir um direito —, é o objetivo indisfarçado deste trabalho de investigação científica.

No âmbito laboral, como quiçá seja a realidade em outros hemisférios jurídicos, a proposta de imunizar os titulares de direitos fundamentais está disseminada, mas não sistematizada, porque aparece pontualmente na jurisprudência sem a necessária remissão ao propósito de amparar o exercício da ação judicial correspondente ao direito, além de proteger o direito mesmo.

Há vários casos, porém, nos quais o TST enfatizou a indenidade do direito de ação judicial ao invalidar, por exemplo, regras contidas em regulamentos de empresa que condicionavam determinada vantagem à desistência de ação judicial anterior[540]. A 6ª Turma decidiu que deveria ser reparado dano moral que consistia

(540) Nesse sentido: TST-RR n. 98300-08.2008.5.04.0025, Rel. Min. Carlos Alberto Reis de Paula, 8ª Turma, DEJT 27.5.2011; TST-RR n. 616900-70.2008.5.12.0001, Rel. Min. Mauricio Godinho Delgado, 6ª Turma, DEJT 25.3.2011; TST-RR n. 93045/2006-012-09-00.4, 6ª Turma, Rel. Min. Aloysio Corrêa da Veiga, DEJT 30.3.2010; TST-AIRR n. 54840-06-2007-5-10-0003, Rel. Min Lélio Bentes Corrêa, 1ª Turma, DEJT 17.9.2010; TST-RR n. 123340-42.2006.5.05.0022, 8ª Turma, Rel. Min. Márcio Eurico Vitral Amaro, DEJT 5.3.2010.

em despedir empregadas que retornavam da estabilidade adquirida e gozada em razão de gravidez, escolhendo-se as candidatas à dispensa por essa circunstância[(541)].

É possível, ainda, a referência a algumas hipóteses emblemáticas nas quais se nota a ideia subliminar de indenidade em sentido genérico, especialmente a indenidade sindical e a indenidade dos trabalhadores que seriam discriminados por terem contraído o vírus da AIDS. De indenidade em sentido genérico tratam os três subitens seguintes deste texto.

20.1. A indenidade sindical no Brasil

Em setembro de 2011, a 6ª Turma do TST determinou a reintegração de trabalhadora que fora dispensada como retaliação por associar-se a sindicato, enfatizando que a ordem jurídica não suportava esse ato patronal visivelmente discriminatório e lesivo à liberdade de filiação sindical. Com efeito, a conduta antisindical tem merecido forte reação da jurisprudência.

Por outro lado, o art. 543 da CLT dispõe que o empregado eleito para cargo de administração ou representação sindical, inclusive frente a órgão de deliberação coletiva, não pode ser impedido de exercer suas funções, nem pode ser transferido para lugar ou serviço que dificulte ou faça impossível o desempenho de suas atribuições sindicais. O parágrafo segundo do citado dispositivo converte em licença não remunerada o tempo de ausência do trabalhador com vistas ao exercício da representação sindical[(542)] e o § 3º o protege contra a despedida sem justa causa desde o registro de sua candidatura até um ano após o fim de seu mandato[(543)]. Essa garantia de emprego é ratificada pelo art. 8º, VIII, da Constituição brasileira.

Há inumeráveis decisões de juízes e tribunais assegurando o exercício das funções sindicais e, em todas elas, o intérprete pode certificar-se de que a intenção do legislador está atendida, pois se postula invariavelmente a invulnerabilidade

(541) TST-RR n. 2108200-82.2008.5.09.0011, Rel. Min. Aloysio Corrêa da Veiga.

(542) O art. 37.3.e do Estatuto dos Trabalhadores, na Espanha, autoriza a ausência do trabalho, aviso prévio e justificação, mas com direito à remuneração, para "realizar funções sindicais ou de representação pessoal nos termos estabelecidos legal ou convencionalmente".

(543) O art. 68.c garante, a favor dos membros dos comitês de empresa ou delegados pessoais que representem os trabalhadores, o seguinte: "Não ser despedido nem receber uma sanção durante o exercício das suas funções nem dentro do ano seguinte a expirar o seu mandato, salvo no caso de que esta aconteça por revogação ou demissão, sempre que a despedida ou sanção se baseiem na ação do trabalhador no exercício de sua representação, sem prejuízo, portanto, do estabelecido no artigo 54. Também não poderá ser discriminado em sua promoção econômica ou profissional em razão, precisamente, do desempenho da sua representação".

do trabalhador que exerce o direito fundamental de associar-se a um sindicato e promover a negociação coletiva, ou seja, o direito de liberdade sindical.

Ocorreu, a propósito, de o Supremo Tribunal Federal enfrentar caso em que a agremiação sindical ainda se constituía e, portanto, estavam seus fundadores fora da proteção legal. Fazer imunes esses trabalhadores significaria atribuir ao texto da norma tuitiva uma interpretação extensiva até então inédita no âmbito da Corte Suprema. Nada obstante, o STF afirmou:

> [...] a constituição de um sindicato, "posto culmine no registro no Ministério do Trabalho (STF, MI n. 144, 3.8.1992, Pertence, RTJ n. 147/868)" a ele não se resume: não é um ato, mas um processo. [...] Da exigência do registro para o aperfeiçoamento da constituição do sindicato, não cabe inferir que só a partir dele estejam os seus dirigentes ao abrigo da estabilidade sindical: é "interpretação pedestre", que esvazia de eficácia aquela garantia constitucional, no momento talvez em que ela se apresenta mais necessária, a da fundação da entidade de classe.(544)

Por conseguinte, a indenidade dos titulares de cargos de representação sindical é, força de construção jurisprudencial, assegurada desde o momento anterior à constituição formal do sindicato, quando a vontade de instituí-lo está se realizando mas o processo de formação ainda está em curso. O STF garantiu, em suma, a indenidade daqueles que se propunham ao exercício da liberdade sindical porque as suas ações concretas já os revelavam, expondo-os, a eventual revide, não obstante a insuficiência das providências administrativas para que se tivesse o sindicato por constituído.

20.2. A indenidade do direito à licença para tratamento de saúde

Igual ao que sucede na Espanha(545), os empregados que padecem alguma enfermidade ou acidente do trabalho têm seus contratos suspensos, ou melhor, suspende-se a execução destes. O art. 54 da Lei n. 8.213/1991 dita que após o décimo quinto dia de ausência por tais motivos o trabalhador passa a receber uma prestação previdenciária, o auxílio-doença.

O Tribunal Superior do Trabalho examinou um caso em que a sociedade empresária havia impedido o trabalhador de exercer tal direito, pois o despediu

(544) STF, RE n. 205107/ME, Min. Sepúlveda Pertence, j. 6.8.1998, DJ 25.9.1998, p. 21.
(545) Art. 48.c ET.

quando percebeu que ele havia contraído AIDS. A contaminação pela enfermidade viral lhe garantia o direito à suspensão contratual, em conformidade com o art. 1º, I, a da Lei n. 7.670/1988.

Um tribunal regional decidiu, sem que sua decisão fosse reformada pelo TST(546), que a despedida teria sido claramente impeditiva da fruição do direito à suspensão contratual, ainda que não estivesse convencido de que se tratara de hipótese de discriminação. A decisão afirma que o desconhecimento da contaminação viral por parte da sociedade empresária não era relevante, sinalando inclusive a responsabilidade objetiva nesses casos.

Em rigor, a jurisdição fez indene o trabalhador cujo direito à suspensão contratual parecia frustrado pela despedida, a ponto de ordenar o restabelecimento da relação de emprego independentemente de a enfermidade haver sido, ou não, cientificada à empregadora.

20.3. Outros casos de indenidade genérica

Nem sempre a indenidade já regulamentada importa a recomposição do emprego. Por exemplo, a lei imuniza o professor que é despedido quando se aproximam as férias letivas ao impor o pagamento a eles, nessas circunstâncias, dos salários concernentes a esse período de férias (art. 322, § 3º, da CLT). O legislador, inspirado na jurisprudência que já seguia igual trilha (Súmula n. 10 do TST)(547), protege o *direito ao trabalho* quando impede que o professor se converta em uma peça descartável do processo educacional, ou seja, ao impedir que a superveniência de férias escolares seja motivo para dispensar professores, o que significaria a redução do tempo de contrato ao período das aulas. Ademais, impede igualmente que ao gozo de férias se associe a sensação angustiante de que o emprego a ele não sobreviverá.

Há, igualmente e por provocação do Ministério Público, um firme controle, pelo Poder Judiciário, de cláusulas de convenções ou acordos coletivos que impedem o pleno exercício da liberdade de filiar-se a sindicato(548), ou inviabilizam a

---

(546) TST-E-ED-RR n. 741.548/2001.0, Ministro José Simpliciano Fontes, DJ 21.11.2003.

(547) Súmula n. 10 do TST — É assegurado aos professores o pagamento dos salários no período de férias escolares. Se despedido sem justa causa ao terminar o ano letivo ou no curso dessas férias, faz jus aos referidos salários.

(548) Precedente Normativo n. 119 da Seção de Dissídios Coletivos do TST — A Constituição da República, em seus arts. 5º, XX, e 8º, V, assegura o direito de livre associação e sindicalização. É ofensiva a essa modalidade de liberdade cláusula constante de acordo, convenção coletiva ou sentença normativa estabelecendo contribuição em favor de entidade sindical a título de taxa para custeio do sistema confederativo, assistencial, revigoramento ou fortalecimento sindical e outras da mesma espécie, obrigando trabalhadores não sindicalizados. Sendo nulas as estipulações que inobservem tal restrição, tornam-se passíveis de devolução os valores irregularmente descontados.

observância de normas de segurança e medicina do trabalho[549]. Nesses casos, a Justiça do Trabalho tem anulado as cláusulas nocivas ao princípio da liberdade sindical e à proteção, também constitucional, contra os riscos inerentes ao trabalho.

Não basta prescrever o direito, descrevendo porventura a conduta exigível. No modelo romano-germânico, a regra jurídica corre o risco de não obter eficácia, em uma ameaça de *desuetude*, pela singela razão de não se exigir o costume ou a adesão espontânea dos atores sociais como pressuposto da normatização. Sobretudo quando a norma incide sobre uma relação de subordinação, na qual o sujeito sob dominação empresarial se submete à ordem e ao descumprimento contratual, à conveniência ou talante do outro sujeito, os direitos fundamentais se convertem em expectativas que devem ser testadas, exercitadas, absorvidas como uma expressão da cultura, um dado da realidade.

A defesa da invulnerabilidade do credor da prestação salarial, sendo o salário a fonte de subsistência e a razão — muita vez única — de se despender a energia de trabalho, é a defesa da eficácia do direito do trabalho. Salvo se não se persegue a máxima efetividade dos direitos fundamentais de índole social, a existência de sanção contra os obstáculos que são postos ao exercício desses direitos é uma exigência da normatividade.

21. *A indenidade nas hipóteses de discriminação e o fetiche da estabilidade no emprego — a posição do Supremo Tribunal Federal e do Tribunal Superior do Trabalho*

Inicialmente, a ideia de indenidade estava associada sobretudo ao princípio da igualdade e à proibição de discriminação, como se viu ao largo da segunda parte deste trabalho. Os trabalhadores que recorriam ao Poder Judiciário e eram despedidos obtinham o direito à reintegração à conta de que não poderiam ser discriminados em virtude da apresentação de queixa ou ação judicial.

Na Espanha, o precedente STC n. 7/1993 inovou o fundamento de que o restabelecimento do emprego seria consequência, em verdade, da invulnerabilidade do direito de ação, sem necessidade de que se comparassem os trabalhadores que propuseram ação judicial com aqueles que não o fizeram. Sem

(549) *Vid.* Orientação Jurisprudencial n. 342, I, da SBDI-1 do TST — É inválida cláusula de acordo ou convenção coletiva de trabalho contemplando a supressão ou redução do intervalo intrajornada porque este constitui medida de higiene, saúde e segurança do trabalho, garantido por norma de ordem pública (arts. 71 da CLT e 7º, XXII, da CF/1988), infenso à negociação coletiva. Em maio de 2011, o TST cancelou a sua Súmula n. 349, por cujo teor se tolerava a compensação de jornada em atividade insalubre sem a prévia inspeção e autorização do Ministério do Trabalho.

embargo, ainda têm surgido decisões que garantem a indenidade dos demandantes com base no princípio da igualdade, não somente na Espanha como também na jurisprudência que emana do Tribunal de Justiça da Comunidade Europeia, com sede em Luxemburgo.

Sustenta-se, neste trabalho, que a ordem constitucional e mesmo o direito internacional, que vigem no Brasil, autorizam a adoção da garantia de indenidade, fazendo falta apenas uma postura mais firme daqueles que constroem ou impulsionam a jurisprudência brasileira. Em um dado momento, a reintegração do trabalhador brasileiro foi relacionada com sua condição de estável no emprego, como se o vínculo somente pudesse ser restabelecido para aqueles que gozavam de estabilidade. Vale lembrar que, regra geral, a estabilidade no Brasil não se adquire mais pelo tempo de trabalho na empresa, revestindo-se, o mais das vezes, das características de garantias provisórias de emprego em vista de circunstâncias especiais, como a direção sindical, representação obreira na CIPA, gestação e acidente de trabalho.

Quando examinamos o regime da despedida no Brasil, vimos que a jurisprudência brasileira afirma, não raro, ter o empresário direito potestativo de dispensar sem justa causa o empregado que não goza de alguma estabilidade definitiva ou provisória. Mas é importante assinalar que o primeiro fundamento da indenidade, aquele que a relaciona com o princípio da não discriminação, já tem amplo respaldo na legislação e na jurisprudência laboral, inclusive da que emana do Tribunal Superior do Trabalho.

Em rigor, a ausência de estabilidade não tem obstaculizado tais juízos, dada a convicção de que a ilicitude da despedida a faz nula e impõe a recomposição *in natura* e *in integrum* da relação de emprego desfeita, é dizer, a reintegração do trabalhador, ainda que não se trate de empregado estável.

Ao examinar um recurso extraordinário relativo a um caso de despedida por motivo político-partidário[(550)], o Supremo Tribunal Federal confirmou, em 1991, acórdão que provinha do Tribunal Superior do Trabalho, ocasião em que o ministro relator, no STF, declarou: "uma coisa é a despedida imotivada do empregado, que a lei não veda. Coisa diversa é a despedida por razões de convicção político-partidária, que contraria princípio constitucional. Conquanto se trate de atos jurídicos da mesma natureza, o segundo ressente-se de ilicitude em seu objeto. Não pode produzir os efeitos visados"[(551)].

---

(550) STF, RE 130206, Min. Ilmar Galvão, DJ 22.11.1991. A Constituição brasileira de 1967/1969 proibia qualquer restrição à liberdade de convicções filosóficas, políticas ou religiosas (art. 153, § 6º) no preceito semelhante ao art. 5º, VIII, da Constituição de 1988.

(551) STF, RE 130206-PA, Publicação em 14.8.1992. O relator foi o ministro Ilmar Galvão, seguido pelos ministros Celso de Mello e Sepúlveda Pertence. Vencido o ministro Octavio Gallotti. A decisão recorrida era do Pleno do TST, da lavra do Ministro Marco Aurélio, com ementa assim lavrada: "O

Tratava-se de hipótese na qual os empregados eram optantes pelo regime do FGTS, o que significava dizer que não eram estáveis no momento em que despedidos. Era, ademais, um episódio que tivera lugar à época de vigência da Constituição de 1967, que tampouco protegia o trabalhador da despedida imotivada. Contudo, o ministro[552] que acompanhou o relator sinalou igualmente que "o caráter potestativo do direito de despedir o empregado não se sobrepõe — não se pode sobrepor-se — a quanto prescreve a Lei Fundamental da República no quadro das liberdades do pensamento".

Além de ser esse o entendimento do Supremo Tribunal Federal, a referência à normativa que veda a discriminação de mulheres em razão de gravidez e a remissão, também, a precedentes jurisprudenciais que analisaram outros casos de despedidas discriminatórias ilustram, a bem dizer, a tenacidade do argumento: não há direito potestativo de despedir empregados que autorize a dispensa discriminatória; a discriminação implica a nulidade do ato patronal e o restabelecimento da relação laboral, ainda quando inexiste estabilidade no emprego.

Em seguida, cabe consultar a orientação que tem prevalecido no Tribunal Superior do Trabalho a propósito de casos de imunização do trabalhador que, sofrendo discriminação, desafia então o Poder Judiciário a que faça preponderar o postulado da igualdade. Além daqueles casos de indenidade analisados no item anterior (cap. 20), o exame de intervenções judiciais fundadas na isonomia, irradiada a partir da Lei n. 9.029/1995, revela o bom estágio em que se encontra a jurisprudência brasileira quando se cuida de vergastar o tratamento desigual contra trabalhadores desprovidos de estabilidade no emprego.

21.1. A indenidade dos direitos inerentes à maternidade e em outras hipóteses de discriminação — imposição legal

O art. 1º da Lei n. 9.029/1995 proíbe qualquer prática discriminatória que limite o acesso ao emprego ou a continuação deste por motivo de sexo, origem,

---

direito potestativo de despedir não pode ser potencializado a ponto de colocar-se, em plano secundário, o próprio texto constitucional, como se a ordem jurídica agasalhasse, no campo patrimonial, direito absoluto. Se de um lado, reconhece-se o direito do empregador de fazer cessar o contrato a qualquer momento, sem que esteja obrigado a justificar a conduta, de outro não se pode olvidar que o exercício respectivo há que ocorrer sob a égide legal e esta não o contempla como via oblíqua para se punir aqueles que, possuidores de sentimento democrático e certos da convivência em sociedade, ousaram posicionar-se politicamente, só que o fazendo de forma contrária aos interesses do copartícipe da força de produção. Não, a este ponto não pode ser guindado o direito de despedir. O exercício respectivo deve observar, até mesmo, a ética primária, o que se dirá quanto às garantias do cidadão relativas às convicções políticas, à liberdade de consciência, à manifestação de convicção política (§§ 1º, 5º e 8º do art. 153 da Constituição Federal de 1967). É sabença geral que contra a Constituição não existe direito, ainda que ligado à potestividade".

(552) Ministro Celso de Mello.

raça, cor, estado civil, situação familiar ou idade, salvo nos casos em que o trato desigual visa à proteção de menores. Na sequência, a lei indica como prática discriminatória a exigência de exames ou declarações relativas à esterilização ou ao estado de gravidez, descrevendo essas condutas como tipos penais e predizendo a pena de até dois anos de prisão e multa contra o empregador ou seu representante.

Adiante, o art. 4º da mencionada lei garante, a favor de qualquer trabalhador discriminado, inclusive da empregada gestante, a reintegração com direito a salários ou, a critério do trabalhador, os salários em dobro do período de ausência ao trabalho, sem prejuízo da sanção penal. O direito de reintegração no emprego não favorece apenas os trabalhadores estáveis, senão qualquer trabalhador que tenha sofrido a dispensa discriminatória. Assim decidiu o Tribunal Superior do Trabalho em várias ocasiões[(553)].

21.2. A indenidade nas hipóteses de discriminação contra portador do vírus da AIDS-SIDA

A jurisprudência brasileira está consolidada na direção de proteger o trabalhador soropositivo contra a despedida que se apresenta apenas formalmente como despedida sem justa causa, entendendo que tal despedida é discriminatória e por isso inválida. A Justiça do Trabalho tem assegurado a reintegração desse empregado, seja ou não estável, como se pode perceber em várias decisões da Subseção de Dissídios Individuais I[(554)] e sobretudo na Súmula n. 443 do TST: "Presume-se discriminatória a despedida do empregado portador do vírus HIV

(553) E-ED-RR n. 76089/2003-900-02-00, DJ 30.11.2007; RR n. 366/2000-021-15-00, DJ 24.2.2006; RR n. 1059/1999-087-15-00, DJ 19.8.2005; RR n. 462888/1998, DJ 26.9.2003.

(554) No original: "REINTEGRAÇÃO. EMPREGADO PORTADOR DO VÍRUS HIV. DISPENSA DISCRIMINATÓRIA. 1. Caracteriza atitude discriminatória ato de Empresa que, a pretexto de motivação de ordem técnica, dispensa empregado portador do vírus HIV sem a ocorrência de justa causa e já ciente, à época, do estado de saúde em que se encontrava o empregado. 2. O repúdio à atitude discriminatória, objetivo fundamental da República Federativa do Brasil (art. 3º, inciso IV), e o próprio respeito à dignidade da pessoa humana, fundamento basilar do Estado Democrático de Direito (art. 1º, inciso III), sobrepõem-se à própria inexistência de dispositivo legal que assegure ao trabalhador portador do vírus HIV estabilidade no emprego. 3. Afronta aos arts. 1º, inciso III, 5º, *caput* e inciso II, e 7º, inciso I, da Constituição Federal não reconhecida na decisão de Turma do TST que conclui pela reintegração do Reclamante no emprego. 4. Embargos de que não se conhece" (TST-E-RR n. 439.041/98, SBDI-I, Rel. Min. João Oreste Dalazen, DJU 23.5.2003). "EMBARGOS. REINTEGRAÇÃO. DISPENSA DISCRIMINATÓRIA. EMPREGADO PORTADOR DA SIDA (AIDS). Tratando-se de dispensa motivada pelo fato de ser o empregado portador da Síndrome da Imunodeficiência Adquirida SIDA e sendo incontestável a atitude discriminatória perpetrada pela empresa, vedada pelo ordenamento jurídico pátrio, a despedida deve ser considerada nula, sendo devida a reintegração. Embargos não conhecidos". (TST-E-RR n. 217.791/95, SBDI-I, Redator Designado Min. Vantuil Abdala, DJU 2.6.2000. p. 168).

ou de outra doença grave que suscite estigma ou preconceito. Inválido o ato, o empregado tem direito à reintegração no emprego".

O TST afirma, assim, que o poder patronal de despedir não é absoluto, frente ao texto do art. 7º, I, da Constituição. Se é possível mitigar a regra de que o empresário pode despedir o empregado não estável, desde que se lhe pague indenização compensatória, no caso da dispensa que discrimina o trabalha-dor soropositivo, igual raciocínio pode ser considerado nos casos em que o trabalhador exerça o direito constitucional de ação enquanto ainda mantém sua relação de emprego e percebe iniciativas ilícitas de seu empregador, pretendendo pôr fim à injustiça que sofre sem perder seu posto de trabalho. A plena efetividade do direito de ação implica sua imunização contra a represália patronal.

21.3. A indenidade em hipótese de discriminação por idade

O Tribunal Superior do Trabalho enfrentou alguns casos de discriminação por idade e, além de reconhecer a importância dos procuradores do trabalho na defesa de empregados que sofreram conduta discriminatória, a mais elevada corte judicial no trato de questões relacionadas com o trabalho afirmou, no RR n. 462888[555], a nulidade da dispensa motivada por discriminação em razão de

(555) Resumem da sentença em português: "RECURSO DE REVISTA. DISPENSA DISCRIMINATÓRIA POR IDADE. NULIDADE. ABUSO DE DIREITO. REINTEGRAÇÃO. Se das premissas fáticas emergiu que a empresa se utiliza da prática de dispensar seus funcionários quando estes completam 60 anos, imperioso se impõe ao julgador coibir tais procedimentos irregulares, efetivados sob o manto do poder potestativo, para que as dispensas não se efetivem sob a pecha discriminatória da maior idade. Embora o caso vertente não tivesse à época de sua ocorrência previsão legal especial (a Lei n. 9.029 que trata da proibição de práticas discriminatórias foi editada em 13.4.1995 e a dispensa do reclamante ocorreu anteriormente), cabe ao prolator da decisão o dever de valer-se dos princípios gerais do direito, da analogia e dos costumes, para solucionar os conflitos a ele impostos, sendo esse, aliás, o entendimento consagrado pelo art. 8º da CLT, que admite que a aplicação da norma jurídica em cada caso concreto, não desenvolve apenas o dispositivo imediatamente específico para o caso, ou o vazio de que se ressente, mas sim, todo o universo de normas vigentes, os precedentes, a evolução da sociedade, os princípios, ainda que não haja omissão na norma. Se a realidade do ordenamento jurídico trabalhista contempla o direito potestativo da resilição unilateral do contrato de trabalho, é verdade que o exercício deste direito guarda parâmetros éticos e sociais como forma de preservar a dignidade do cidadão trabalhador. A despedida levada a efeito pela reclamada, embora cunhada no seu direito potestativo de resilição contratual, estava prenhe de mácula pelo seu conteúdo discriminatório, sendo nula de pleno direito, em face da expressa disposição do art. 9º da CLT, não gerando qualquer efeito, tendo como consequência jurídica a continuidade da relação de emprego, que se efetiva através da reintegração. Efetivamente, é a aplicação da regra do § 1º do art. 5º da Constituição Federal, que impõe a aplicação imediata das normas definidoras dos direitos e garantias fundamentais, pois, como apontando pelo v. acórdão, a prática da dispensa discriminatória por idade confrontou o princípio da igualdade contemplado no caput do art. 5º da Constituição Federal. Inocorrência de vulneração ao princípio da legalidade e não configurada divergência jurisprudencial. Recurso de Revista não conhecido relativamente ao tema" (TST-RR n. 462.888/1998.0, Rel. Juez Convocado André Luís Moraes de Oliveira, DJ 26.9.2003).

idade[556], ponderando que se das premissas de fato emergiu o costume de a empresa despedir seus empregados quando eles completam sessenta anos, impõe-se ao julgador coibir tal procedimento ilícito, havido a pretexto de ser potestativo o direito de despedir empregados.

O relator rematou que, apesar de a Lei n. 9.029/1995 não estar em vigor à época da despedida, caberia ao Poder Judiciário o dever de valer-se dos princípios gerais de direito, da analogia e dos costumes para solucionar os conflitos, inclusive porque assim o permitia o art. 8º da CLT. Acresceu que a despedida era nula porque violava o princípio constitucional da igualdade e recordou que o art. 5º, § 1º, da Constituição brasileira impunha a aplicação imediata das normas definidoras de direitos e garantias fundamentais.

Acerca da circunstância de não haver estabilidade no emprego a favor do trabalhador destratado em razão da idade, o mesmo magistrado observou que se o ordenamento jurídico outorga ao empregador o direito potestativo de extinguir o contrato, é igualmente verdadeiro que o exercício desse direito deve observar parâmetros éticos e sociais como modo de preservar a dignidade do cidadão trabalhador.

21.4. A indenidade em hipótese de discriminação contra demandante de ação judicial

A invulnerabilidade do trabalhador que se socorre do Poder Judiciário ganha força quando é reconhecida, como fundamento dessa garantia e sem mais, a imunidade do direito de ação.

A imunização que assoma como um componente do direito à tutela judicial efetiva tem engrandecido a experiência jurídica e permitido que se conjecture enfim uma nova perspectiva a favor dos trabalhadores que se mantêm silenciosos enquanto são indevidamente lesados e, após a despedida, pelejam contra os prazos de prescrição. A garantia de indenidade *stricto sensu* resgata a cidadania do empregado no âmbito mesmo da relação de trabalho, pois lhe abre a faculdade de exercer o direito à tutela judicial sem recear a vendeta empresarial.

Quando o Tribunal Constitucional da Espanha ainda não havia associado a indenidade ao direito à tutela judicial efetiva, o fundamento primário para fazer

(556) No precedente TST-RR n. 44722/2002-900-09-00.0, o TST decidiu que os Procuradores do Trabalho têm legitimidade para exigir, mediante ação civil pública, a nulidade de despedidas ocorridas por causa da idade dos trabalhadores, de acordo com o princípio constitucional de igualdade e os preceitos da Lei n. 9.029/1995.

indene o trabalhador era, como visto, o princípio da igualdade e a consequente proibição de tratamento discriminatório. Já se disse que o Tribunal de Justiça da Comunidade Europeia garantiu o emprego de um trabalhador que se insurgia contra a despedida por retaliação ao direito de ação judicial proclamando que as pessoas não devem ser por tal razão discriminadas.

Sem desmerecer a importância da jurisprudência comunitária que assim se revela, a realidade é que o fundamento centrado na vedação de trato discriminatório mantém, involuntariamente, um déficit de efetividade no que toca ao direito constitucional de ação e permite sempre uma linha de defesa fincada quer na existência de um paradigma em situação inversa a embaçar o desígnio persecutório (existiria porventura outro empregado que ajuizou ação e não foi retaliado), quer na estratégia de incluir a despedida por retaliação em meio a outras que não teriam o mesmo propósito (dispensam-se, na mesma ocasião, outros empregados que não moveram ação judicial).

Ainda assim, o princípio da igualdade representou um primeiro e muito relevante momento na construção jurisprudencial da indenidade, em especial da indenidade do trabalhador que carece estar indene porque exerceu o seu direito de judicializar o conflito trabalhista e a sua possível solução. No Brasil, o advento da citada Lei n. 9.029/1995 significou a definitiva positivação, no plano formal, do direito à reintegração em favor de empregados não estáveis que sejam alvo de despedidas discriminatórias, qualquer que seja o elemento de discriminação. E, ainda que de modo incipiente, a proteção se tem estendido ao caso específico dos demandantes em processos judiciais, como se pode observar em aresto da 1ª Turma do TST:

> EMPREGADO DE SOCIEDADE DE ECONOMIA MISTA — DISPENSA DISCRIMINATÓRIA — ABUSO DO DIREITO POTESTATIVO DE RESILIR O CONTRATO DE TRABALHO. Não consubstancia ofensa direta e literal ao disposto nos arts. 5º, II, 7º e 173, § 1º, da Constituição Federal a decisão que confirma a nulidade da dispensa imotivada de empregado de empresa pública, após dezoito anos de serviço, em circunstâncias das quais emerge que a iniciativa de extinguir o contrato de trabalho constituiu verdadeira retaliação ao exercício, pelo reclamante e por outros colegas, de seu direito constitucional de acionar judicialmente o empregador. Tampouco configuram divergência específica julgados que meramente afirmam a possibilidade de os empregados das empresas públicas serem dispensados sem justa causa.(557)

O Tribunal Superior do Trabalho foi provocado, mais recentemente, por trabalhadores despedidos por uma empresa pública quando recusaram uma proposta de acordo formulada pela empresa que assim pretendia pôr fim a uma demanda judicial. Por meio de uma decisão que teria, talvez, inaugura-

(557) TST, 1ª Turma, RR n. 592182/1999.7, Ministro Vieira de Mello Filho, DJ 4.5.2007.

do uma importante página na jurisprudência laboral, a Primeira Turma do TST decidiu que o propósito da empresa era intimidar trinta trabalhadores, aqueles que não queriam firmar o acordo proposto, com a ameaça de dispensa. Tal sucedeu em meio à execução da sentença que determinava o pagamento de certo valor a esses empregados, tendo-se então afirmado que a conduta patronal revelava-se como um atentado contra o comando sentencial e determinou-se a reintegração dos referidos empregados[(558)].

Em rigor, o TST impediu que mencionada empresa pública levasse a cabo um ato atentatório ao direito fundamental de ação, pois a conduta empresarial tentava reagir contra os resultados exitosos de um processo na hora mesma em que se cumpria a decisão favorável aos trabalhadores.

Enquanto esta tese era vertida para o português, a Subseção de Dissídios Individuais I, órgão que uniformiza a jurisprudência das turmas do TST, decidiu:

> DISPENSA RETALIATÓRIA — DISCRIMINAÇÃO EM RAZÃO DO AJUIZAMENTO DE RECLAMATÓRIA TRABALHISTA — ABUSO DE DIREITO — REINTEGRAÇÃO Demonstrado o caráter retaliatório da dispensa promovida pela Empresa, em face do ajuizamento de ação trabalhista por parte do Empregado, ao ameaçar demitir os empregados que não desistissem das reclamatórias ajuizadas, há agravamento da situação de fato no processo em curso, justificando o pleito de preservação do emprego. A dispensa, nessa hipótese, apresenta-se discriminatória e, se não reconhecido esse caráter à despedida, a Justiça do Trabalho passa a ser apenas a justiça dos desempregados, ante o temor de ingresso em juízo durante a relação empregatícia. Garantir ao trabalhador o acesso direto à Justiça, independentemente da atuação do Sindicato ou do Ministério Público, decorre do texto constitucional (CF, art. 5º, XXXV), e da Declaração Universal dos Direitos Humanos de 1948 (arts. VIII e X), sendo vedada a discriminação no emprego (Convenções ns. 111 e 117 da OIT) e assegurada ao trabalhador a indenidade frente a eventuais retaliações do empregador (cf. CARVALHO, Augusto César Leite de. Direito fundamental de ação trabalhista. In: *Revista Trabalhista: Direito e Processo, Anamatra*, Rio de Janeiro: Forense, ano 1, v. 1, n. 1, jan./mar. 2002). Diante de tal quadro, o pleito reintegratório merece agasalho. Recurso de embargos conhecido e provido.[(559)]

Portanto, os passos a caminho da plena indenidade dos trabalhadores demandantes não encontram estorvos intransponíveis na jurisprudência ou no ordenamento jurídico brasileiro, ainda que seja incipiente, no plano teórico, a ideia de imunizar seus respectivos empregos pela razão singela de terem exercido o direito de ação. Às vezes, a lógica é precedida pela experiência.

---

(558) TST, 1ª Turma, RR n. 757634/2001.2, Min. Lélio Bentes, DEJT 17.9.2009.

(559) TST, SBDI-1, E-RR n. 7633000-19.2003.5.14.0900, Relator Ministro Ives Gandra Martins Filho, julgamento em 29.3.2012, DEJT 13.4.2012.

22. A CARGA DA PROVA E O EFEITO DA REINTEGRAÇÃO EM UM EMPREGO SEM ESTABILIDADE

O exame da garantia de indenidade na Espanha foi até aqui associado à regra que atribui ao trabalhador apenas a prova indiciária, assinando ao empregador o ônus de provar que outra foi a motivação para seu ato. A ordem de reintegração em hipótese de represália contra o exercício de um direito fundamental, inclusive o direito de ação judicial, seria anódino se não fosse a providência de proteger o trabalhador também quanto à dificuldade, quiçá impossibilidade, de ele provar a intenção malsã de seu empregador.

Não se há dizer, por isso, que o propósito vingativo do empregador não precisa ser provado, senão que basta a prova indiciária. Assim, o trabalhador deve convencer o juiz sobre a ocorrência de fatos dos quais seria possível presumir o projeto retaliativo que movera o empregador à realização do ato de dispensa (ou outro ato de comando), encarregando-se o empregador de provar que seu motivo era legítimo.

A verdade é que a violação de direitos fundamentais se acha muitas vezes encoberta por uma conduta formalmente lícita. Por exemplo, quando uma despedida coletiva — a qual deve ser motivada por causas econômicas, técnicas, organizativas ou de produção, na Espanha (art. 51, ET), ou antecedida de negociação coletiva no Brasil[(560)] — alcança um empregado cuja permanência no emprego não traz dano à estrutura ou à pujança da empresa, mas satisfaz um desejo meramente discriminatório do empregador.

No Brasil, o disfarce é quase incentivado pela facilidade de dispensar empregados sem indicar a motivação, contanto que o empregador lhes pague uma indenização previamente tarifada em lei. Inclusive a despedida por motivo disciplinar ocorre normalmente sem que o empregador informe o motivo que o levou a pôr o trabalhador à rua, porquanto não se exige a emissão, como na Espanha[(561)], de uma carta de dispensa.

A jurisprudência revela casos nos quais a alguns trabalhadores foi comunicada a dispensa por meio de mensagem que apareceu em um pequeno visor do ponto eletrônico de sua jornada de trabalho[(562)], havendo inumeráveis decisões,

---

(560) *Vid.* TST, SDC, ED-RODC n. 30900-12.2009.5.15.0000, Relator Ministro Mauricio Godinho Delgado, DEJT 4.9.2009 e TST, SDC, TST-RODC n. 2004700-91.2009.5.02.0000, Relatora Ministra Kátia Arruda, DEJT 16.12.2011.

(561) Art. 55.1 ET.

(562) Ver proc. 00515-2007-002-20-00-8 e proc. 01185-2007-006-20-00-3. Disponível em: <www.trt20.jus.br>.

por outro lado, que eximem o empregador de qualquer indenização adicional[(563)], sequer por dano moral, quando ele acusa o empregado de um ato de improbidade e não realiza a prova da conduta ímproba a ele imputada[(564)].

Não obstante essa liberdade de dissolver o contrato, assegurada ao empregador pelo direito do trabalho brasileiro, existem casos de anulação da despedida aparentemente imotivada em razão de ser ilícito o real motivo da cessação do contrato. É como dizer: ao empregador se faculta a cessação do contrato sem qualquer justificativa, mas a Justiça anulará o ato de dispensa se resulta evidenciada a real motivação e esta é ilícita. Assim ocorreu nos casos de dispensas discriminatórias já examinados.

Ademais, também é válido afirmar que a jurisprudência brasileira tem percebido, ainda que embrionariamente, a importância de exigir da suposta vítima de lesão a um direito fundamental a apresentação apenas de indícios, cabendo ao suposto ofensor a prova de que agiu movido por outro interesse. Por exemplo, o Tribunal Superior do Trabalho decidiu que "em circunstâncias nas quais o trabalhador é portador do vírus HIV e o empregador tem ciência desse fato, o mero exercício imotivado do direito potestativo da dispensa faz presumir discriminação e arbitrariedade"[(565)].

Por sua vez, vários juízes de todas as instâncias laborais se reuniram em Brasília, em novembro de 2007, a fim de se posicionarem sobre questões relativas aos direitos sociais e difundir, por meio de enunciados amplamente discutidos, as ideias convergentes. O Enunciado n. 2, III, da I Jornada de Direito e Processo do Trabalho traz bons auspícios, a saber:

> LESÃO A DIREITOS FUNDAMENTAIS. ÔNUS DA PROVA. Quando há alegação de que ato ou prática empresarial disfarça uma conduta lesiva a direitos fundamentais ou a princípios constitucionais, incumbe ao empregador o ônus de provar que agiu sob motivação lícita.

> A já referida Súmula n. 443 do TST, editada em setembro de 2012, consagra, enfim, a presunção de que é discriminatória a despedida de empregado acometido de doença grave ou estigmatizante, o que revela a sintonia entre o que pensam os nossos juízes e as decisões judiciais que grassam por outros povos, igualmente preocupados com a concretização dos direitos fundamentais.

---

(563) Além daquela devida pela despedida imotivada.

(564) Ver, por todos, os acórdãos TST-RR-1695/2003-003-16-00.0, DJ 9.6.2006 e TST-RR-676.119/2000.7 — DJ 30.6.2006, nos quais o Tribunal Superior do Trabalho entendeu que não se pode responsabilizar por dano moral o empregador que alega a justa causa de improbidade como exercício regular do direito de defesa.

(565) TST-RR n. 1404/2001-113-15-00.2, relator: Min. Lélio Bentes.

Quando evolui nessa direção, a jurisprudência brasileira não está insulada na América Latina. Além de afinar-se com a doutrina europeia, segue a mesma trilha da justiça ou da lei de outros países da América do Sul, ao menos no que toca à Argentina e ao Chile.

Na Argentina, a Câmara Nacional de Apelações do Trabalho tem adotado o entendimento que aqui se sustenta, desde decisão antológica cuja transcrição parece interessante. Ditou a Corte:

> DESPEDIDA. ATO DISCRIMINATÓRIO. ARTICULAÇÃO DO *ONUS PROBANDI*. Em matéria de despedidas discriminatórias e lesivas a direitos fundamentais, é necessário ter em conta as decisões e opiniões consultivas da Corte Interamericana de Direitos Humanos, os informes e recomendações, os estudos e demais opiniões consultivos dos organismos de controle da OIT, tendentes a introduzir "fatores de compensação ou correção que favoreçam a igualdade de quantos sejam desiguais por outros motivos, e permitam alcançar soluções justas tanto na relação material como processual". Por isso, nesses casos, o *onus probandi* resultaria articulado da seguinte maneira: O trabalhador tem a carga de aportar um indício razoável de que o ato empresarial lesiona seu direito fundamental, princípio de prova dirigido a pôr de manifesto, em seu caso, o motivo oculto do citado ato. Para tanto não basta uma mera alegação, senão que há de provar a existência de algum elemento que, sem servir para formar de maneira plena a convicção do tribunal sobre a existência de atos ou omissões atentatórios ao direito fundamental, induza-o a uma crença racional sobre sua possibilidade. Uma vez configurado o quadro indiciário, recai sobre o empregador a carga de provar que sua atuação tem causas reais absolutamente estranhas à invocada vulneração de direitos fundamentais. Trata-se de uma autêntica carga probatória e não de um mero intento de negar a vulneração de direitos, que deve levar o tribunal à convicção de que tais causas explicam objetiva, razoável e proporcionalmente por si mesmas sua decisão, eliminando toda suspeita de que aquela ocultou a lesão de um direito fundamental do trabalhador.[566]

A seu turno, José Luis Ugarte Cataldo retrata a experiência daqueles que aplicam o direito do trabalho no Chile, assinalando o seguinte:

> Com efeito, como se há destacado amplamente na doutrina sobre a base da constatação de um maior poder do empresário sobre a prova, derivada de sua proximidade e domínio sobre as fontes probatórias, que desnivela profundamente as facilidades de uma e outra no que toca à prova dos fatos que embasam a pretensão do trabalhador, a

(566) Do voto do Dr. Zas, na maioria. CNAT Sala V Expte n. 144/05 sent. 68536 14.6.2006 "Parra Vera, Máxima c/ San Timoteo SA s/ amparo" (GM-Z-S-) no *Boletim Temático*. A pesquisa jurisprudencial foi feita por Cristiane Maria Sbalqueiro Lopes, procuradora do trabalho em Curitiba, Paraná.

mesma norma processual laboral corrige as regras sobre a carga da prova em juízo.

O direito laboral chileno pretende seguir o mesmo caminho, introduzindo uma norma novidadeira para a regulação processual em outros países, como o Brasil. O art. 491 do Código do Trabalho prediria: "Quando os antecedentes aportados pela parte denunciante resultem indícios suficientes de que se há produzido a vulneração de direitos fundamentais, caberá ao denunciado explicar os fundamentos das medidas adotadas e de sua proporcionalidade". Acerca da natureza da distribuição da prova estabelecida nesse dispositivo, vale frisar que não se trata de um caso de inversão da carga probatória: não é suficiente que se alegue uma violação de direitos fundamentais para que se traslade para o empregador o *onus probandi*. Uma rigorosa inversão do encargo da prova poderia submeter o empregador à "prova diabólica de um fato negativo, como é a inexistência de um móvel lesivo de direitos fundamentais, senão que há de comprovar-se a existência de indícios de que se produziu uma violação de um direito de tal natureza"[(567)]. Cuida-se, assim, de distribuir equitativa e racionalmente a prova.

Bem se nota, portanto, que há uma clara tendência de uma parte muito expres-siva da doutrina científica e da jurisprudência ocidental no sentido da efetividade dos direitos fundamentais. É raro ver uma manifestação tão significativa quanto na formulação da garantia de indenidade, pois esta assegura o resgate da cidadania dos trabalhadores que são feridos em sua dignidade durante o vínculo de emprego e receiam acudir ao Poder Judiciário. Sabem que perderão o magro suporte financeiro de sua família.

---

(567) CATALDO, J. L. Ugarte. *La tutela de derechos fundamentales y el derecho del trabajo:* de Erizo a Zoro. Disponível em: <http://www.scielo.cl/pdf/revider/v20n2/art03.pdf> Acesso em: 22.10.2007. As duas citações são alusivas ao texto de Antonio Baylos e ao fragmento da sentença STC espanhol n. 266/1993. Acerca disso, e ainda, não há que se olvidar a importante contribuição sobre o ônus da prova oferecida, na Espanha, pelo art. 13 da Lei Orgânica n. 3, de 22 de março de 2007, que prescreve a igualdade efetiva de mulheres e homens. Para facilitar a análise do contexto normativo, transcrevemos os arts. 12 e 13 da citada lei: "Art. 12. *Tutela judicial efectiva.* 1. Cualquier persona podrá recabar de los tribunales la tutela del derecho a la igualdad entre mujeres y hombres, de acuerdo con lo establecido en el artí. 53.2 de la Constitución, incluso tras la terminación de la relación en la que supuestamente se ha producido la discriminación. 2. La capacidad y legitimación para intervenir en los procesos civiles, sociales y contencioso-administrativos que versen sobre la defensa de este derecho corresponden a las personas físicas y jurídicas con interés legítimo, determinadas en las Leyes reguladoras de estos procesos. 3. La persona acosada será la única legitimada en los litigios sobre acoso sexual y acoso por razón de sexo. Artículo 13. *Prueba.* 1. De acuerdo con las Leyes procesales, en aquellos procedimientos en los que las alegaciones de la parte actora se fundamenten en actuaciones discriminatorias, por razón de sexo, corresponderá a la persona demandada probar la ausencia de discriminación en las medidas adoptadas y su proporcionalidad. A los efectos de lo dispuesto en el párrafo anterior, el órgano judicial, a instancia de parte, podrá recabar, si lo estimase útil y pertinente, informe o dictamen de los organismos públicos competentes. 2. Lo establecido en el apartado anterior no será de aplicación a los procesos penales".

Mas não basta enunciar a garantia de indenidade sem tornar factível a prova de que estaria o empregador movido pelo espírito de vingança contra o exercício do direito fundamental à tutela judicial efetiva. O encerramento deste trabalho de pesquisa é uma interjeição, um ponto de exclamação após a assertiva de que a distribuição da carga da prova, tal como aqui posta, serve à eficácia do direito de ação, dos direitos por esse meio veiculados e da própria imunização a favor do trabalhador que pretende exigir tais direitos.

Conclusão

Um estudo sério da garantia de indenidade, ainda mais quando se aspira enfatizar sua universalidade e consequente aplicação em países que pouco a conhecem, deve enfrentar inicialmente o tema relativo ao conceito de garantia, inclusive a distinção entre garantia e direito. Há necessidade de que nossos sistemas constitucionais de direitos fundamentais sejam fortalecidos por um sistema correspondente de garantias, ou seja, por um leque de ferramentas úteis à sua efetividade, que às vezes inclui garantias sucessivas — por exemplo, a ação judicial é uma garantia protegida, a seu turno, pela imunização dos demandantes contra alguma retaliação dos réus.

Não em vão, as garantias de natureza processual, como é o *habeas corpus,* foram as primeiras formas de proteção de direitos fundamentais, em princípio relacionadas apenas com os direitos individuais de liberdade. Lentamente se evoluiu, contudo, para a garantia de preservação das instituições (garantias institucionais). Não há demasia em afirmar que uma dessas instituições seria a via judicial, protegida por sua vez pela garantia de indenidade.

Ademais, o tema das garantias constitucionais, explícitas ou implícitas, não pode ser dissociado da nova realidade normativa surgida desde que a velha tradição de cartas políticas meramente programáticas deram passo ao constitucionalismo, compreendido sobretudo como uma combinação de poder limitado e garantias individuais. Com o suporte do movimento constitucionalista sobreveio o garantismo e a compreensão de que os direitos fundamentais têm eficácia horizontal (em rigor, eficácia *inter privatos*), a qual se desapega daquela primeira vocação, de todos conhecida, a de proteger o cidadão contra os abusos do poder público.

A ideia de universalidade dos direitos e garantias fundamentais pressupõe assim a eficácia direta e imediata desse tipo de direito, sem a necessidade de mediação legislativa para fazê-los valer nas relações entre particulares ou entre estes e o Estado. Em países que adotaram o modelo constitucional austríaco, com grande prestígio na primeira metade do século passado, poderia parecer estranho que se propusesse o cumprimento pela justiça ordinária de preceito constitucional não regulamentado por lei. Contudo, há uma clara tendência de adotar-se o controle difuso de constitucionalidade também nos países europeus, como se pôde perceber.

No Brasil, por sua vez, o sistema de controle difuso de constitucionalidade foi instituído pela primeira constituição republicana, datada de 1891 e claramente influenciada pelo modelo estadunidense do *judicial review*. O controle concentrado somente surgiu em 1965, por meio da Emenda Constitucional n. 16 à Carta Política de 1946 e, diferente do que se nota em países que possuem um tribunal constitucional, o controle concentrado das leis brasileiras se realiza pelo Supremo Tribunal Federal, órgão que integra o Poder Judiciário e ultima a jurisdição constitucional.

Por isso, não haveria obstáculos que impedissem o juiz brasileiro de assegurar aplicação imediata a uma garantia constitucional. Em verdade, não poderia o juiz furtar-se da obrigação de assegurá-la a pretexto de que não existiria lei que a regulamentasse. Ainda mais quando a Constituição brasileira segue o modelo rígido, como exigiria o garantismo fundado na doutrina de Ferrajoli, e tem origem democrática, como poderia sustentar o mesmo autor italiano se acolhesse as críticas que se fazem à exacerbação de positivismo às vezes atribuído ao seu modelo de garantismo.

A garantia de indenidade tem um significado mais amplo, o qual incluiria a proteção dos direitos fundamentais em geral, inclusive o direito de greve e de liberdade sindical. No âmbito deste estudo, o mais relevante é a garantia de indenidade em sentido estrito, ou seja, a que protege os trabalhadores que exercem o direito de ação judicial.

Nessa acepção estrita, a garantia de indenidade nasceu como uma criação jurisprudencial baseada originalmente na ineficácia de atos que discriminassem os autores de demandas judiciais, evoluindo até abandonar a premissa da igualdade — que supunha a existência de trabalhadores não demandantes sem o mesmo agravo — e fundar-se definitivamente sobre o direito à tutela judicial efetiva.

Não obstante a despedida seja a represália patronal mais comum, é certo que são igualmente inválidas outras medidas como as transferências e remoções, alterações funcionais, restrição ao direito de aderir a regulamentos de empresa mais benéficos e mesmo a privação dissimulada de complementos salariais, pois o propósito é o de imunizar inteiramente o demandante contra qualquer ato patronal de retaliação pelo exercício do direito de ação.

Por outro lado, o Tribunal Constitucional da Espanha tem enfatizado, sobretudo a partir do precedente STC n. 88/1985, que as despedidas hostis a algum direito fundamental não se resolvem apenas com uma indenização compensatória, senão com a reintegração do empregado. E está assentado que não se trata de uma garantia de reintegração que dependa do direito à estabilidade no emprego, dado que o resgate do contrato de trabalho ocorre como efeito inexorável da nulidade da despedida, independentemente de o emprego estar assegurado por lei ou cláusula de estabilidade.

Quanto ao momento da imunização, viu-se que a jurisdição constitucional espanhola a contempla inclusive quando o contrato ainda não se celebrou e já resulta frustrado, pois impediu aquela Corte a discriminação de uma trabalhadora que havia demandado contra um ente público, afirmando que ela não estava, por isso, incapacitada para nova contratação. Enfrentando, noutra feita, um caso no qual o empresário se negava a subministrar uma carta de referência em favor de uma empregado que lhe havia demandado em juízo, o Tribunal de Luxemburgo decidiu que tal negativa era uma espécie de represália patronal, impondo a reintegração da trabalhadora ou uma compensação econômica pelos prejuízos consequentes da recusa.

Nem sempre a demanda judicial é sequer um antecedente lógico da garantia de indenidade, pois o Tribunal Constitucional também ditou que "as garantias vinculadas ao direito fundamental de tutela se estendem também aos atos preparatórios ou prévios necessários ao exercício da ação judicial"[(568)] — por exemplo, uma denúncia no âmbito administrativo, formulada ante a Inspeção do Trabalho, sem vinculação direta e necessária com a tutela judicial (STC n. 14/1993).

Ademais, a garantia de indenidade não estaria igualmente condicionada ao êxito da demanda judicial (STC n. 5/2003), mas a doutrina entende que o trabalhador deve atuar de boa-fé, o que não existiria se ele demandasse para atrair a incidência da garantia e assim evitar que o empresário lhe aplicasse uma sanção lícita.

Um importante fragmento do presente estudo é aquele dedicado à distribuição da carga probatória, pois o propósito de retaliação por parte do empregador, embora inexigível em algumas circunstâncias, é normalmente um antecedente lógico da garantia de indenidade de difícil comprovação pelo empregado. A doutrina tem exigido do empregado, portanto, apenas a prova indiciária, é dizer, a prova de indícios do desejo de retaliação patronal (conexão objetiva entre a ação judicial precedente e a medida empresarial consequente),

---

(568) Em espanhol: "las garantías vinculadas al derecho fundamental de tutela se extienden asimismo a los actos preparatorios o previos necesarios para el ejercicio de la acción judicial".

atribuindo ao empregador a prova de que atuaria inspirado por motivo diverso. No âmbito da proteção dos direitos fundamentais, tal regra de repartição da carga da prova pode ser percebida em precedentes que emanam da jurisprudência europeia, estadunidense, argentina, chilena e inclusive brasileira.

A universalidade dos direitos e garantias individuais não é um dado em vão. A consagração pelos textos constitucionais, também no Brasil, da tutela judicial efetiva conduz à máxima efetividade do direito de provocar a Justiça, implicando a migração para o sistema brasileiro, baseado em iguais premissas normativas, da garantia de indenidade e das regras atinentes à carga probatória, que asseguram àquela a eficácia pretendida.

O ineditismo do tema no Brasil é apenas aparente e não significa um embaraço à sua necessária adoção, pois se somam condições favoráveis: a coincidência de preceitos normativos no âmbito formal e a clara susceptibilidade da jurisprudência brasileira, inclusive nas instâncias mais elevadas do Poder Judiciário, à eficácia *inter privatos* dos direitos fundamentais, à busca da efetividade desses direitos e às regras mais justas de distribuição da carga probatória.

Definitivamente, o resgate de cidadania a favor dos trabalhadores brasileiros que receiam a represália patronal durante a relação de emprego, sofrendo silenciosamente a violação de direitos sociais sem socorrer-se da Justiça do Trabalho, é o móvel mais relevante do presente estudo, a centelha que motivou esta investigação científica e reclamará, doravante, reflexões ainda mais proveitosas na direção da verdadeira concretização dos direitos fundamentais, no ambiente de trabalho.

→ Referências Bibliográficas

Bibliografia sobre constitucionalismo e garantismo

ABELLÁN, M. Gascón. La teoría general del garantismo: rasgos principales. In: CARBONELL; Miguel; SALAZAR, Pedro (eds.). *Garantismo*: estudios sobre el pensamiento jurídico de Luigi Ferrajoli. Madrid: Trotta, 2005.

ALEXY, R. *Constitucionalismo discursivo.* Tradução por Luís Afonso Heck. Porto Alegre: Livraria do Advogado, 2007.

ASENSIO, R. Jiménez. *El constitucionalismo:* proceso de formación y fundamentos del derecho constitucional. Madrid: Marcial Pons, 2005.

BOBBIO, N. *A era dos direitos.* Tradução por Carlos Nelson Coutinho. Rio de Janeiro: Campus, 1992.

BONAVIDES, P. *Curso de direito constitucional.* São Paulo: Malheiros, 1997.

CALLEJÓN, F. Balaguer; VILLAR, G. Cámara; AGUILAR, J. F. López; CALLEJÓN, M. L. BALAGUER; Martos, J. A. Montilla. *Manual de derecho constitucional.* Madrid: Tecnos, 2007. v. I e II.

CANOTILHO, J. J. Gomes. *Direito constitucional e teoria da constituição.* Coimbra: Almedina, 1998.

CARBONELL, M.; SALAZAR, P. *Garantismo. Estudios sobre el pensamiento jurídico de Luigi Ferrajoli.* Madrid: Trotta, 2005.

FERRAJOLI, L. *Derechos y garantías:* la ley del más débil. Traducción de Perfecto Andrés Ibáñez y Andrea Greppi. Madrid: Trotta, 2006.

______. *Garantismo:* una discusión sobre derecho y democracia. Traducción de Andrea Greppi. Madrid: Trotta, 2006.

GANUZAS, F. J. Ezquiaga. *La argumentación en la justicia constitucional española.* Oñati: Instituto Vasco de Administración Pública, 1987.

GUASTINI, R. Rigidez constitucional y normatividad de la ciencia jurídica. In: CARBONELL; Miguel; SALAZAR, Pedro (eds.). *Garantismo*: estudios sobre el pensamiento jurídico de Luigi Ferrajoli. Madrid: Trotta, 2005.

LASSALLE, F. *¿Qué es una constitución?* Traducción de Wenceslao Roces. Barcelona: Ariel Derecho, 2002.

MERCHÁN, J. F. Merino. *Lecciones de derecho constitucional.* Madrid: Tecnos, 1996.

MIGUEL, A. Ruiz. Validez y vigencia: un cruce de caminos en el modelo garantista. In: CARBONELL; Miguel; SALAZAR, Pedro (eds.). *Garantismo*: estudios sobre el pensamiento jurídico de Luigi Ferrajoli. Madrid: Trotta, 2005.

MIRANDA, J. *Manual de direito constitucional.* Coimbra: Coimbra, 1998. t. IV: direitos fundamentais.

PARCERO, J. A. Cruz. Expectativas, derechos y garantías. la teoría de los derechos de Luigi Ferrajoli. In: CARBONELL; Miguel; SALAZAR, Pedro (eds.). *Garantismo*: estudios sobre el pensamiento jurídico de Luigi Ferrajoli. Madrid: Trotta, 2005.

PAZÉ, V. Luigi Ferrajoli, filósofo político. In: CARBONELL; Miguel; SALAZAR, Pedro (eds.). *Garantismo:* estudios sobre el pensamiento jurídico de Luigi Ferrajoli. Madrid: Trotta, 2005.

REYES, M. Aragón. *Estudios de derecho constitucional.* Madrid: Centro de Estudios Políticos y Constitucionales, 1998.

SANCHÍS, L. Prieto. *Justicia constitucional y derechos fundamentales.* Madrid: Trotta, 2003.

SILVA, V. A. da. *A constitucionalização do direito:* os direitos fundamentais nas relações entre particulares. São Paulo: Malheiros, 2005.

VILA, M. Iglesias. El positivismo en el estado constitucional. In: CARBONELL; Miguel; SALAZAR, Pedro (eds.). *Garantismo*: estudios sobre el pensamiento jurídico de Luigi Ferrajoli. Madrid: Trotta, 2005.

Bibliografia consultada acerca (somente) da garantia de indenidade

ALONSO, D. Álvarez. *La garantía de indemnidad del trabajador frente a represalias empresariales.* Albacete: Bomarzo, 2005.

ALONSO, L. J. Escudero. *La doctrina del tribunal constitucional en materia de la garantía de indemnidad.* Disponível em: <http://www.graduados-sociales.com/ArticulosCO/ACO199_4.pdf>.

AROCHENA, J. F. Lousada. Las garantías del ejercicio de los derechos de conciliación de los trabajadores. *Revista Española de Derecho del Trabajo,* Madrid: Civitas, n. 117, p. 425, maio/jun. 2003.

BAAMONDE, M. E. Casas. Tutela judicial efectiva y garantia de indemnidad (el derecho a la garantía de indemnidad en la jurisprudencia constitucional). In*:* BAAMONDE, M. E. Casas; LÓPEZ, Federico Durán; VILLALÓN, Jesús Cruz (coords.). *Las transformaciones del derecho del trabajo en el marco de la constitución española:* estudios en homenaje al profesor Miguel Rodríguez-Piñero y Bravo-Ferrer. Madrid: La Ley, 2006.

BARROSO, L. R. Fundamentos teóricos e filosóficos do novo direito constitucional brasileiro. In: BARROSO, L. R. (org.). *A nova interpretação constitucional:* ponderação, direitos fundamentais e relações privadas. Rio de Janeiro: Renovar, 2006.

BRAVO-FERRER, M. Rodríguez-Piñero. tutela judicial efectiva, garantía de indemnidad y represalias empresariales. In: *Derecho vivo del trabajo y constitución*: estudios en homenaje al profesor doctor Fernando Suárez González. Madrid: La Ley, 2004.

CATALDO, J. L. Ugarte. *La tutela de derechos fundamentales y el derecho del trabajo:* de Erizo a Zoro. Disponível em: <http://www.scielo.cl/pdf/revider/v20n2/art03.pdf> Acesso em: 22.10.2007.

DACRUZ, E. Borrajo. Tutela judicial efectiva. Garantía de indemnidad. Represalia de la empresa (administración pública). In: *Actualidad laboral*, Madrid: La Ley, n. 13, 1ª quincena julio de 2006.

DAL-RÉ, F. Valdes; BAAMONDE, M. E. Casas. *Tutela judicial, competencia de la jurisdicción social y acceso al proceso de trabajo.* Disponível em: <http://dialnet.unirioja.es/servlet/articulo?codigo=1426760>.

GARCÍA, F. Ferrando. Acerca del despido lesivo del derecho de huelga: legitimación para recabar la tutela del derecho y prueba de su vulneración. Comentario a la STC n. 66, de 21 de marzo de 2002. *Revista de Derecho Social,* n. 18, Albacete: Bomarzo, p. 145, 2002.

GRAU, A. Baylos. *La regulación del derecho de huelga en el ordenamiento jurídico español a los 25 años de la Constitución de 1978*. Disponível em: <http://www.faculdadescuritiba.br/webmkt/pesquisa/pesquisa_arquivos/publicacoes/juridica/2artigo2antonio.pdf>.

MELGAR, A. Montoya. Garantía de indemnidad en caso de reclamación extrajudicial presentada por abogado del trabajador: comentarios a la sentencia del tribunal Constitucional n. 55, de 19 de abril de 2004. *Revista Española de Derecho del Trabajo*, Madrid: Civitas, n. 127, jul./sep. 2005.

______. *La buena fe en el derecho del trabajo.* Madrid: Tecnos, 2001.

MIRÓ, M. T. Igartua. La garantía de indemnidad en la doctrina social del tribunal constitucional. *Colección Estudios*, n. 204, Madrid: CES-Consejo Económico y Social, 2008.

MUÑOZ, F. A. Valle. La garantía de indemnidad del trabajador por ejercitar acciones judiciales contra el empresario. *Relaciones Laborales*, Madrid: La Ley, n. 9, ano XXI, p. 11, maio 2005.

NINET, J. I. García. *Móvil antisindical contundentemente probado. Tutela de los derechos de libertad sindical:* garantía indemnidad sindical. Aranzadi directo. Pamplona: Aranzadi, 2007.

REDONDO, K. M. Santiago. Garantia de indemnidad o inejecución anticipada de sentencias. despido contra cesión ilegal en locutorios telefónicos (comentarios a las SSTC ns. 196, 197 y 199/2000). *Relaciones Laborales*, Madrid: La Ley.

SÁNCHEZ, E.; TORRES, E. Sánchez. *La garantía de indemnidad por ejercicio de cargo sindical:* a propósito de la STC n. 326, de 12 de diciembre de 2005. Disponível em: <http://www.upf.edu/iuslabor/012006/STC.EstherSanchez.htm>.

SEGALÉS, J. Las garantías de indemnidad frente a los poderes empresariales causadas por el derecho a la tutela judicial efectiva el trabajador; una reseña sobre las STC ns. 140 y 168, de 1999. *Revista de Derecho Social,* n. 8, Albacete: Bomarzo, p. 121, 1999.

SERRA, X. González de Rivera. *El principio de no discriminación a personas con discapacidad en el derecho social comunitario.* Disponível em: <http://www.minusval2000.com/otros/legislacion/principio_Discriminacion.html>.

Outras obras não específicas

ALEXY, R. *Teoria da argumentação jurídica*. São Paulo: Landy, 2001.

ANDRADE, J. C. Vieira de. Os direitos, liberdades e garantias no âmbito das relações entre particulares. In: SARLET, I. W. (org.). *Constituição, direitos fundamentais e direito privado.* Porto Alegre: Livraria do Advogado, 2006.

ARESE, C. Principio de igualdad o no discriminación, derecho de defensa y acceso a la justicia en el contrato de trabajo. *Cadernos da Amatra IV*, Porto Alegre, ano IV, n. 10, p. 92, jan./mar. 2009.

ATIENZA, M. *El derecho como argumentación.* Barcelona: Ariel, 2007.

______ . *El sentido del derecho.* Barcelona: Ariel, 2003.b

BARROSO, L. R. *Judicialização, ativismo judicial e legitimidade democrática,* p. 2. Disponível em: <http://www.oab.org.br/oabeditora/users/revista/1235066670174218181901.pdf>.

BOBBIO, N. *A teoria das formas de governo.* Tradução de Sérgio Bath. Brasília: UnB, 1998.

______ . *Direito e estado no pensamento de Emanuel Kant.* Tradução de Alfredo Fait. Brasília: UnB, 1997.

______ . *Teoria do ordenamento jurídico.* Tradução de Maria Celeste Cordeiro Leite dos Santos. Brasília: UnB, 1997.

BUELGA, G. Maestro. *La constitución del trabajo en el estado social.* Granada: Comares, 2002.

CANARIS, Claus-Wihelm. A Influência dos direitos fundamentais sobre o direito privado na Alemanha. In: SARLET, I. W. (org.). *Constituição, direitos fundamentais e direito privado.* Tradução de Peter Naumann. Porto Alegre: Livraria do Advogado, 2006.

CINTRA, A. C. de A.; GRINOVER, A. P.; DINAMARCO, C. R. *Teoria geral do processo.* São Paulo: Malheiros, 1999.

CITTADINO, G. *Poder judiciário, ativismo judiciário e democracia*, p. 2. Disponível em: <http://publique.rdc.puc-rio.br/revistaalceu/media/alceu_n9_cittadino.pdf>.

COMPARATO, F. K. *Ética*. São Paulo: Companhia das Letras, 2006.

COURTIS, C. La Eficacia de los derechos humanos en las relaciones entre particulares. In: SARLET, I. W. (org.). *Constituição, direitos fundamentais e direito privado*. Porto Alegre: Livraria do Advogado, 2006.

DAL-RÉ, F. Valdés. Los derechos fundamentales de la persona del trabajador entre la resistencia a su reconocimiento y la reivindicación de su ejercicio. *Relaciones Laborales: Revista Crítica de Teoría y Práctica,* Madrid: La Ley, n. 20, ano XIX, p. 1, oct. 2003.

DAL-RÉ, F. Valdés; BAAMONDE, E. Casas. Tutela judicial, competencia de la jurisdicción social y acceso al proceso de trabajo. *Revista Derecho Privado y Constitución,* sep./dic. 1994.

DÄUBER, W. La carta de los derechos fundamentales de la Unión Europea y el derecho colectivo del trabajo. *Revista de Derecho Social*, n. 17, en./mar. 2002.

DOMÉNECH, A. *El eclipse de la fraternidad*. Barcelona: Crítica, 2004.

DWORKIN, R. *Los derechos en serio*. Traducción de Marta Guastavino. Barcelona: Ariel, 2002.

FACCHINI NETO, E. Reflexões histórico-evolutivas sobre a constitucionalização do direito privado. In: SARLET, I. W. (org.). *Constituição, direitos fundamentais e direito privado*. Porto Alegre: Livraria do Advogado, 2006.

FAORO, R. *Os donos do poder*. São Paulo: Globo-Publifolha, 2000. v. 1.

FENÁNDEZ-FIGUEIROA, M. Mazuelos. La prohibición de despido de la trabajadora embarazada: reflexiones sobre el art. 10 de la Directiva n. 92/85 CEE, de 19 de octubre de 1992. *Revista de Derecho Social,* n. 7, jul./sep. 1999.

FREGA, J. Omar. Seguros: la citación en garantía y la integración: contratos, su tratamiento y problemática. *Ponencia en I Congreso Internacional del Mercosur la Plata*, abr. 2004. Disponível em: <http://www.colproba.org.ar/mercosur/32.asp>.

GRAU, A. Baylos. *Derecho del trabajo*: modelo para armar. Madrid: Trotta, 1991.

GRAU, A. Baylos; REY, J. Pérez. *El despido o la violencia del poder privado*. Madrid: Trotta, 2009.c

GRAU, A. Baylos; VILLALÓN, J. Cruz; LÓPEZ, M. F. Fernández. *Instituciones de derecho procesal laboral*. Madrid: Trotta, 1992.

HABERMAS, J. *A constelação pós-nacional:* ensaios políticos. Tradução de Márcio Seligmann-Silva. São Paulo: Littera-Mundi, 2001.

______. *Facticidad y Validez*. Traducción de Manuel Jiménez Redondo. Madrid: Trotta, 2005.

IGLESIAS, G. Rosado. *La titularidad de derechos fundamentales por la persona jurídica*. Valencia: Tirant lo Blanch, 2004.

ISAAC, G. *Manual de derecho comunitario general*. 5. ed. Barcelona: Ariel, 2000.

JOVER, J. Rentero. Algunos aspectos de la nueva regulación del despido. *Revista de Derecho Social*, Albacete: Bomarzo, n. 25, p. 9-30, ene./mar. 2004.

KELSEN, H. *Teoria pura do direito*. Tradução de João Baptista Machado. São Paulo: Martins Fontes, 1996.

LIMA, O. *Formação histórica da nacionalidade brasileira*. São Paulo: Topbooks-Publifolha, 2000.

LÓPEZ, M. F. Fernandes. *El derecho a la ejecución de las sentencias:* procesos de despido y de conflictos colectivos. Disponível em: <http://www.cepc.es/rap/Publicaciones/Revistas/7/DPC_004_355.pdf>.

LUHMANN, N. *Sistemas sociales*. Tradução para o espanhol de Silvia Pappe y Brunhilde Erker. México: Anthropos, 1998.

MACHADO, C. A. A. *Direito constitucional*. São Paulo: Revista dos Tribunais IELF, 2005. v. 5.

MARTINEZ, M. A. Alegre. La primacía del derecho comunitario sobre el ordenamiento jurídico estatal: aspectos constitucionales. *Revista de Derecho Político,* n. 38, p. 93-173, 1994.

MARTINS-COSTA, J. Os direitos fundamentais e a opção culturalista do novo código civil. In: SARLET, I. W. (org.). *Constituição, direitos fundamentais e direito privado*. Porto Alegre: Livraria do Advogado, 2006.

MONTESINOS, I. Abiel; RUIZ, L. M. Camps; GANDÍA, J. López; FRANCO, T. Sala. *Compendio de derecho del trabajo*. Valencia: Tirant lo Blanch, 2000.

MORENO, A. Pedrajas. *Despido y derechos fundamentales:* estudio especial de la presunción de inocencia. Madrid: Trotta, 1992

NAVARRETE, A. M. Lorca. *El derecho procesal como sistema de garantías*. Disponível em: <http://www.ejournal.unam.mx/bmd/bolmex107/BMD10704.pdf>.

OLEA, M. Alonso. *Introdução ao direito do trabalho*. Tradução de Regina Maria Macedo Nery Ferrari y otros. Curitiba: Genesis, 1997.

OLEA, M. Alonso; BAAMONDE, M. E. Casas. *Derecho del trabajo*. Madrid: Thomson--Civitas, 2003.

PICANÇO, Melchiades. *Mandado de segurança*. Rio de Janeiro: Jacintho, 1937, habiendo resumen de su obra Disponível em: <http://ec.europa.eu/civiljustice/org_justice/org_justice_cyp_pt.htm>.

POCHMANN, M. *O emprego na globalização:* a nova divisão internacional do trabalho e os caminhos que o brasil escolheu. São Paulo: Boitempo, 2005.

PRADO JR., C. *Formação do Brasil contemporâneo*. São Paulo: Brasiliense, 2000.

REVIRIEGO, J. A. *El control de constitucionalidad de oficio*, p. 2. Disponível em: <http://www.derecho.uba.ar/graduados/ponencias/reviriego.pdf>.

REY, J. Pérez. *Estabilidad en el empleo.* Madrid: Trotta, 2004.

______ . La modernización del régimen del despido: el debate europeo. *Revista de Derecho Social Latinoamérica*, Buenos Aires: Bomarzo Latinoamericana, v. 4-5, p. 59, 2008.

RODRIGUEZ, Á. *Integración europea y derechos fundamentales.* Madrid: Civitas, 2001.

RODRIGUEZ, J. C. *Activismo judicial.* Disponível em: <http://www.juandemariana.org/articulo/139/activismo judicial/>.

SÁNCHEZ, M. Cantueso. *La nueva reforma de los salarios de tramitación.* Disponível em: <http://www.togas.biz/articulos/Derecho-Laboral/Laboral/La-nueva-reforma-de-los-salarios-de-tramitacion.html>.

SARLET, I. W. *A eficácia do direito fundamental à segurança jurídica:* dignidade da pessoa humana, direitos fundamentais e proibição de retrocesso social no direito constitucional brasileiro. Disponível em: <http://www.mundojuridico.adv.br>.

SARMENTO, D. *Direitos fundamentais e relações privadas.* Rio de Janeiro: Lumen Juris, 2006.

SBDAR, C. Beatriz. *Amparo de derechos constitucionales.* Buenos Aires: Ciudad Argentina, 2003.

SORIA, J. Vida; PÉREZ, J. L. Monereo; NAVARRETE, C. Molina. *Manual de derecho del trabajo.* Granada: Comares, 2004.

SOUZA NETO, C. P. de. Fundamentação e normatividade dos direitos fundamentais: uma recomposição à luz do princípio democrático. In: V.V.A.A. BARROSO, Luís Roberto (org.). *A nova interpretação constitucional*: ponderação, direitos fundamentais e relações privadas. Rio de Janeiro: Renovar, 2006.

TOLEDO FILHO, M. C. *Fundamentos e perspectivas do processo trabalhista brasileiro.* São Paulo: LTr, 2006.

TOSELLI, C. A. Los principios del derecho del trabajo y su aplicación jurisdiccional. *Cadernos da Amatra IV*, Porto Alegre, año IV, n. 10, p. 143, jan./mar. 2009.

TRENTIN, B. *Direito processual penal.* Habeas corpus. Disponível em: <http://74.125.47.132/search?q=cache:Zdk5aK6Nz6AJ:intervox.nce.ufrj.br/~diniz/d/direito/pp-Processual_Penal_H.Corpus_Trentin.doc+direito+processual+penal+de+beatriz+trentin&cd=1&hl=pt-BR&ct=clnk&gl=br>.

UBILLOS, J. M. Bilbao. ¿En qué medida vinculan a los particulares los derechos fundamentales? In: SARLET, I. W. (org.). *Constituição, direitos fundamentais e direito privado.* Porto Alegre: Livraria do Advogado, 2006.

VALVERDE, A. Martín. Contrato de trabajo y derechos fundamentales. *Revista de Derecho Social*, n. 6, abr./jun. 1999.

______ . Contrato de trabajo y derechos fundamentales. *Revista de Derecho Social,* n. 6, abr./jun. 1999.

VALVERDE, A. Martín; GUTIÉRREZ, F. Rodríguez-Sanudo; MURCIA, J. García. *Derecho del trabajo*. Madrid: Tecnos, 2002.

ZAPIRAÍN, J. P. Landa. La política social en españa y el federalismo social. *Revista de Derecho Social,* n. 24, out./dic. 2003.